"十三五"国家重点出版物出版规划项目

"一带一路"核心区语言战略研究丛书(第一辑)

邢欣 总主编

国家出版基金项目
NATIONAL PUBLICATION FOUNDATION

服务"一带一路"的
媒体报道语言热点

邢欣 张美涛 宫媛 等著

南开大学出版社

天 津

图书在版编目(CIP)数据

服务"一带一路"的媒体报道语言热点 / 邢欣等著
.一天津:南开大学出版社,2019.12
("一带一路"核心区语言战略研究丛书.第一辑)
ISBN 978-7-310-05916-4

Ⅰ.①服… Ⅱ.①邢… Ⅲ.①"一带一路"-新闻报
道-新闻语言-研究 Ⅳ.①F125②G210

中国版本图书馆 CIP 数据核字(2019)第 278883 号

服务"一带一路"的媒体报道语言热点
FUWU "YIDAI YILU" DE MEITI BAODAO YUYAN REDIAN

南开大学出版社出版发行
出版人:陈　敬
地址:天津市南开区卫津路 94 号　　邮政编码:300071
营销部电话:(022)23508339　营销部传真:(022)23508542
http://www.nkup.com.cn

三河市同力彩印有限公司印刷　全国各地新华书店经销
2019 年 12 月第 1 版　　2019 年 12 月第 1 次印刷
235×165 毫米　16 开本　19.75 印张　4 插页　299 千字
定价:88.00 元

如遇图书印装质量问题,请与本社营销部联系调换,电话:(022)23508339

"十三五"国家重点出版物出版规划项目"'一带一路'核心区语言战略研究丛书"结项成果

2017 年度国家出版基金项目"'一带一路'核心区语言战略研究丛书（第一辑）"结项成果

国家语委 2015 年度重大项目"'一带一路'核心区语言战略研究"（ZDA125-24）成果

中国传媒大学"双一流"建设重大项目"新媒体中的'一带一路'对外语言传播策略及语言服务研究"（CUC18CX07）成果

深入语言生活　回答时代提问（代序）

2013 年 9 月与 10 月，习近平主席在出访哈萨克斯坦和印度尼西亚时，提出了"一带一路"倡议，这是中国向世界提出的一个新概念，也是一个涉及国内外的新行动。2015 年 3 月，《推动共建丝绸之路经济带和 21 世纪海上丝绸之路的愿景与行动》发布，"一带一路"的概念逐渐清晰，行动逐渐有序。2017 年 5 月，"一带一路"国际合作高峰论坛在北京举行，"一带一路"建设进入全面推进阶段，并产生了重要的国际影响和国际互动。

"一带一路"倡议首先是经济愿景，但经济愿景也必须与政治、文化、科技等联动并发。"一带一路"倡议不是中国的独角戏，而是与国际互动的，共赢的。在"一带一路"建设推进的过程中，中国将构建全方位开放的新格局，深度融入世界经济体系；同时，它也强调国家间发展规划的相互对接，区域合作、国际合作将得到前所未有的加强，从而惠及他国，造福人类。

"一带一路"需要语言铺路，这已经成为近几年来关于"一带一路"建设的共识。但是，"一带一路"建设中究竟存在哪些语言问题，语言将怎样发挥"铺路"的功能，还是一个具有时代意义的课题，也是一个时代性的提问。邢欣教授主编的"'一带一路'核心区语言战略研究丛书"，正是立时代潮头，得风气之先，在研究这一时代性的课题，在尝试回答这一时代性的提问。

这套丛书有许多特点，最大的特点是其系统性和应用性。所谓系统性，是丛书较为全面地研究了"一带一路"的语言问题，涉及国家语言安全战略、对外语言传播策略、领域语言人才培养模式、媒体传播话语体系建设、语言文化冲突消解策略等话题。可以说，这套丛书已经建构起了语言战略研究的系统的学术网络。所谓应用性，是指丛书从现实入手，收集材料，透彻观察，深入分析，探索最佳发展模式，提出具体解决措施，以求应用于相关政策的制定和相关工作的实施。

　　能够在如此短暂的时间内，深入实际，发现问题，提出举措，并形成一整套丛书，是与这一研究团队的组成密切相关的。丛书主编邢欣教授，长期在新疆生活和工作，对新疆充满感情，对新疆的语言文字事业充满激情。后来，不管是求学于复旦大学，还是任教于南开大学、中国传媒大学，她都时时不忘新疆，承担了多个有关新疆的语言研究课题。特别是"一带一路"倡议的提出，更是激发了她的研究热情，促使她多次到新疆、到中亚实地调研，有亲身感受，有第一手资料，成为我国研究"一带一路"语言问题的先行者。

　　丛书各卷作者，有年长者，也有年轻人，但都是"学术老手"，在应用语言学的多个领域有学术根基，有丰富经验。同时，中国传媒大学和新疆大学、新疆师范大学几所高校在媒体传播研究、汉语国际教育等领域有平台优势，与"一带一路"沿线国家有频繁的文化、学术交流。该丛书的研究，也进一步促进了我国与中亚地区的学术合作，产生了较好的学术影响。丛书的这种工作模式是值得赞赏的。

　　语言学是经验学科，第一手研究资料，对研究对象的亲身感知，都很重要。获取第一手资料，感知研究对象，就必须多做田野工作。当然，不同的语言学科有不同的"田野"，现实语言调查、社会语言实践、古籍文献阅读、语言教学的对比实验、计算语言学的实验室等，都是语言学家的"田野"，都是现实的语言生活。本丛书的学术团队有着强烈的学术使命感，更有良好的学风，到"田野"去，到语言生活中去，去研究国家发展最需要解决的语言问题。这种学术精神，是值得提倡的。

李宇明

2018 年 2 月 19 日

农历雨水之日

序

"一带一路"倡议提出以来，我国在经济、文化、教育等各领域的相关工作逐渐展开，政策沟通、设施联通、贸易畅通、资金融通、民心相通已经被明确为愿景方略和行动目标。沿线国家和地区也对我国的倡议积极响应，为展开全面合作进行对接。在这一双向交流的过程中产生的语言文化问题，引发了学术界对"一带一路"中语言的重要作用的关注和讨论。

邢欣教授主编的"'一带一路'核心区语言战略研究丛书"以学术研究服务国家发展为己任，从语言战略构建的高度，深入研究服务于"一带一路"实施的语言问题，无论于学术还是于社会实践，都具有重要的价值。

几年来，在不同场合，邢欣教授都在不断地阐释"'一带一路'核心区"的理念。她认为，"丝绸之路经济带"核心区将在"一带一路"建设中发挥窗口作用。作为重要的交通枢纽、商贸物流和文化科教中心，它涉及的多国家、多语种的语言问题尤为典型。这一判断是基于邢欣教授及其团队的大量调查而形成的。

这套丛书提出了以语言服务为主的语言战略新思路，它符合"一带一路"建设的目标和需求，是切实而有远见的。丛书中关注的国际化专业汉语人才培养、媒体报道语言热点等问题，也紧紧扣住了语言服务这一核心点，把握了"一带一路"总体布局下的语言战略问题的脉搏。同时，从书中包含的旨在促进"民心相通"的留学生的文化碰撞与适应、语言适应和语言传承等研究内容，紧密贴合了"一带一路"的框架思路，表明了丛书作者对语言与国家方略的关系的透彻理解和深刻立意。

邢欣教授具有语言本体、民族语言和语言应用等多方面的研究经验，成果丰硕。近年来组织一批语言学、语言规划、语言教育等各方面的专家，就"一带一路"核心区之一——新疆的语言问题进行专门研究，形成了一支有机配合的研究团队，赴多个"一带一路"沿线国家进行了多次调研，组织了多场学术研讨会，陆续发表了一批有重要影响的文章。这套丛书就是在此基础上完成的。

丛书的作者有民族语言学、社会语言学方面的知名学者，有活跃在教学科研第一线的高校骨干教师，也有近几年获取博士学位走上相关岗位的青年新秀。集中多方面研究力量形成的研究成果具有视角新颖、内容丰富、应用性强的特点，将对语言战略研究理论和"一带一路"建设各领域的实践都会产生积极影响。

在这套丛书申请立项过程中，我有幸成为先读者，深为他们的精神所感动。值丛书出版之际，邢欣教授要我写几句话，就有了上面这段文字。

是为序。

2018 年 2 月 25 日

丛书前言

　　"一带一路"倡议是我国政府提出的以经济发展带动世界各国繁荣和谐的新愿景和行动纲领，是"具有原创性、时代性的概念和理论"指导下的治国新理念，具有重大而深远的意义。目前，"一带一路"建设已"逐渐从理念转化为行动，从愿景转变为现实"。截至 2018 年底，全球已有 122 个国家和 29 个国际组织积极支持和参与"一带一路"建设，在政策沟通、设施联通、贸易畅通、资金融通、民心相通五个方面全面推进。交流互鉴、合作共赢、共同发展已成为我国与沿线国家的共识，政治互信、经济融合、文化包容的利益共同体、命运共同体和责任共同体正在一步步形成。"一带一路"建设的核心点在各国共建上，而国际上的政治、经济、法律、商贸、文化、教育等交流活动都离不开"语言"这一物质载体，语言成为合作共建、民心相通的关键要素。因此，构建符合时代需求的语言发展战略，成为"一带一路"建设中的基础性工程。

　　"一带一路"倡议提出以来，国内各个领域的相关研究蓬勃开展。从 2014 年起，语言学界也逐渐投入到这一研究中来，接连发表了一系列研究成果，提出了许多有建设性的观点和建议。特别是李宇明先生于 2015 年 9 月 22 日在《人民日报》上发表的《"一带一路"需要语言铺路》一文，为"一带一路"研究中的语言政策研究提供了依据。从语言学界的研究来看，大家已经基本达成了共识，即"一带一路"建设的顺利进行离不开语言保障，围绕"一带一路"的语言研究势在必行。我们这一研究课题正是产生于"一带一路"建设的大背景下，不是只与语言学相关，而是具有跨学科的性质；其成果也将不仅应用于语言学相关领域，还将与社会各层面相对接。因此，在研究思路上，我们搭建了一个理论与应用相结合的框架。在理论上，解决好语言政策与对外语言传播政策的对接，汉语教学与汉语国际教育语言人才培养政策的对接，以及国家语言安全战略与"一带一路"

语言服务的对接；在应用上，把握服务于语言需求这一主线，在语言人才培养、媒体语言传播、"互联网+"语言公共服务平台建设等方面提供策略建议。在研究方法上，以实地调查为重心，深入调研，充分占有第一手资料。

根据基本的研究框架，我们先后组建了"'一带一路'核心区语言战略研究"课题组和"面向中亚国家的语言需求及语言服务研究"项目组，获得了国家语委重大项目、国家社科基金重点项目，以及新疆大学和中国传媒大学"双一流"大学专项建设资金的支持；同时，规划了预期研究成果，形成了"'一带一路'核心区语言战略研究丛书"。南开大学出版社以该套丛书申报了"十三五"国家重点出版物出版规划项目和 2017 年度国家出版基金项目，并顺利获批，为丛书的出版和成果的传播提供了保障。

我们希望这套丛书可以实现它的预期价值，主要包括以下几个方面：第一，提出面向"一带一路"沿线国家，以语言服务为主的语言发展战略，为国家语言规划和语言政策的新布局提供理论依据，为"一带一路"语言战略智库建设提供策略建议；第二，丰富和完善语言文化研究的内涵，为对外语言文化交流提供建议，为促进民心相通提供语言服务；第三，研究语言文化冲突消解策略，为"一带一路"建设中潜在的，或可能出现的语言文化冲突提供化解方案，为跨文化交际的研究提供理论和实践的补充；第四，提出满足"一带一路"建设需求的语言人才培养模式和急需人才语言培训模式，为领域汉语教学提供理论依据；第五，为汉语国际传播提供新的思路；第六，在"互联网+"思维下，提出建立语言需求库、人才资源库，以及搭建"语言公共服务+语言咨询服务"平台的理论方案。

在丛书撰写过程中，研究团队的各位作者发挥资源和平台优势，以严谨的科研态度和务实的工作作风开展研究，希望这些成果能经得起实践的检验。我们的研究团队成员主要是新疆大学、新疆师范大学、新疆教育学院、新疆喀什大学等新疆高校的研究者和中国传媒大学的硕士生和博士生，感谢这些高校的大力支持，特别是新疆大学和中国传媒大学的大力支持。在本研究进行过程中，同行专家、各领域相关研究者给予了很多支持、帮助和指导；在实地调研中接受访谈和咨询的中资企业、孔子学院、高校、语言学院、华商协会组织、媒体等相关人员给予了大力配合和宝贵建议，这些都为本研究提供了实施条件和重要启发，在此一并深致谢忱！还要特别感谢李宇明教授、郭熙教授为丛书慨然作序，沈家煊先生在国家出版基金项目申请时对丛书给予肯定和推荐，给了我们莫大的鼓励和支持。最后要感谢南开大学出版社的无私相助，特别是田睿等编辑为本丛书出版殚精竭虑，付出了大量精力和心血，特此表示诚挚的谢意。

　　在编写本套丛书的过程中，我国提出的"一带一路"倡议得到了国际上越来越多国家的响应和支持，"一带一路"建设正在全面而深入地推进。这对语言应用研究提出了更多的课题和更高的要求。服务于"一带一路"建设，服务于国家和社会的发展需求，希望我们的研究能起到一定的积极作用。学术研究服务于社会发展和时代需要，是科研工作者的使命。我们最大的荣幸，是能得到广大读者的反馈和指正，使我们在研究的道路上能循着正确的方向探索，并获得源源的动力，坚持到底。

邢欣

2019 年 1 月

本书前言

从 2013 年秋习近平主席提出全球共建"一带一路"倡议至今，已经走过了六年时间。随着"一带一路"不断推进，世界上参与"一带一路"建设的国家和区域经济体越来越多，中国坚持共商、共建、共享的"一带一路"原则，不断扩大与参与国家的合作共识，取得了令人瞩目的成就。我们从获批国家语委 2015 年度重大项目"'一带一路'核心区语言战略研究"起，就开始了有关媒体对"一带一路"报道语言热点的研究，在南开大学出版社的支持下，终于完成书稿。在付梓之际，我们既感到喜悦，也怀有一丝忐忑。喜悦的是，在"一带一路"语言研究中，经过几年的不懈努力，终于实现了从媒体报道语言热点角度来探讨"一带一路"的设想；忐忑的是，由于有关"一带一路"新闻语言研究的文献资料不多，而这又是一个全新的领域，难免会有遗漏，也难免流于肤浅。不过，我们希望能抛砖引玉，引发"一带一路"语言研究的更多佳作。

本书从媒体报道语言的角度来解析"一带一路"倡议的热点话题，同时通过展开分析勾勒出语言中反映出的特色，从而探索"一带一路"在媒体报道语言中的各个方面。本书主要选取了网络新媒体、微信公众号自媒体、专业网站新闻数据报道和纪录片中的报道语言来探讨，试图从数据中、从语言表达中挖掘出"一带一路"倡议的聚焦热点。本书在绪论之外共分五章，除了第一章集中探讨平面媒体和网络媒体报道中的"一带一路"热点外，其他四章重点放在"一带一路"相关的纪录片语言热点上。第一章的热点包括"一带一路"倡议开始阶段走出国门的政策法规热点、文化交流热点、经济热点、旅游热点和中资企业报道热点。第二章主要探索新闻专题片中的"一带一路"热点问题，选取了甘肃卫视的新闻专题片《直通"一带一路"》作为研究对象。这一栏目是甘肃卫视为适应新形势发展而打造的，目的之一在于突出甘肃地区优越的地理位置以及文化内涵，积极推动甘肃对接"一带一路"建设。《直通"一带一路"》积极传播国家"一带一路"倡议，将"一带一路"建设中与百姓生活密切相关的热点事件作为报道对象，重点报道"一带一路"亚欧地区热门国家的建设状况及其自身优势。第三章论述财经类纪录片中的"一带一路"热点问题，选取了原中央电视台财经频道纪录片《丝绸之路经济带》作为研究对象。该纪录片以国际的视野和财经的视角，从"政策沟通""设施联通""贸易畅通""资金融通"和"民心相通"这"五通"原则出发，对丝绸之路经济带上的沿线各国在这"五通"上的建树进行了相关的详细报道。第四章论述综合类纪录片中的"一带一路"热点，选取了原中央电视台科教频道纪录片《"一带一路"》作为研究对象。该纪录片以宽广的视野、多维度的视角对"一带一路"沿线30多个国家进行了拍摄，涉及几十项重点合作项目以及多个国家的历史人文内容，反映了中国与沿线国家推动基础设施互联互通、加强经贸金融产业合作、增进人文交流生态合作等方面的重要进展热点。第五章讲述文化类纪录片中的"一带一路"热点，选取了原中央电视台国际频道的纪录片《远方的家·"一带一路"》作为研究对象，并以白俄罗斯特辑为语料，研究文化类"一带一路"纪录片的语言热点，彰显"一带一路"建设的成果。这部纪录片一经播出，反响热烈，广受好评。纪录片在对"一带一路"沿线国家全方位介绍的同时，也让全世界了解了中国的"一带一路"倡议。该片在跨文化传播的条件下，通过音响符号、语言文字讲述中国故事，获得良好的传播效果。

　　本书在成书的过程中，参加写作的研究成员有博士生、硕士生多人，是在硕士生学位论文基础上经过重新加工和写作完成的。参加初稿编写的有中国传媒大学教授邢欣及中国传媒大学硕士研究生团队，主要改编者为邢欣。喀什大学教师张美涛和新疆大学文学院教师宫媛两位同行帮助做了全书的统稿工作，最后定稿和审稿由邢欣完成。书稿第一章第一至第五节由邢欣执笔，其中的语料和标题改编自硕士生徐文超、孙晓娜、杨佳琳和许田田的硕士学位论文，第六节在叶苏嘉的硕士学位论文《有关中资企业"一带一路"的新闻报道标题语言研究——以〈人民日报〉为例》基础上改编完成；第二章在高丽的硕士学位论文《电视新闻专题片中的"一带一路"语言研究——以甘肃卫视〈直通"一带一路"〉为例》基础上改编完成；第三章在王丽芳的硕士论文《经济类电视节目中的"一带一路"纪录片语言研究——以〈丝绸之路经济带〉为例》基础上改编完成；第四章在赵兵勋的硕士论文《纪录片语言中的"一带一路"——以〈"一带一路"〉为例》基础上改编完成；第五章在蔡雪斌的硕士论文《互动视角下纪录片会话策略分析》基础上改编完成。可以说，本书的出版是集体智慧的结晶，是学术团队整体的心血。作为本书的主要作者，首先对参加写作的所有作者表示感谢，对新疆大学和中国传媒大学的大力支持表示感谢，此外，特别感谢南开大学出版社几位编辑老师认真细致的审阅校改。

邢欣

2019 年 10 月 30 日

目　录

绪　论 ……………………………………………………………………… 1

第一章　走向世界的"一带一路" ……………………………………… 5

第一节　媒体报道语言研究简介 …………………………………… 7

第二节　政策护航 …………………………………………………… 8

第三节　文化互融 ………………………………………………… 15

第四节　经济互利 ………………………………………………… 22

第五节　旅游搭桥 ………………………………………………… 30

第六节　企业助力 ………………………………………………… 37

第二章　电视新闻专题栏目中的语言热点 ……………………… 105

第一节　电视新闻专题栏目研究简介 …………………………… 107

第二节　电视新闻专题栏目报道数据中的热点 ………………… 110

第三节　走向海外　合作共赢 …………………………………… 114

第四节　"连外促内"的发展方向 ……………………………… 123

第五节　"五通"促深化 ………………………………………… 127

第六节　语言布局助力报道热点 ………………………………… 131

第三章　财经类纪录片中的语言热点 …………………………… 141

第一节　财经类纪录片研究简介 ………………………………… 144

第二节　财经类纪录片数据中的热点 …………………………… 147

第三节　"五通"尽在词语中 …………………………………… 153

第四节　影像语言凸显报道热点 ………………………………… 168

第五节　叙事框架搭建语言热点 ………………………………… 177

第四章　综合类纪录片中的语言热点 …………………………… 187

第一节　综合类纪录片相关研究简介 …………………………… 190

第二节　综合类纪录片数据中的热点 …………………………… 191

第三节　故事中的"一带一路"热点 …………………………………… 198

第四节　小故事带出大方略 ……………………………………………… 211

第五节　衔接手段推进故事情节 ………………………………………… 216

第五章　文化类纪录片中的语言热点 …………………………………… 227

第一节　文化类纪录片研究简介 ………………………………………… 229

第二节　语言叙事中的文化热点 ………………………………………… 232

第三节　影视语言传递文化热点 ………………………………………… 258

第四节　采访互动中体现的文化热点 …………………………………… 262

第五节　会话策略彰显话语热点 ………………………………………… 285

参考文献 …………………………………………………………………… 291

绪　论

　　进入 21 世纪，在以和平、发展、合作、共赢为主题的新时代，传承和弘扬丝绸之路精神更显重要和珍贵。在此基础上，2013 年 9 月和 10 月，中国国家主席习近平在出访中亚和东南亚国家期间，先后提出共建"丝绸之路经济带"和"21 世纪海上丝绸之路"的重大倡议，得到国际社会高度关注，这就是"一带一路"的缘起。"一带一路"倡议在国家层面的布局下，国家发展改革委、外交部、商务部于 2015 年 3 月联合发布了《推动共建丝绸之路经济带和 21 世纪海上丝绸之路的愿景与行动》一文。此文是"一带一路"倡议得以实施的重要纲领性文件，文中对国内各地区在"一带一路"建设中的地位和作用做了明确的界定，并提出了整体框架思路和沿线国家合作重点。

　　"一带一路"倡议提出以来，国内各个领域的相关研究蓬勃开展。从 2014 年起，语言学界也逐渐投入到这一研究中来，接连发表了一系列研究成果，提出了许多有建设性的观点和建议。特别是李宇明先生于 2015 年 9 月 22 日在《人民日报》上发表的《"一带一路"需要语言铺路》一文，为"一带一路"研究中的语言政策研究提供了依据。从语言学界的研究来看，大家已经基本达成了共识，即"一带一路"建设的顺利进行离不开语言保障，围绕"一带一路"的语言研究势在必行。

　　"一带一路"这一倡议作为一个面向全世界的经济合作平台，在实现中国与其他国家互利共赢的合作方面开辟了广阔的空间，同时也为中国经济的快速发展提供了历史机遇。"一带一路"的推进离不开媒体的传播和报道，报道语言也是重要的方面。对此展开的探讨不仅有助于"一带一路"新闻媒体语言的深入研究，也有助于加深对"一带一路"倡议的理解和认识。秉着这种认识，本书对"一带一路"倡议提出后至今的媒体报道语言热点和电视新闻专题栏目、各类纪录片中的语言热点进行了详尽的分析和探讨，从平面媒体报道标题的语料收集、数据分析到书中四部纪录片的语料转写和数据分析、语言表达研究等方面，本书都做了大量的探讨。在此基础上，本书总结出了数据中的语言热点、标题内容分类中的语言热点和纪录片报道中的语言热点。总体来看，媒体报道的热点也都是"一带一路"深入发展中的热点。热点突出体现在与"一带一路"相关的"五通"建设上：一是国家之间交流沟通中的政策法规热点；二是中国与沿线国家贸易金融繁荣发展的热点；三是中资企业在基础设施建设和各项工程、经济园区建设中艰苦创业，为沿线国家造福的热点；四是以孔子学院和华文学校、语言学院为主的汉语和中国文化在海外广泛传播推广的热点；五是通过对沿线国家人文和自然景观的介绍，促进民心相通的热点。本书各章就是对这些热点的具体探讨和分析。

第一章
走向世界的"一带一路"

"一带一路"倡议将中国与世界更好地连在一起，是引导中国走向世界的重要举措。媒体也成为介绍"一带一路"的重要窗口，其中崛起的大量网络新媒体成为介绍"一带一路"的主力军。以下我们从政策法规、文化、经济、旅游和中资企业五个领域的新闻报道标题语言来看"一带一路"的推进情况。

第一节　媒体报道语言研究简介

媒体报道语言属于新闻语言的一部分，在以往的研究中，语言学界和新闻学界都关注到了新闻语言的重要性和特殊性，开展了对新闻语言的探讨。早期，语言学界对新闻语言的关注点在词汇和文风方面。我国著名语言学家吕叔湘在1986年举行的《新闻业务》杂志座谈会上就对提高新闻语言的水平以及改进新闻文风给出了意见。（李洪启，1986）而自蓝鸿文等（1989）提出建立"新闻语言学"作为一个独立的学科之后，运用语言学的研究方法对新闻语言进行深入系统的研究就逐渐成为一种趋势。韩书庚（2010）把新闻语言分为新闻（语言）语音学、新闻（语言）词汇学和新闻（语言）语法学。尹世超（2001）专门针对新闻的标题（篇名）做了具体详细的研究，他根据不同的标准，将标题分为报道性标题和称名性标题，有标记标题和无标记标题等。除此之外，从其他角度对新闻语言进行的研究也不少。罗远林（1994）主要研究了新闻报道的修辞手法；李元授等（2001）运用新闻学和语言学原理，并借鉴心理学、传播学、编辑学等相关理论和方法，探讨了新闻语言的基本要求、新闻语体的特点等内容；廖艳君（2006）从语言学角度对新闻报道进行了分析和研究，以篇章语言学、系统功能语法、语用学、认知语言学等理论为指导，从新闻语篇的语体分类，消息语篇的话题结构衔接、语义信息衔接、语法衔接以及词汇衔接的主要表现形式等方面，对新闻报道语体进行了完整的语篇分析和研究。对于网络新闻语言的研究，分为两个方面。一是从新闻传播学视角的研究，主要研究网络新闻的可信度、汉英翻译以及与报纸新闻的比较等。蒋洪梅（2013）分析了当下网络新闻信息可信度发生的变化，并对网络新闻可信度的提升提出建议；徐林（2011）分析了网络新闻的汉英翻译特点，从网络新闻语料的选取、标题的编译等方面对网络新闻的翻译提出了建议。二是从语言学角度对网络新闻的研究，主要从语法和语用的角度展开。段业辉等（2007）从语法的角度对网络新闻语言中的通讯语言、评论语言、消息语言的特点进行分析；武金燕（2012）从语用预设的特点角度研究网络新闻的设计策略；林纲（2012）从功能语法角度运用信息结构理论和主位结构理论来研究报纸、电视、网络和广播四种媒体的新闻语言。

第二节　政策护航

随着"一带一路"倡议的提出和推进，有越来越多的中国企业和国人走出国门，到海外开拓市场和开展文化交流。在这个过程中，难免会遇到政策法规的风险。在这种情况下，如果在政策和法规方面不能顺利和充分地沟通协调，许许多多的中国企业在走出去时就会步履维艰，这便会影响"一带一路"倡议的顺利实施。可见，"政策沟通"是其他"四通"的保障，为企业在海外的顺利发展保驾护航。中国同沿线国家政府之间就与投资相关的法律法规体系建立合作、达成谅解，就会为中国企业"走出去""上保险"，鼓励更多企业走向世界，同时也可以为"一带一路"沿线国家之间实现合作共赢、互利互惠提供保障。因此，对中国及沿线国家和地区的政策法规进行研究、介绍，以此提高合作共建的效率，是非常有必要的。而媒体作为大众了解政策法规的一个主要平台，在"一带一路"政策法规报道中发挥着重要作用。由此，我们选取了网络媒体和微信公众号上从 2014年 2 月至 2016 年 2 月的 200 条报道标题作为语料，从中梳理出政策法规方面的报道侧重点。网络媒体选取了作为国家最重要媒体之一的人民网和"丝绸之路经济带"上最重要的媒体之一天山网作为代表。微信公众号选取了两个以介绍国内相关政策为主的公众号和三个关注中亚国家的公众号，前者包括在新媒体中影响力最大的、由上海报业集团主办的"澎湃新闻"

和由专门介绍法律知识的律师事务所主办的"'一带一路'法律服务国际合作组织",后者包括由企业和研究协会主办的自媒体"乌兹别克环球零距离"和"哈萨克斯坦资讯",以及个人公众号"tjk(塔吉克)"。[①]

一、政策法规报道新闻标题数据分析

(一)不同媒体报道数据分布

从统计数据得出,人民网的政策法规报道标题最多,有100条,占了一半;其次是澎湃新闻,有32条;再次是"'一带一路'法律服务国际合作组织",有24条,由于此公众号属于法律领域的内容,报道文章几乎都是政策法规,只是发布文章的总数量较少;地方区域性网络媒体天山网也有不少涉及政策法规的报道标题,有19条;其他媒体中"哈萨克斯坦资讯"有11条,"乌兹别克环球零距离"有12条,"tjk(塔吉克)"有2条。统计数据分析见表1-1。

表1-1　政策法规报道标题数据来源表[②]

媒体名称	条数	百分比/%
人民网	100	50.0
澎湃新闻	32	16.0
"一带一路"法律服务国际合作组织	24	12.0
天山网	19	9.5
哈萨克斯坦资讯	11	5.5
乌兹别克环球零距离	12	6.0
tjk(塔吉克)	2	1.0
总计	200	100.0

(二)涉及内容的数据分析

"一带一路"倡议是中国近年来对外发展中的重要举措,"一带一路"倡议成功实施的必要条件是获得沿线国家的认可和支持。沿线国家对"一带一路"倡议的相关措施,以及沿线国家与中国在资本、技术、观念、人文等领域的交流互动都是该倡议成功实施的重要环节。让相关国家了解中

---

① 本书所统计的政策法规报道标题语料见第一章附录的表1。
② 本书百分比计算结果均修约到一位小数,为保证表格中横、竖向计算结果逻辑一致,先按进舍规则修约横向总计一行的百分比数值,必要时对部分竖向分项百分比数值进行了微调。

国的政策和法规，同时让中国企业了解国外的政策法规和投资环境是媒体报道的重要内容。从我们摘录的媒体报道标题内容来看，有关政策法规的内容相对较为分散，包括了政策法规的各个方面。按照标题内容可以梳理出政策和法规两大类。[①]两大类又可分为多个方面，详情见表1-2。

表 1-2　政策法规报道标题内容分类表

内容分类		数量/条	百分比/%
政策	政策发布	13	6.5
	政策解读	21	10.5
	与政策相关的（观点、成果、动态）	31	15.5
	双边相关政策发布	5	2.5
	涉及国内地区	35	17.5
	涉及国别	14	7.0
政策类总计		119	59.5
法规	风险防范	25	12.5
	司法法律实践和服务保障案例	12	6.0
	法律动态和观点	18	9.0
	金融政策法规	16	8.0
	海关和税务	10	5.0
法规类总计		81	40.5
总计		200	100.0

二、媒体对政策的关注范围

"一带一路"倡议的实施和推进需要政策支持。通过标题可以看出，媒体报道在政策方面的关注范围较广，共有119条，占比59.5%。媒体对政策的关注范围大体上包括以下六类。

（一）政策发布

"一带一路"倡议的相关政策需要通过媒体发布和传播，比如《三部门发布推动共建"一带一路"行动方案　坐高铁游欧洲成可能》《"一带一路"愿景与行动文件：明确合作重点和机制　亮点多》等正好是在国家发展改革

---

① 其中将涉及国别的列在政策类里，但有些涉及法规的放在法规里不再单列国别类。由于我们选取的自媒体主要是中亚国家的，所以国别里并不涵盖所有国家。

委、外交部、商务部联合发布《推动共建丝绸之路经济带和21世纪海上丝绸之路的愿景与行动》文件之时配合三部委及时报道的,这让"一带一路"倡议的政策文件精神迅速传播开去,使得全国人民和世界各国能及时了解中国的"一带一路"倡议。再如《从南太平洋到地中海,央视发布权威"一带一路"地图》报道了"一带一路"地图发布消息,使得"一带一路"的海外推进路线有了明确的界限。从统计数据来看,有关政策发布的报道标题共13条,占总数的6.5%。

(二)政策解读

有关"一带一路"倡议的政策发布后,需要对此进行深度解读,媒体报道就担负着解读政策的职责。例如《"一带一路"事关国家全局》解读了"一带一路"与国家的整体国策相关;《"一带一路"倡议构想的三重内涵》①解读了"一带一路"的几个内容含义;《"一带一路"为世界跨度最长经济走廊 契合沿线国家需求》解读了"一带一路"对沿线国家的贡献;《"一带一路"彰显开放与包容》解读了"一带一路"的核心精神是开放和包容,消弭了沿线国家的担心;《外交专家杭州纵论"一带一路"下的外交政策》报道了国家外交政策的转变。从统计数据来看,有关政策解读的报道标题共21条,占10.5%。

(三)与政策相关的(观点、成果、动态)

这类报道主要涉及与"一带一路"有关的观点、评论、成果介绍和"一带一路"发展动态。观点报道常引入专家和专业领域人士对"一带一路"的看法。如《"一带一路"背景下我国采用反向互惠制度的必要性及措施》由专业公众号"一带一路法律服务国际合作组织"发表,观点谈及在"一带一路"中应该采取的措施问题;《林毅夫:"一带一路"需要加上非洲》一文报道了著名经济学家林毅夫的观点。评论往往是媒体以社论或专论形式加强观点。如《融入"一带一路"建设 加快改革开放步伐》报道了"一带一路"倡议对改革开放的作用,《新华社评论员:把握"一带一路"的新契机》一文亮出了新华社认为"一带一路"是国家新发展机遇的评论。成果介绍主要是对"一带一路"建设中已取得的一些成效进行报道。例如《"一

---

① 鉴于国家媒体报道中统一用"'一带一路'倡议"的说法,现将早期报道中的部分说法改为"'一带一路'倡议"。

带一路"外交继续升温 我国收获十年政策红利》说明"一带一路"取得了一定效益,《"一带一路"倡议政策效应逐步显现》①《中乌共建"一带一路"让"丝路明珠"更夺目》也报道了"一带一路"取得的成果。还有一些关于发展动态的报道,比如《中国将完善内陆地区口岸支点布局等助力"一带一路"》《"一带一路"规划正抓紧制定 出台时间锁定年内》两篇都是动态性报道,时间性很强。有关与政策相关的观点、成果、动态的报道标题共 31 条,占 15.5%。

(四)双边相关政策发布

国家对国家的双边政策也是媒体报道关注的重要内容,因为其说明了"一带一路"倡议得到相关国家的支持。例如《中华人民共和国政府和哈萨克斯坦共和国政府联合公报(全文)》《了不起的突破!中俄联合声明:丝绸之路对接欧亚经济联盟》《中国对阿拉伯国家政策文件(全文)》等,都证明了"一带一路"取得的成绩。有关双边相关政策发布的报道标题有 5 条,占 2.5%。

(五)涉及国内地区

在"一带一路"倡议提出后,国内各省级行政区域也积极参与"一带一路"建设,西北、东北、西南、华东、华南等地的省级行政区域都相继签署合作协议或者参与工程建设等项目,提升了"一带一路"的建设效益。在选录的报道标题中就涉及了广东、福建、云南、重庆、新疆、上海、内蒙古、四川、甘肃、广西等省级行政区域,以及其他省份下辖的西安、无锡、杭州等城市。比如《苏新蒙桂闽共建"一带一路"律师交流平台》《四川融入"一带一路"规划建设出川综合运输大通道》《重庆多举措落实"一带一路"倡议 出台〈计划〉明确职责分工及目标任务》②《对接"一带一路"打开"筑梦空间"——〈无锡市积极参与国家"一带一路"倡议三年行动计划(2015—2017 年)〉解读》③《新疆"一带一路"方案成型:要当丝路桥头堡,十年内连通印度洋》等报道标题里提到的省市都有明确的"一带一路"实施规划和方案。涉及国内地区的报道标题有 35 条,占 17.5%。

---

①②③ 鉴于国家媒体报道中统一用"'一带一路'倡议"的说法,现将早期报道中的部分说法改为"'一带一路'倡议"。

（六）涉及国别

"一带一路"倡议涉及的沿线国家有一百多个，沿线各国的态度和对"一带一路"的响应也关乎倡议的顺利实施。这也可以从媒体对沿线国家响应"一带一路"倡议的报道中看出来。如《俄媒："一带一路"遇上欧亚联盟，中俄战略全面交汇对接》《哈萨克斯坦将制定"一带一路"合作新计划》《"丝路带"合作倡议与乌国家发展战略高度契合》《"一带一路"与中韩自贸区法律事务研讨会在京举办》《匈牙利外长：匈牙利愿在"一带一路"倡议中发挥重要作用》①等标题反映了东欧、中亚、东亚等地区的国家对"一带一路"在政策法规方面的呼应情况。统计数据中涉及国别的报道标题有14条，占7.0%。

三、媒体对法规的关注热点

"一带一路"的持续推进离不开法律法规知识的支撑，媒体对这方面的报道有助于赴"一带一路"沿线国家的企业、投资商、金融机构和海外务工人员等及时了解和掌握这些国家的法律法规，以规避海外企业风险、投资陷阱，避免违反法律的事件发生。这类报道标题共有81条，占比40.5%，可分为五类。

（一）风险防范

在有关"一带一路"的法律报道中，防范投资法律风险措施的文章标题集中介绍了国外的法律知识，并提醒中国企业或投资商注意防范投资陷阱。如《"一带一路"投资之法律风险防范之国际仲裁》《"一带一路"投资之法律风险防范之通用篇（一）》介绍了投资中如何防范风险问题，通用篇介绍基本国际法律风险知识，国际仲裁篇介绍了出现国际纠纷时的仲裁知识；《塔吉克斯坦看中国系列之如何安全投资塔吉克》《中巴经济走廊的隐忧：如何避免陷入那个"黑洞"？》《印度投资机遇与风险分析》主要从国别角度介绍了不同国家法律政策的差异；《参与"一带一路"建设应重点关注国别风险》提示了在"一带一路"建设中国别法律的重要性和如何避免风险问题。涉及法律风险防范的报道标题有25条，占12.5%。

---

① 鉴于国家媒体报道中统一用"'一带一路'倡议"的说法，现将早期报道中的部分说法改为"'一带一路'倡议"。

（二）司法法律实践和服务保障案例

法律实践和司法保障服务都是"一带一路"法律法规建设不可或缺的重要内容，媒体报道也对此给予了关注。例如《最高人民法院为"一带一路"建设提供司法服务和保障的典型案例（五）》《最高检：为实施"一带一路"倡议提供法律保障》①都是国家最高司法部门对"一带一路"建设的有力支持；《中国主办塔吉克斯坦法律人才培训班 促进"一带一路"司法合作》一文说明中国开始了对外法律培训，以便沿线国家了解中国法律；《"一带一路"建设法律服务团提供优质法律服务》《共建"一带一路"司法实践基地》对中国的法律服务和实践基地建设做了相关报道，让大家了解法律服务的进展情况。涉及司法实践和服务保障的报道标题有 12 条，占6.0%。

（三）法律动态和观点

"一带一路"倡议实施中的法律建设情况也需要媒体跟进报道，需要观点的支持和动态的推介。例如《发挥法治促进保障"一带一路"建设重要作用》《"一带一路"倡议亟须完善涉外法律体系》②这两篇报道阐述了关于尽快完善"一带一路"法律体系的重要性的问题，《"一带一路"与中国企业"走出去"法律研讨会在穗举行》《国务院发文力挺服务贸易：5年内服务进出口额超过 1 万亿美元》《上海海事法院出台政策为"一带一路"倡议提供司法保障》③这几篇报道了"一带一路"法律方面的动态。这方面的报道标题有 18 条，占 9.0%。

（四）金融政策法规

金融政策的法规建设也是"一带一路"中急需的内容，媒体在这方面也有专门的关注报道。如《中国电子商务协会提出"互联网+"时代的商业新秩序》从"互联网+"角度跟进"一带一路"，《中企进军"一带一路"或掀专利申请潮 海外博弈喜忧参半》介绍了"一带一路"促进了专利申请，《"一带一路"金融支持政策将出》从宏观角度报道了国家金融政策的进展，《我国立法机构批准亚投行协定 有望年底正式开张》介绍了"一带一路"银行建设情况，《印度：外商直接投资政策的新变化》从国别角度看投资政

---

①②③ 鉴于国家媒体报道中统一用"'一带一路'倡议"的说法，现将早期报道中的部分说法改为"'一带一路'倡议"。

策发展动态。统计中有关金融政策法规的报道标题有 16 条，占 8.0%。

（五）海关和税务

在"一带一路"推进过程中，海关和税收是重中之重，媒体对这方面的报道有助于企业和投资商更多地掌握不同国家的关税政策和海关法规。例如《"一带一路"海关共商互联互通》《海关 16 条措施服务"一带一路"》两篇报道说明了海关共商的重要作用以及海关服务的具体条例，《服务"一带一路"10 项税收措施有啥干货，看图解！》《中国-东盟自贸区升级版签署 超 90%税目产品零关税》《中国企业参与"一带一路"建设须适应国际税则》三篇解读了"一带一路"关税问题。统计中有关这方面的报道标题有 10 条，占 5.0%。

第三节 文化互融

文化交流报道在新闻报道中有其独特的地位。近年来国家越来越重视文化建设，新闻媒体作为文化建设的传播者与主力军，文化交流新闻报道是宣传和提高国家软实力、推动社会文化大发展大繁荣的有效途径之一。在"一带一路""五通"建设中，要实现"一带一路"利益互惠，责任共担，建设命运共同体，"民心相通"更为根本，而实现"民心相通"首先需要语言互通。实现语言互通，第一，要研究"一带一路"沿线国家的语言状况；第二，要注重培养"一带一路"建设所需要的语言人才；第三，要了解"一带一路"相关国家的语言政策和语言使用情况；第四，要充分运用语言技术为"一带一路"建设的推进与发展提供便利。第五，要依靠政府和民间的力量，做好社会语言服务工作。（李宇明，2015）总之要充分重视语言在"一带一路"中的独特作用，促进"民心相通"。李佳等（2015）提到语言相通是实现"五通"的重要基础之一，这不仅表现在语言是最重要的交流工具上，而且也体现在语言文化互相融通这一核心层面上。邢欣等（2016）提出语言在实现"一带一路""五通"建设中发挥的互联互通作用日益凸显。"五通"中语言人才培养是实施"一带一路"发展的人才保障，应在"互联网+"的思维下，积极拓展网络发展新空间，共同搭建"互联网+"模式下的"语言公共服务+语言咨询服务"平台，使得"一带一路"核心区语言战略研究为"一带一路"核心区经济建设提供有力的服务，并为实现"五通"服务。由此，我们以人民网中《人民日报》及《人民日报》（海外版）作为语料来源，以其于 2014 年 7 月至 2016 年 3 月发布的"一带一路"文化交流方面的报道为样本，共收集文化交流报道标题 160 条，探讨其中的文化交流情况。①

一、文化交流报道标题数据分析

"一带一路"倡议中包含了五个方面的合作重点，也叫作"五通"，其中的"民心相通"的一个重要的内容就是"一带一路"沿线国家之间的文化交流。随着"一带一路"建设的深入推进，"文化先行"成为中国深化与沿线国家交流与合作的方式之一。从我们收集的《人民日报》及《人民日报》（海外版）的报道标题内容来看，文化交流涵盖了多个方面，可以梳理出三大类，每大类里又包含一些小类。具体统计数据见表 1-3②。

表 1-3 文化交流报道标题内容分类表

内容分类		数量/条	百分比/%
文化活动	文化展示	35	21.9
	艺术形式	26	16.2
	文化互动	14	8.8
	传播介绍	10	6.2
文化活动类总计		85	53.1
评论	宏观评论	28	17.5
	具体评论	4	2.5
	抒情评论	16	10.0
评论类总计		48	30.0
涉及地域	国外	30	18.7
	国内	46	28.8
涉及地域类总计		76	47.5

---

① 本书所统计的文化交流报道标题语料见第一章附录的表 2。
② 纳入统计的标题总数为 160 条，由于统计数据中有的标题含有几个类别的内容，所以有交叉重复之处，各类标题数量之和多于标题总数，交叉重复的数量及百分比不再计算。

二、媒体中的文化活动

"一带一路"倡议是构建人类命运共同体的伟大创举，在"一带一路"建设的大背景下，中国文化"走出去"发展前景广阔。通过文化活动的报道，进一步坚定文化自信，让"一带一路"沿线各国民众对中国多一份理解、信任和支持。这类报道标题共有 85 条，占比 53.1%，其中涉及的文化活动包括以下几种形式。

（一）文化展示

尽情地发挥艺术的传播交流功能，通过艺术家创作出反映时代的优秀作品是文化展示的重要内容，同时文化展示还包括综合推介"一带一路"沿线国家文化的内容。通过这些文化展示，将中国与世界紧密连接在一起，共同打造人类命运共同体。在文化展示中，既有关于展示文化艺术的艺术节，又有关于介绍和推广文化的会展和书展，还包括有关中国节日的展示等。《习近平主席和蒙古国总统额勒贝格道尔吉向首届中蒙博览会致贺信》报道了国家领导人对博览会的高度重视；《西安文化风情亮相法共〈人道报〉节》《我国两件经典艺术作品将亮相米兰世博会》《"西出楼兰"丝路文化艺术节在美圆满落幕》《纽约聆听中国风——美国书展中国主宾国活动素描》，从这几篇报道的标题语言就可看出中国文化艺术和书籍已走向世界；《斯里兰卡展上海风采》《"文化+"惊艳北京文博会》《文化连接世界 艺术沟通心灵——祝贺第十七届中国上海国际艺术节开幕》《丝路国际艺术节推动民心相通》《东博会：构筑海上丝绸之路合作重要平台》《北京国际图书博览会开幕——抗战主题图书亮点突出》《米兰世博会北京活动周开幕（引题）原创舞剧〈马可·波罗〉"回乡"（主题）》这些报道从标题里透出浓浓的世界文化味儿，"一带一路"给中国各地带来了国际文化艺术的瑰宝；《特设"一带一路"展馆 上演文化跨界融合大戏（引题）"文化+"吸睛深圳文博会（主题）》《过去十届累计成交超万亿元，本届成交额比上届增长 13.90%（引题）深圳文博会 尽显文化产业生机（主题）》这两篇报道从标题语言可看出文化交流带来的经济繁荣。《泉州举办"海丝"国际艺术节》《第三届阿拉伯艺术节在京启动》《云南文艺闪耀光芒》，从这几篇标题中可以感受到文化展示的多样性，我国南方的文化展示和国外阿拉伯文化展示相映生辉。这类报道标题有 35 条，占比 21.9%。

（二）艺术形式

从报道标题语言的艺术形式来看，呈现出精彩纷呈、多姿多彩的各种形式，包括歌舞、影视、绘画、艺术作品、文化实物及产地等等。报道歌舞的有《西安举办丝路国际现当代舞艺术周》《麦西热甫 舞动"一带一路"》《〈千回西域〉向全球展新疆歌舞秀》《〈丝海梦寻〉登上联合国舞台》《"一带一路"为歌舞剧注入活力》《喜歌剧演出季来了》《〈碧海丝路〉的金色"名片"》等，从这些标题语言中可以深切体味出丝路歌舞的魅力。报道影视的标题有《第二届丝绸之路国际电影节将于 9 月在福州举办》《电影"走出去"应该怎么走》《"一带一路"，电视节目怎么做——访新疆电视台台长杨洪新》《"中国故事"走出国门 影视佳作海外热播——中国当代作品翻译工程成效显著》《陕旅集团将推实景剧〈马可·波罗〉》等，这些报道让大家了解了影视作品如何体现中国文化的内涵。此外，还有关于中国"文化名片"的一些报道，如《流薰千载古龟兹》讲述了中国古代西域名城龟兹（即今天的新疆库车市）的文化特色，《游苏州吴江 寻丝绸源流》《唱响品牌 提档升级（引题）丝博会融入"一带一路"建设大格局（主题）》则介绍了丝绸之路上中国丝绸的源流以及丝绸融入世界的新格局，《千年瓷都（引题）沿着"海丝"走世界（主题）》介绍了中国的另一个文化名片——瓷器的产地，《领绣世界——中国非遗文化海外第一股与"圣地亚"的潮绣传奇》向世界推介了中国的刺绣艺术。这类报道标题有 26 条，占比 16.2%。

（三）文化互动

在"一带一路"建设中，文化互动和交流是增进各国间互相了解的重要渠道。在媒体报道标题中有关"一带一路"文化互动交流的报道主要是关于中外文化的相互交流和往来的，这种文化互动体现了多角度和多方位的特色。其中有华人华侨的文化交流活动，也有使馆的文化互动，还有中国各地与国外的互动。如《"亲情中华"慰侨演出传递中国自信》《将古典融合时尚 借服饰认识中国（引题）海外学子以旗袍演绎东方美（主题）》等报道标题介绍了华人华侨在海外对中国文化的推广，以及对中国形象的宣传。在文化互动中，国家之间或区域之间的文化交流更能增进国家之间的友谊，进而推动"一带一路"的深入发展。报道标题中也有很多涉及中国与其他国家和地区之间的文化往来，如《14 国驻华官员走进"798"》《中英关系迈向"黄金十年"》《中俄文化艺术交流周扮靓哈尔滨》《中非牵手，"友谊颂"越唱越动情》《丝路精神，中欧交流新纽带》《天华之声再次享誉海外——江阴市天华艺术学校民族乐团出访意瑞纪实》的报道就涉及了多个国家的文化互动，有欧洲国家，也有非洲国家。此外，各国大使馆也是国家之间传播和交流文化的重要渠道，对使馆的报道也是文化交流报道的重要内容，如《中摩友好，从不朽记忆中走来》《驻外大使拜大年》《乘风破浪 扬帆远航》等报道标题涉及驻外使馆的节日活动及大使对文化交往的随笔记录，人们可从中了解使馆的文化互动情况。这类报道标题有 14 条，占比 8.8%。

（四）传播介绍

讲好美丽生动的中国故事和丝绸之路故事，介绍优秀的文化人物，传播中国文化的精髓也在"一带一路"文化交流报道中占有许多篇幅，从标题来看，主要涉及了讲述故事、向世界介绍各地文化、介绍文化人物以及传播汉学等。其中《讲述海上丝绸之路故事》《讲好"新丝路"的故事》《听，汉学家这样讲中国故事》等报道从标题中就可看出讲好故事的主题，《陕西成为向西开放的前沿》《蓉城魅力汇聚全球目光》《亲和包容 澳门旅游魅力独特》《嘉峪关：打造文化旅游黄金廊道》《向西开放，新疆乘势而上——新疆加快建设"丝绸之路经济带核心区"》《重庆 离世界如此之近》等标题开门见山地向世界介绍了中国各地相关城市的魅力及对外开放的文化交流视野，而《国际汉学研究聚焦汉学与当代中国》则介绍了国际研究汉学及当代中国的现状。这类报道标题有 10 条，占比 6.2%。

三、评论

在媒体报道语言中，评论性的报道从严肃庄重的文化评论中阐释"一带一路"的重大意义，在评论中向世界敞开心扉，直述中国在"一带一路"文化中的作用以及中国继续推进"一带一路"的决心。这类报道标题共有 48 条，占比 30%。评论性报道标题可以分为三类：一是宏观评论，二是具体评论，三是带有感性色彩的抒情评论。

（一）宏观评论

这一类评论往往从传播中国文化的宏观层面来进行评述，阐明中国文化的内涵，以及中国文化对世界和平发展的作用，表明中国进行合作共赢的文化交流和共筑梦想的意愿。如《传播中国优秀文化　促进世界和平发展》一文表明了传播中国文化对世界和平发展的促进作用，《文明交流互鉴　共同繁荣发展》《文化交流"殊声而合响"》《传承弘扬丝路精神　共筑梦想同谱华章》几条报道标题点明了世界文化交流"殊声而合响"的交融和谐理念，《"一带一路"生发一路向南新思路》《传播丝路文明　弘扬陇原文化》两条报道标题说明了"一带一路"文化传播向纵深发展的思路，《让中国更好地与世界对话》《开创合作共赢的"黄金时代"——写在习近平主席启程对英国进行国事访问之际》《文化传播，有价值观才有力量》《你我的"一带一路"》几条报道标题更进一步提倡文化交流对"一带一路"建设的促进作用。这类报道标题有 28 条，占比 17.5%。

（二）具体评论

具体评论更加细致地评述"一带一路"文化交流中的具体内容，比如品牌、影视、事件、文物等。如《"联接中外"，电影可先行》是对电影怎样"走出去"的评论，《国家收藏　文化共享》认为国家文物和收藏应该体现世界眼光，《亲戚越走越近　朋友越走越亲》表明了文化交流中民间交流的意义，《助力品牌崛起　打造品牌强国》提出了品牌走向世界对提升国家形象的重要作用。这类报道标题有 4 条，占比 2.5%。

（三）抒情评论

这一类评论往往以情动人，在评论中运用修辞手法中的比喻、借代、拟人等辞格来增强评论的形象色彩，在晓之以理的同时还动之以情。如《丝路金桥，"一带一路"上的文化桥》《架起心灵沟通的"文化桥梁"》两条报道标题把"一带一路"文化交流比作"金桥""文化桥""文化桥梁"；《丝路风情期待重扬时代风帆》用"风帆"作比；《丝路多情似故人　晨昏忧乐每相亲》将"丝路"比作"故人"，进而用"忧乐"拟人化；《〈碧海丝路〉的金色"名片"》对歌舞用"名片"作比，《丝路新篇章　合作好伙伴》把文化合作双方比作"好伙伴"；《让文化交流缔结友谊纽带》用"纽带"作比，来形容文化交流；《沿着新丝路　挥写新画卷》用"画卷"描绘新丝路。这类报道标题有 16 条，占比 10%。

四、涉及地域

在文化交流报道标题中，涉及地域的报道标题也占了很大比例。共有 76 条，占比 47.5%。"一带一路"文化交流引起了多个沿线国家和地区的重视，在中国文化"走出去"的同时，丝路文化也走进中国。中国正以开放包容的姿态推动文化交流的发展。从地域角度，可以分为国外及国内两大类。

（一）国外

在文化交流报道标题里，涉及国外的有 30 条，占比 18.7%。从分布来看，包括欧洲国家，如《中国-中东欧国家合作苏州纲要》《中俄文化艺术交流周扮靓哈尔滨》《习近平同奥地利总统菲舍尔会谈》；还包括中东国家，如《迈向共同发展新征程——国家主席习近平访问沙特、埃及、伊朗综述》《中国以建设性姿态参与地区事务——习近平主席关于中国同中东地区以及中阿关系的重要论述》《中阿文化部长畅论共建文化领域"一带一路"》；关于亚洲国家的也不少，如《在第十届东亚峰会上的发言（二〇一五年十一月二十二日，吉隆坡）》《中马合作注入新活力》《斯里兰卡展上海风采》等；还有关于非洲的国家，如《牵星过洋，中国文化根植坦桑尼亚》。从报道标题中所提到的国家之间文化交流来看，"一带一路"已带动了世界文化交流的步伐，正在向越来越多的国家推进。

（二）国内

涉及国内各地的报道标题也不少，有 46 条，占比 28.8%，从中可以看出全国各地参与"一带一路"文化交流的积极性。从地域来看，反映出关于西部地区的报道较多，说明西部地区跟"一带一路"沿线国家文化交流更频繁。比如《开放的宁夏：世界，你好！——"开放的中国：从宁夏到世界" 外交部首场省区市全球推介活动》《"一带一路"助推陕西腾飞——2015"一带一路"倡议与陕西发展论坛侧记》①《新疆文创业展生机》《大理：千年国际陆港联通世界》《积极融入"一带一路" 逐步实现跨越发

---

① 鉴于国家媒体报道中统一用"'一带一路'倡议"的说法，现将早期报道中的部分说法改为"'一带一路'倡议"。

展（引题）丽江 把"窗口"开得更大（主题）》《重庆 离世界如此之近》等，一些西部省、自治区、直辖市在标题中出现。"21 世纪海上丝绸之路"也带动了沿海地区和南方城市进行"一带一路"文化交流的热情，如在《泉州举办"海丝"国际艺术节》《第二届丝绸之路国际电影节将于 9 月在福州举办》《中国-中东欧国家合作苏州纲要》《文化连接世界 艺术沟通心灵——祝贺第十七届中国上海国际艺术节开幕》等标题中有所体现。另外，开放度较高的城市也是文化交流的参与者，如《北京国际图书博览会开幕——抗战主题图书亮点突出》《派团再走丝绸之路 访问希腊土耳其（引题）青岛叩开欧洲南大门（主题）》等说明了这一点。也有一些报道涉及港澳台地区参与"一带一路"文化交流，如《亲和包容 澳门旅游魅力独特》等。

第四节　经济互利

　　随着我国综合国力的不断增强，我国的经济和世界的经济越发紧密地联系在一起。我国坚定不移地坚持对外开放的基本国策，努力构建全方位的对外开放新格局，从而更加深入地融入世界经济体系。"一带一路"倡议正是在此情况下提出的。这一倡议是我国立足于中国国情提出的国际区域经济合作新模式，具有重要的意义。推进"一带一路"建设符合中国扩大和深化对外开放的需求，也加强了中国和世界各国的互利合作，是中国在 21 世纪提出的重大举措，这条堪称世界上跨度最大的"世界经济大走廊"对促进世界的和平与发展有着重要的影响。自"一带一路"倡议提出以来，有关经济的新闻报道是媒体报道的重点。鉴于经济类报道数量庞大，我们选取了国家主流网络媒体光明网、新华网和代表"丝绸之路经济带"核心区新疆的地方主要网络媒体天山网，自 2014 年 8 月至 2015 年 12 月的 185 条新闻报道标题作为语料，对"一带一路"经济新闻报道语言的特点加以分析。①

---

　　① 本书所统计的经济新闻报道标题语料见第一章附录的表 3。

一、经济报道标题数据分析

（一）不同媒体报道数据分布

在经济报道标题中，天山网有关的报道标题最多，共96条，占比51.9%，超过一半。其次，光明网相关报道标题也不少，有68条，占比36.7%。新华网报道标题较少，有21条，占比11.4%，究其原因，主要是新华网性质决定的。新华网是新华社主办的新闻网站，主要提供新闻资讯，属于提供消息来源的网站。其信息量大，流动快，很难就某一领域持续关注报道。统计数据分析见表1-4。

表1-4　经济报道标题数据来源表

媒体名称	条数	百分比/%
光明网	68	36.7
新华网	21	11.4
天山网	96	51.9
总数	185	100.0

（二）涉及内容的数据分析

"一带一路"倡议影响到经济的方方面面，既有显性影响，即根据"一带一路"沿线国家政策所实施的各项直接经济活动，也有隐性影响，即各部门、公司开展经济活动积极响应"一带一路"倡议，积极向"一带一路"倡议靠拢，在扩大企业经济影响的同时也享受政策带来的便利，这也从另一方面说明了"一带一路"倡议在经济方面实施的巨大潜力。"一带一路"经济报道标题根据内容可以分为五大类，即金融贸易类、基础建设类、科技网络类、评论类和涉及地域类，大类下又可分出小类。详情见表1-5[①]。

表1-5　经济报道标题内容分类表

内容分类		数量/条	百分比/%
金融贸易	金融	39	21.1
	贸易	27	14.6
	企业	23	12.4
	物流	10	5.4

① 纳入统计的标题总数为185条，由于统计数据中有的标题含有几个类别的内容，所以有交叉重复之处，各类标题数量之和多于标题总数，交叉重复的数量及百分比不再计算。

内容分类		数量/条	百分比/%
金融贸易类总计		99	53.5
基础建设	基建能源	6	3.2
	交通建设	12	6.5
	城市建设	7	3.8
基础建设类总计		25	13.5
科技网络	互联网	17	9.2
	科技	4	2.2
科技网络类总计		21	11.4
评论	宏观评论	28	15.1
	具体评论	13	7.0
评论类总计		41	22.1
涉及地域	国外	23	12.4
	国内	54	29.2
涉及地域类总计		77	41.6

二、金融贸易

金融贸易是经济领域的核心部分,在"一带一路"建设中,"贸易畅通"和"资金融通"占据了"五通"中的两通,说明金融贸易也是"一带一路"的重要部分。在统计数据中,有关这部分的报道标题有 99 条,占比 53.5%。按照金融贸易报道内容,又可分为以下四小类。

(一)金融

在金融报道标题里,涉及了与金融相关的几个方面。一是关于银行的报道,包含了货币、亚投行、债券、银联国际和合作社等。比如《中资银行在"一带一路"沿线设立了 55 家一级分支机构》《工行外汇业务率先全面覆盖"一带一路"国家》《银联国际携手跨境电商大龙网、跨境支付龙通宝升级"一带一路"跨境结算》《云南省交行助力云南经济发展 服务"一带一路"建设》《招行紧抓"一带一路"发展机遇推动全球同业合作》《黄道新:供销合作社与"一带一路"建设》《亚投行给"中国建造"全面走向世界提供重大契机》几篇报道标题涉及了多家国家和地方银行及供销合作社,还有专门为"一带一路"成立的亚洲基础设施投资银行(AIIB)。二是金融报道，包括投资、基金、汇率等。如《中国与"一带一路"沿线国家投资合作不断增长》《"一带一路"财经资讯：巴林欲做中企投资中东枢纽》《伊朗驻华使馆商务参赞全面解读伊朗投资政策环境》《启迪控股携手世纪互联创立百亿美元"一带一路"投资基金》《中哈产能合作专项基金设立》《推出人民币汇率期货为"一带一路"倡议保驾护航》[1]这几篇标题都与投资相关，介绍了"一带一路"发展中的投资基金和汇率问题。这类报道标题共有39条，占比21.1%。

（二）贸易

有关"一带一路"贸易的报道标题也包含多个方面，涉及最多的是国家为推进"一带一路"建设、加快国际合作而专设的自贸区及开发区等。如《加快实施自由贸易区战略》《"巨人"的握手（下）：终极目标——自由贸易区》《国务院：积极推进"一带一路"沿线自由贸易区》《发改委专家："一带一路"为开发区走出去打开新空间》《长江经济带和"一带一路"节点　南京江北国家新区获批》这几条报道标题都是关于设立自贸区和贸易开发新区的。其次，涉及贸易交易的主要是进出口贸易，如《前10月中山对"一带一路"国家进出口增9.1%》《我国构筑"一带一路"食品农产品进出快速通道》《"一带一路"助瓷器扬帆远航》这几条报道标题提到了进出口贸易的增长、食品农产品的进出口以及瓷器的出口贸易等。此外，还有各种双边贸易报道，如《近500家中欧企业聚首欧洽会探讨"一带一路"合作新商机》涉及了中欧企业的欧洽会的商机，《"一带一路"侨商项目对接会兰州举行》涉及了侨商参与"一带一路"的情况。这类报道标题共有27条，占比14.6%。

（三）企业

"一带一路"倡议带动了更多的中国企业走出国门，走向世界。在媒体报道里全方位介绍了企业"走出去"的情况。如《借"一带一路"东风　中国工程机械企业要伺机"出走"》《安徽芜湖：国产重卡闯海外》报道了机械制造业和地方企业闯海外的意向，再如《九江企业对接"一带一路"亮相中亚市场》报道了具体企业走向特指区域——中亚市场的新闻，还有《中

---

① 鉴于国家媒体报道中统一用"'一带一路'倡议"的说法，现将早期报道中的部分说法改为"'一带一路'倡议"。

国企业对"一带一路"沿线国家投资加速》报道了企业投资,《四川省工商联:推动民企参与"一带一路"建设》报道了地方民企参与"一带一路"的情况。这类报道标题共有 23 条,占比 12.4%。

(四)物流

物流是为了满足客户需要,以仓储方式让商品的生产和市场同步,促使商品尽快流通的一种新的商业理念。在"一带一路"建设中物流业是很重要的流通环节,因此也受到媒体报道的青睐。如《"一带一路"引领物流产业转型升级》《阿联酋想做中国"一带一路"计划物流中心》《中哈(连云港)物流基地中欧班列正式开通》都提到了物流产业;《赣欧国际铁路货运班列开行 助力江西融入"一带一路"》《第五届"亚洲物流及航运会议"开幕 "一带一路"成热点》《"一带一路"助推中欧食品和物流产业合作》几条报道标题对物流业的介绍更加具体,涉及国际亚欧班列、物流专门会议和食品领域等。这类报道标题有 10 条,占比 5.4%。

三、基础建设报道

基础建设也是"一带一路"倡议中的重要内容,是"五通"中的设施联通,媒体对基础建设的报道也是"一带一路"新闻的主要内容之一。从我们统计的标题来看,共有 25 条,占 13.5%。根据报道内容可分为三小类。

(一)基建能源

这一部分报道标题涉及能源建设和基本建设项目,如《探访中大石油:吉尔吉斯最大能源加工企业和中资企业》讲述的是中国石油能源企业在中亚的吉尔吉斯斯坦的业务开展情况,《川企抢抓"一带一路"机遇 将在泰国建 5 个垃圾发电厂》讲述的是中国地方企业在泰国建设发电厂的情况。这类报道标题有 6 条,占比 3.2%。

(二)交通建设

随着中国高铁建设和公路建设技术的突飞猛进,中国的交通技术也成为世界领先的技术,在"一带一路"建设中,中国的铁路道路相关企业也成功走向全球,这也成为媒体关注的内容。如《中国高铁整体走出国门第一单》报道了中国高铁在海外的第一个项目,《"中巴经济走廊"最大交通项目签约》报道了具体合作的国家,《广州市加强航运业发展 推进"一带一路"建设》报道了"一带一路"航运业的推进程度,《甘肃设立丝路交通发展基金 总规模达 1000 亿元》报道了交通建设中地方政府投资的项目。这类报道标题有 12 条,占比 6.5%。

(三)城市建设

基础建设里也有体现"一带一路"带来城市发展机遇的报道。比如《郑州航空港打造空中丝路经济带核心》一文提到了"丝绸之路经济带"带来的郑州市的航空港建设,《城市工作会议凸显 5 大投资机会 智慧城市建设受关注》《铜建集团调研蔡家坡城投,国投兴业基金喜做牵线人》报道了城市投资。这类报道标题有 7 条,占比 3.8%。

四、科技网络

科技和互联网的发展是"一带一路"倡议稳步推进、深入发展的助推器。有关科技和互联网的报道也有一定数量。这类报道标题有 21 条,占比 11.4%。此类报道又可分为两小类。

(一)互联网

中国互联网的发展不仅有利于国内的经济发展,也给其他"一带一路"沿线国家提供了新的经济平台。从报道标题看,涉及互联网风云人物、新的信息数据存储云服务、信息港建设以及相关商品的交易信息平台发布等。如《马云:"一带一路"是中国和世界共赢的发展机遇》中的"马云"、《新疆"云服务"广泛应用步伐加快》中的"云服务"、《"一带一路"农业与食品交易信息平台正式上线发布》中的"农业与食品交易信息平台"、《中国-东盟信息港论坛启幕 共商共享网络发展成果》中的"信息港"、《网上丝绸之路有了信息安全保障》中的"网上"、《"一带一路"国家发展网打造信息互联互通示范工程》中的"信息互联互通示范工程"等都反映互联网方面的新发展。这类报道标题有 17 条,占比 9.2%。

(二)科技

科技的创新助力"一带一路"沿线国家的技术提升和生活便利化。从科技助力经济的报道来看,都提出了科技合作和科技发展。如《"一带一路"国家借助高交会拓展科技合作》提到"高交会"里的科技合作,《创新海洋科技 发展蓝色经济》提到了发展海洋科技对经济的作用,《中国政企双管齐下助科技引领海上丝绸之路》提到科技对丝绸之路的引领作用。这类报道标题有 4 条，占比 2.2%。

五、评论

在经济新闻报道中，评论类报道往往有促进和引导性。在收集选录的"一带一路"经济报道标题中，这类评论报道标题有 41 条，占比 22.1%。评论报道又可以分为宏观评论和具体评论两小类。

（一）宏观评论

这部分报道都围绕着"一带一路"中的宏观经济问题展开评论。如《"一带一路"架起中国经济新支点》评述了"一带一路"对中国经济发展的促进作用，《"一带一路"和"产能合作"》评述了中国与沿线国家的产能合作，《"一带一路"促国际合作催生新需求　应借力推动我国产业升级》谈到"一带一路"推动我国产业升级的好处，《"一带一路"是推动区域合作的新路径》阐述了"一带一路"对区域合作的促动，《"一带一路"将促进沿线国家经济增长》指出"一带一路"有利于相关国家的经济增长。这类报道标题有 28 条，占比 15.1%。

（二）具体评论

具体评论报道针对"一带一路"倡议实施的某一方面展开评述。如《资本思维加码"一带一路"》评述的是资本思维问题，《投资带动贸易发展是"一带一路"建设的新方向》《人民币走向"一带一路"趋势明显》两篇报道针对的是投资和人民币，《深化改革转型升级推动"一带一路"建设掀开新篇章》针对的是转型升级问题等。这类报道标题有 13 条，占比 7.0%。

六、涉及地域

在经济全球化的影响下，中国不仅吸引了世界跨国企业的进入，而且随着中国经济的腾飞，已有越来越多的中国企业走向世界，特别是"一带一路"倡议的提出，更为中国经济与世界经济的接轨架起了桥梁。在经济新闻报道中，涉及很多不同的地域，在我们收录的标题中有 77 条，占比 41.6%。这些标题又可以分国外和国内两小类。

（一）国外

在经济报道标题中，涉及的海外国家涵盖了不少"一带一路"沿线国家。其中有欧洲国家，如《"一带一路"深化中英投资合作》《"一带一路"连接中意未来》涉及英国和意大利；有东亚国家，如《架设中日韩合作桥梁 打造"一带一路"节点城市》提到日本和韩国；有东南亚国家，如《川企抢抓"一带一路"机遇 将在泰国建5个垃圾发电厂》提到泰国；有非洲国家，如《习近平访非为"一带一路"倡议预演 中非深化发展任重道远》《"中山美居"开启"非洲时间"》跟非洲国家有关；有中东国家，如《网上丝绸之路论坛开启中阿合作之门》《中国银行在迪拜举行"一带一路"人民币债券挂牌仪式》《中小企业的海外经贸平台 巴林龙城再造中东不夜城》涉及阿拉伯国家；《伊朗驻华使馆商务参赞全面解读伊朗投资政策环境》报道了伊朗；有中亚国家，如《中国与中亚着力推动构建丝路经济带互联互通新格局》涉及了中亚五国，《中哈（连云港）物流基地中欧班列正式开通》提到了哈萨克斯坦。这类报道标题共有23条，占比12.4%。

（二）国内

在经济报道中，关于国内各地参与"一带一路"经济建设的报道热度不减，涉及的地区也囊括了东西南北。关于西部地区的报道仍然较多，如《助力西安企业带动大众创业》《新疆库尔勒农机出口订单生产忙》《四川紧抓"一带一路"机遇 提出"251三年行动计划"》《云南省交行助力云南经济发展 服务"一带一路"建设》提到了西北的西安、新疆和西南的四川、云南。其次是华南和华东地区，如《广州市加强航运业发展 推进"一带一路"建设》《湛江成为网上丝绸之路概念先行者》《深圳掘金"一带一路"投资贸易新商机》《借助"互联网+"福州外贸开启"网上丝绸之路"》《广西对"一带一路"国家贸易快速增长》《加快珠江-西江经济带开放发展着力点》《"一带一路"倡议为香港提供黄金发展机遇》①提到了广州、湛江、深圳和福州市以及广西自治区、珠江-西江一带和香港地区。此外，还涉及华北地区，如《1—7月河北省对"一带一路"国家出口增长3.8%》《开发性金融助力河南"一带一路"更出彩》《山东企业抢滩喀什 积极对接丝绸之路经济带》《丝路贸易

---

① 鉴于国家媒体报道中统一用"'一带一路'倡议"的说法，现将早期报道中的部分说法改为"'一带一路'倡议"。

中的山西商人》提及了河北、河南、山东和山西省。这类报道标题有 54 条，占比 29.2%。

第五节　旅游搭桥

　　"一带一路"是新时代中国"走出去"的一曲赞歌，"一带一路"连接着沿线不同国家和地区，通四海、通五湖。有关"一带一路"的媒体报道不断增多，其中对旅游的关注也越来越多。2015 年 3 月国家颁布的《推动共建丝绸之路经济带和 21 世纪海上丝绸之路的愿景与行动》明确指出了在"一带一路"政策指导下未来旅游业的发展前景，旅游业迎来了新的机遇和挑战，将在"一带一路"中发挥重要作用。对于促进境外旅游业的发展，媒体报道也发挥了作用，旅游报道对"一带一路"旅游业发展具有很大影响力。旅游报道对国际旅游市场的影响包括很多方面，比如关于境外景点的介绍，关于吃、住、行、游、购、娱乐等的报道，这些都会引导游客的兴趣。由此，我们收集和选取了 2015 年 3 月至 2016 年 1 月光明网和搜狐网两个主流网络媒体上的旅游报道标题以及几个公众号的报道标题共 195 条，分析和探讨旅游报道标题的语言热点。[①]

一、旅游报道标题数据分析

（一）不同媒体报道数据分布

　　从统计数据可以看出，主要的旅游报道标题来自光明网和搜狐网，在 195 条中占了 182 条，占比 93.3%；而其他几个公众号报道标题很少，只有 13 条，占比 6.7%。究其原因，一是公众号每天的信息量较少，推出的文章也较少，二是这些公众号不是很稳定。所以旅游报道标题的数据以光明网和搜狐网为准。其中光明网有 96 条，占比 49.2%，搜狐网有 86 条，占比 44.1%。统计数据分析见表 1-6。

_____

　　① 本书所统计的旅游报道标题语料见第一章附录的表 4。

表 1-6 旅游报道标题数据来源表

媒体名称		条数		百分比/%
光明网		96		49.2
搜狐网		86		44.1
其他	这里是巴基斯坦	4		
	哈萨克斯坦资讯	4		
	土耳其不土	3	13	6.7
	土库曼斯坦环球零距离	1		
	乌兹别克环球零距离	1		
总计		195		100.0

（二）涉及内容的数据分析

"国之交在于民相亲"，旅游这一行为，具有较强的文化交流性质。"丝绸之路"这一充满魅力的线路与概念，对于每一个旅游者而言，都足以令人心驰神往。为了更好地了解境外游国家，方便国人走出去，满足人们"世界那么大，到处去看看"的情怀，旅游报道标题根据旅游出行中的实际需求来设置，不仅有旅游目的地国家自然景观的介绍，还有其人文景观介绍、历史景观介绍、文化风俗介绍，以及一些出行注意事项的介绍，如酒店、餐饮、消费、签证、交通等。根据旅游报道标题的内容，我们将标题分为五大类，包括名胜古迹、自然景观、文化景观、旅途出行及涉及地域；其中大类中还可以分出小类。具体数据分析见表 1-7[1]。

表 1-7 旅游报道标题内容分类表

内容分类		数量/条	百分比/%
名胜古迹		22	11.3
自然景观	自然风光	9	4.6
	著名景点	48	24.6
	园林公园	12	6.2
自然景观类总计		69	35.4
文化景观	传统及特色节日	12	6.2
	美食商业	9	4.6
	特色标志	13	6.6

---

① 纳入统计的标题总数为 195 条，由于统计数据中有的标题含有几个类别的内容，所以有交叉重复之处，各类标题数量之和多于标题总数，交叉重复的数量及百分比不再计算。

内容分类		数量/条	百分比/%
文化景观类总计		34	17.4
旅途出行	旅途经历	22	11.3
	出行指南	17	8.7
旅途出行类总计		39	20.0
涉及地域	国外	147	75.4
	国内	12	6.1
涉及地域类总计		159	81.5

二、名胜古迹

这里的名胜古迹特指各地风景优美的历史遗迹等,这些景点一般具有历史价值,是游客旅游必去参观的地方。像"不到长城非好汉""故人西辞黄鹤楼,烟花三月下扬州""姑苏城外寒山寺,夜半钟声到客船"等都是描写历史上名胜古迹的诗句。在"一带一路"沿线国家里,有大量的名胜古迹供游客游览。其中既有欧洲国家的古城堡、教堂和修道院,也有东南亚国家的佛塔、宫殿,还有世界各地的其他奇观。在本书收集的标题中就包括了这些名胜古迹。如《最古老的修道院》《外表朴素内部精美的莫达沃城堡》《加勒古堡丨故事无休无止》《行旅北欧12:流连斯莫尔尼宫》《缅甸洗心之旅:马车逐日落 寻佛塔文明》等介绍了各国的历史景观,《埃及首次开放神秘乳母之墓 提振国内旅游业》介绍了神秘的埃及奇迹,《尼泊尔巴德岗古城 心中的宁静之城》介绍了高原之国尼泊尔的古城,《巴黎:我想把卢浮宫带回家》描述了著名的卢浮宫。这一类标题有22条,占比11.3%。

三、自然景观

旅游途中风光旖旎,正所谓"春水满四泽,夏云多奇峰。秋月扬明辉,冬岭秀寒松",对媒体报道来说,介绍自然景观也是不可缺少的内容。我们收集的报道标题中有关自然景观的有69条,占比35.4%。这又可分为两小类。

(一)自然风光

"明月松间照,清泉石上流",在旅游过程中游客会领略大自然的秀美风光，媒体也会报道世界各地的自然风光。如《童话世界欢乐冰雪魅力阿尔山》《记得在雪地玩耍的快乐时光吗？带你领略奥地利雪景》介绍了美丽的雪景，《贝加尔湖冰裂美景》报道了湖面冰雪消融时冰裂的壮美，《在格兰达洛群山湖泊，寻找信仰》介绍了群山湖泊净化心灵之神效，《土耳其内姆鲁特山日出》《印度瓦拉纳西，泛舟恒河看最美日出》引导游客观看最美日出之地，《非洲三国之旅——津巴布韦维多利亚瀑布》介绍了壮观的大瀑布，《出境游青睐东南亚　国内游偏爱大草原》评述了游客最喜欢的自然风光之地和大草原的魅力。这一小类标题有 9 条，占比 4.6%。

（二）著名景点

历史上，多少文人骚客在畅游名山奇景时留下了著名诗句，"桂林山水甲天下""自古华山一条路""会当凌绝顶，一览众山小""不识庐山真面目，只缘身在此山中"都是描写著名景点的诗句。在媒体报道中，描述著名景点的标题也不少。如《马焦雷湖——意大利最美不胜收的湖》描绘了美丽的湖泊，《探访世界恐怖地下奇观之一：代林库尤地下城》《探秘新西兰地下溶洞奇观》《探险家勇闯土库曼斯坦"地狱之门"》描述了奇观，《环南中国海边缘之旅——菲律宾长滩》介绍了海滩，《漫游泰国　浪在金象岛》《闲游在风景如画的怀特岛上》《浓缩丹麦风：北西兰岛的回忆》介绍了著名岛屿。这一小类标题有 48 条，占比 24.6%。

（三）园林公园

在自然景观中少不了景色怡人的公园和有着珍奇的飞鸟走兽的野生动物园等，在这里游玩，游客往往流连忘返。古人留下了赞美西湖的诗句"欲把西湖比西子，淡妆浓抹总相宜"，今人也留下了赏园名句"环顾卉树森，浓绿弥众象"。在媒体报道中，也有一些介绍性标题。如《航拍铜锣山国家矿山公园　如外星奇景》讲述了外星似的景观，《雨中闲游怀特岛植物园》写出了游植物园的情趣，《欧洲最大的公园：邂逅狐狸与鹿群》《南非野生长颈鹿生宝宝　游客目睹全程》介绍了野生动物园的动物奇遇，《走进阿根廷塔兰穆帕亚国家公园》《迪拜奇迹花园耗费 4500 万株鲜花》讲述了公园景色。这一小类标题有 12 条，占比 6.2%。

四、文化景观

文化景观反映了地域的文化内涵，是地域或城市的代表和象征，在旅游中也是必不可少的游览项目。"爆竹声中一岁除，春风送暖入屠苏"描写了中国春节的文化景观。在媒体报道标题中，有关文化景观的有 34 条，占比 17.4%。在这一大类中又可分为三小类。

（一）传统及特色节日

文化景观中传统节日和特色节日吸引着游客的旅游兴趣，也引发游客的思乡之情和求新求奇的好奇心，是旅游文化的一部分。所谓"海上生明月，天涯共此时"说的是中秋节的感受，"火树银花合，星桥铁锁开"渲染了正月十五元宵节的热闹。这一类也是旅游新闻的着墨之处。如《去泰国过泼水节　自驾游成新时尚》介绍了东南亚的泼水节，《不一样的尖叫节日：推荐万圣节精彩亚洲目的地》讲述了万圣节故事，《泰国曼谷庆祝万佛节》介绍了佛教重要节日万佛节，《实拍：在美国欢度"感恩"节，其乐融融》描述了美国的感恩节情景，《高清：镜头看世界　尼泊尔大象节》介绍了奇特的大象节，《比利时小城举办"浴缸划船节"》报道了奇特的节日。这一小类标题有 12 条，占比 6.2%。

（二）美食商业

美食文化也是旅游中要体验的一项重要内容，描写美食也是古往今来文人墨客的一大爱好。"药物扶持美食眠，镜湖仍遇素秋天"提到了美食的作用，"长江绕郭知鱼美，好竹连山觉笋香"说出了美味。在旅游报道中，美味美食更是不可或缺的内容。如《纽约撞星几率最高的地方居然是这家餐厅》提到了明星光顾的餐厅，《去慕尼黑喝啤酒！服务员变大力士　美酒佳肴不停口》说的是美酒佳肴，《格鲁吉亚：酒是故乡醇》介绍了格鲁吉亚的红酒，《泰国超大碗牛肉面 35 分钟吃完可免单》《澳媒：澳洲抓龙虾景点人气旺》讲述了特色美食。

除了美食之外，特色商业文化也是旅游中的乐趣之一，游人在享受旅游风光的同时也会或多或少购物逛街，寻觅当地特色商品和纪念品。如《寻觅首尔东大门》介绍韩国首尔最有名的时尚购物地东大门，《今年国民出境游首破 1.2 亿　购物仍是最大消费》统计了中国游客出境游购物消费额，《港

澳游提价升质 传统旅游产品呈现新概念》介绍了旅游纪念品的畅销。这一小类标题有 9 条，占比 4.6%。

（三）特色标志

所谓特色标志是指旅游所到之处的一些特色文化。比如《约会甜蜜小镇 体验巧克力的梦幻王国》介绍了巧克力产地，《在最美海岸线遇见摩纳哥王妃》描述了王妃的魅力，《实拍帕米尔高原上塔吉克神秘婚礼》介绍了有特色的婚礼，《新西兰之旅（上）：毛利奇迹》讲述了毛利人的奇迹故事，《最有情调的加勒 最美的锡兰新娘》介绍了斯里兰卡新娘文化，《摄影师土耳其体验热气球观光拍美景》推介了土耳其最有名的热气球旅游项目，《肯尼亚博戈里亚湖进入火烈鸟观赏旺季》介绍了非洲的珍禽，《百态：探访古巴手工烟厂》介绍了古巴的特产烟，《走进哈萨克斯坦充满现代化气息的首任总统图书馆》推介了具有民族特色的图书馆。这一小类标题有 13 条，占比 6.6%。

五、旅途出行

人们在出行前也会做行程安排，希望了解这方面的信息；在旅途中也会经历各种难忘的事。媒体报道对此也会特别关注。在我们所选的报道标题中这一大类有 39 条，占比 20.0%。

（一）旅途经历

旅游在外，阅历无数，苦乐自得。有人是"金陵津渡小山楼，一宿行人自可愁"，也有人自得其乐地"带酒冲山雨，和衣睡晚晴"。在媒体报道里，各种经历也见诸标题。如《去清迈吸一场小清新的"毒"，超全民宿攻略》《盘点巴厘岛十大异趣酒店，你住的只能叫旅馆》讲述了住宿经历，《跑酷遭遇菲律宾：中国跑酷环球之旅》描述了新潮的跑酷旅行，《走进美国人钟爱的房车营地》讲述房车旅行，《探秘西班牙"全球最惊险步道"》介绍惊险步行之旅，《南美最大城市巴西圣保罗推广"骑行生活"》介绍健康骑行。这一小类标题有 22 条，占比 11.3%。

（二）出行指南

这一类介绍出行经验的报道着眼于旅途便利，包含了旅途中的种种需求，如旅行中的购票、乘坐交通工具、机场购物、自助行等。在媒体报道标题中,这类内容也有不少。如《美媒:中国新型旅游者用手指预订世界　独立而有规划》讲述了智能手机购票和预订酒店等先进的旅游服务,《多哈机场掠影》介绍机场购物,《东南亚三国放宽签证带动冬季旅游市场》《金砖国家游客有望免签入俄罗斯》讲述了签证办理政策,《去欧洲自驾游　你该如何停车》讲述了自驾游中的停车问题。这一小类标题有 17 条,占比 8.7%。

六、涉及地域

旅游就是游走在天南海北、世界各地,所以这类关于旅游国家和地区的报道标题占比非常大,在收录的标题中有 159 条,占比 81.5%。这一大类又分为两小类。

(一)国外

这类报道涉及国外的旅游胜地和城市。"海内存知己,天涯若比邻",报道标题中涉及了各大洲的国家。如《澳洲堪培拉假期访问游客数量创纪录　中国游客多》《赫尔辛格,丹麦最美一角》《风情万种,布拉格之春》《阿姆斯特丹,无限风情在街头》《12 月芬兰玻璃屋 9 天极光之旅》等标题介绍了欧洲各国,《精彩纷呈"南非中国年"》《走进肯尼亚,到安博塞利感受动物世界》《【突尼斯】麦地那里诱惑多》介绍了非洲国家,《27 扇美到让你忍不住想敲开的印度之门》《斯里兰卡　走进植物的王国动物的天堂》介绍了南亚风情,《印尼多管齐下吸引中国游客》介绍了东南亚国家,《今年前三季度入境墨西哥中国游客增长 22.9%》介绍了南美洲国家,《乌兹别克斯坦首都塔什干成为世界最宜居城市之一》介绍了中亚国家,《釜山一日》介绍了东亚国家。这一小类标题有 147 条,占比 75.4%。

(二)国内

"朝辞白帝彩云间,千里江陵一日还",随着我国改革开放和经济建设的不断发展,我国的旅游业迎来大发展,越来越多的百姓外出旅游,媒体对国内旅游的报道也更加深入。如《中国成都游客最爱游泰国　韩国人最爱来成都》讲了四川人的旅游爱好,《2015 杭州旅游推介会在悉尼举行》报道了杭州对旅游的重视,《冬游喀纳斯　深邃的静逸》《穿越生命禁区罗布泊探访神秘楼兰》描绘了新疆的神秘风光,《天津航空开通直飞东京国际航线》介绍了天津的国际旅游线路的增加,《探寻散落在澳门旧城小巷的历史名片

（三）》《【台湾】中台禅寺，一座不烧香的寺庙》《台湾自由行全攻略》讲述了在澳门和台湾的旅游情况。这一小类标题有 12 条，占比 6.1%。

第六节 企业助力

在"一带一路"倡议的推动下，中资企业纷纷走出国门，积极参与"一带一路"建设。根据我国相关政府网站信息，自 2015 年 3 月 28 日国家发展改革委、外交部、商务部联合发布《推动共建丝绸之路经济带和 21 世纪海上丝绸之路的愿景与行动》以来至 2016 年下半年，中国与相关国家合作建设了 50 多个境外经贸合作区，并与"一带一路"沿线各国积极开展广泛的贸易合作，贸易总额高达 9955 亿美元，占全国贸易总额的 25.1%；其中仅对相关国家直接投资就达 148.2 亿美元，同比增长 18.2%。

"一带一路"倡议以友好合作的伙伴关系跟沿线各国之间建立起一个政治互信、经济融合、文化包容的命运共同体。在这样的背景下，新闻媒体对中资企业在国外的发展情况的报道也在持续推进。2013 年"一带一路"倡议提出后，中资企业开始加速与海外各国的联系，在海外投资建设的步伐加快，世界目光再度聚焦中国，有关中资企业的新闻报道日渐增多。我们收集了自 2013 年 9 月至 10 月"一带一路"倡议提出至 2016 年 12 月《人民日报》所有有关中资企业的新闻报道标题共 466 条，并做了统计和分析，主要包括以下四个方面。[1]

一、从数据看热点

（一）对中资企业报道数量逐年增长

通过对《人民日报》中与中资企业相关的 466 条新闻标题进行分析[2]，得到 2013 年 9 月至 12 月共计 30 条，占所有中资企业新闻报道标题总数的

---

[1] 本书所统计的中资企业报道标题语料见第一章附录的表 5。
[2] 原始资料中，《人民日报》中与中资企业相关的新闻报道标题共计 578 条，通过对新闻报道内容进一步比较分析，排除不相关的报道文本后，确认纳入研究范围的共有 466 条标题。

6.5%；2014 年共计 62 条，占总标题数的 13.3%；2015 年共计 140 条，占总标题数的 30.0%；2016 年共计 234 条，占总标题的 50.2%。详情见表 1-8。

表 1-8　与中资企业有关的报道标题数量各年份统计表（2013—2016 年）

年度	新闻报道标题数量/条	百分比/%
2013（9 月至 12 月）	30	6.5
2014	62	13.3
2015	140	30.0
2016	234	50.2
总计	466	100.0

从以上的数据分析可以看出，由于政府对中资企业在海外投资政策上的倾斜，2013 年到 2016 年有关此类的报道呈现逐年上升的态势。其中 2013 年 9 月至 12 月有关中资企业的新闻报道共 30 条。这一时期，"一带一路"相关倡议刚刚提出，国家政策对于企业在海外投资上的倾斜还没有全面展开，中资企业向海外市场投资的热情还未被充分点燃；另一方面"一带一路"政策刚刚启动，媒体需要一个反馈时间，因此在新闻报道的数量上相对较少。尽管如此，新闻报道对"一带一路"倡议的推行却起到了较大的推动作用。《人民日报》充分发挥新闻媒体的力量，对中资企业的海外建设成绩进行热点跟踪报道。一方面，对中资企业的报道为国内其他企业开展海外建设起到激励作用；另一方面，通过对参与海外建设的企业所取得的成绩进行报道，能够有效辅助国家进一步宣传"一带一路"倡议。2013 年 30 篇新闻报道对后期的中资企业报道起到了重要的引领作用，也为国内民众了解"一带一路"倡议打开了一扇窗。从标题数来看，2014 年相关报道数量依然不多，占比 13.3%，2015 年，报道数量明显提升，达到 30.0%，2016 年，占比达到了 50.2%，与前三年的报道总数相当，这说明媒体报道的关注点和热点明显集中到了中资企业的发展上。

（二）对中资企业报道涉及行业面广

从报道的企业所属的行业领域来看，涉及面非常广，大致可分为电子商务类、工程建设类、工业制造类、公益慈善类、技术资金投资类、家用电器类、交通运输类、金融资本类、能源产能类、农业科技类、文化产业类、商品贸易类、食品加工类、电子通信类、文化休闲类等 15 个类别。其中工程建设类包含交通设施建设、基础设施建设两个小类；工业制造类则可分为轻工制造业和机械制造业两小类；金融资本类则主要涉及银行、产业投资、金融合作等方面；能源产能类多是资源利用方面的合作，如中国与巴西的电能合作与建设；文化事业类主要包含文化交流合作以及电影、足球等文化和运动的行业；公益慈善类则主要指中资企业依靠自身的力量、借助海外投资的背景服务目的国人民，树立卓越的企业形象。根据对"一带一路"中资企业新闻报道标题中所涉及的行业领域的数据统计分析，得出具体分类表1-9。

表1-9 涉及各行业领域的中资企业新闻报道标题各年份数据表

行业类别及百分比		不同年度报道标题条数				
		2013年	2014年	2015年	2016年	总计
电子商务 1.5%		0	0	6	1	7
工程建设 24.2%	交通设施建设	3	5	12	30	50
	基础设施建设	3	6	20	34	63
工业制造 4.5%	轻工业制造	2	5	2	3	12
	机械制造	2	4	1	2	9
交通运输 8.6%		2	5	14	19	40
家用电器 2.8%		0	0	3	10	13
金融资本 8.2%		3	5	13	17	38
能源产能 15.7%		8	14	20	31	73
农业科技 1.1%		0	2	1	2	5
文化休闲 3.4%		0	0	5	11	16
文化产业 1.5%		1	2	2	2	7
公益慈善 1.7%		0	0	3	5	8
商品贸易 1.1%		0	0	3	2	5
食品加工 3.0%		0	3	7	4	14
电子通信 10.7%		2	3	17	28	50
技术资金投资 12.0%		4	8	11	33	56
年度报道总数		30	62	140	234	466
年度报道总数占比		6.5%	13.3%	30.0%	50.2%	100.0%

根据表1-9中的数据，从纵向上看，对于中资企业在海外的合作项目，新闻报道将主要力量集中在工程建设、能源产能、技术资金投资以及电子通信这4大类别上，其中工程建设共有113条，能源产能共有73条，技术

资金投资共有 56 条，电子通信共有 50 条。以上所显示的数据充分反映出新闻媒体对中资企业的报道数量与"一带一路"倡议中所提出的合作重点"五通"中的设施联通、贸易畅通、资金融通是一致的；这也充分反映出新闻媒体报道紧跟政策大方向，紧跟时代热点与步伐的特点。

从横向上看，自 2013 年 9 月至 2016 年 12 月，媒体对中资企业在"一带一路"沿线国家不同行业领域合作项目的报道，也呈现为总体上升的趋势。以能源产能类为例，由 2013 年的 8 条到 2014 年的 14 条，再到 2015 年的 20 条，最后到 2016 年的 31 条，逐年增加。再以工程建设类为例，由 2013 年的 6 条到 2014 年的 11 条，再到 2015 年的 32 条，最后到 2016 年的 64 条，也呈现增加趋势。具体数据分析如图 1-1 所示。

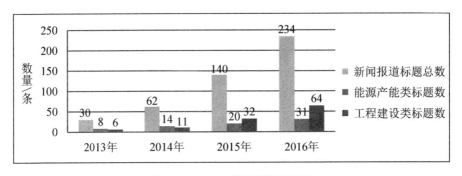

图 1-1　各年度新闻报道标题数

由此可见，自 2013 年 9 月"一带一路"倡议提出以来，随着政策的不断推进，作为海外建设的主体，中资企业开始加快与各国之间的经贸合作，实现互利共赢。与此相适应，新闻媒体相关报道数量也呈现逐年上升的态势。尽管其中少数类别存在波动的情况，例如工业制造类 2013 年共有 4 条相关报道标题，2014 年为 9 条，在 2015 年和 2016 年却出现了小幅下滑，2015 年仅仅只有 3 条，2016 年只有 5 条，但这只是特例，总体依然保持着上升的态势。

（三）中资企业报道涉及各大洲的分布情况

自"一带一路"倡议提出以来，中国与世界各国展开广泛的经贸合作。中资企业报道涉及全球各大洲的分布范围也逐渐扩大，情况如表 1-10 所示。

表 1-10　"一带一路"中资企业报道涉及各大洲分布情况表

行业类别	涉及各大洲报道标题条数分布情况						
	亚洲	欧洲	非洲	北美洲	拉丁美洲	大洋洲	其他
电子商务	1	3	0	0	1	1	1
工程建设	54	12	25	1	12	1	8
工业制造	4	5	3	3	4	0	2
家用电器	2	5	1	2	3	0	0
交通运输	6	10	9	7	6	2	0
金融资本	7	15	6	5	0	1	4
能源产能	27	13	9	2	15	1	6
农业科技	2	2	0	0	1	0	0
文化休闲	2	5	0	4	0	0	5
文化产业	1	1	1	2	1	0	1
公益慈善	1	1	2	0	1	0	3
商品贸易	3	1	0	0	1	0	0
食品加工	1	3	1	2	0	5	2
电子通信	20	7	4	1	8	0	10
技术投资	9	16	8	1	6	0	16
各大洲报道标题总数	140	99	69	30	59	11	58

在所收集到的 466 条有关中资企业的新闻报道标题中，有 58 条没有明确指明中资企业海外建设投资在哪一个大洲，我们将其放在"其他"类。例如：《"一带一路"建设为企业走出去提供更多机会，搭建更大舞台（引题）保利集团：好时候造就好企业（主题）》（2016 年 2 月 22 日）。该篇新闻报道介绍了保利集团与亚洲、非洲、美洲、欧洲、大洋洲等一百多个"一带一路"沿线国家和地区取得了联系并建立了实质性的合作关系，没有针对其在某大洲的业务进行专门报道。

从中资企业在各大洲的分布比例来看，"一带一路"倡议提出以来，整个亚洲、欧洲商贸圈展现出与中国紧密的投资合作关系。其中中资企业在亚洲地区较多，在欧洲、非洲、拉丁美洲、北美洲较少，大洋洲最少。对于这一数据，我们从以下几方面加以分析。第一，地缘优势是"一带一路"合作的重要因素。南亚、东南亚各国地处古海上丝绸之路，有着历史合作基础，同时又紧靠中国大陆，有着极好的地缘优势，合作项目更多。

另一方面，欧洲在政治、经济等各个方面发展水平较高，同时又地处陆上丝绸之路的重要节点，双方合作为各自建设提供巨大动力。第二，亚欧地区优越的经济、资源大环境也为"一带一路"倡议落地提供了条件。就区域合作发展潜力而言，这里拥有着较好的市场自由度和政策透明度，整个社会的经济活动度很高，市场竞争力也呈现上扬的态势。另外，中亚、东南亚地区拥有着丰富的矿产资源，这进一步增加了国家间的合作意向与兴趣。第三，就亚洲而言，中资企业在东南亚地区的布局占比相对较大，主要是由于东南亚地区拥有着很大比例的华裔人群，与中国有着相似的文化认知，在文化上认同感更强，从而为经济往来提供了更大的空间。

　　除此之外，从政府发布的资讯来看，中资企业在非洲和亚洲地区保持着最佳的合作度，而从《人民日报》对中资企业的相关新闻报道标题来看，媒体将报道的重点集中于亚洲和欧洲地区。

（四）中资企业报道在各国的分布

　　在共建"丝绸之路经济带"和"21世纪海上丝绸之路"倡议的大背景下，中资企业积极开展海外投资建设，我们对有关中资企业在各国投资的报道标题情况进行统计分析，结果如表1-11所示。

表1-11　"一带一路"中资企业新闻报道标题涉及各个国家的分布情况表

国别	条数	国别	条数	国别	条数
美国	30	埃及	6	新西兰	3
巴西	26	越南	6	坦桑尼亚	2
德国	18	厄瓜多尔	6	比利时	2
俄罗斯	17	法国	5	古巴	2
印度	14	荷兰	5	塞尔维亚	2
巴基斯坦	10	韩国	5	吉尔吉斯斯坦	2
老挝	11	秘鲁	5	玻利维亚	2
南非	10	埃塞俄比亚	5	文莱	2
肯尼亚	9	希腊	3	冰岛	2
印度尼西亚	9	尼日利亚	4	意大利	2
哈萨克斯坦	8	安哥拉	4	土耳其	2
缅甸	8	罗马尼亚	3	白俄罗斯	2
澳大利亚	8	乌兹别克斯坦	3	坦桑尼亚	2

续表

国别	条数	国别	条数	国别	条数
斯里兰卡	8	马来西亚	3	瑞士	2
孟加拉国	7	塔吉克斯坦	3	格鲁吉亚	1
葡萄牙	7	阿根廷	3	斐济	1
柬埔寨	7	墨西哥	3	阿曼	1
泰国	7	日本	3	西班牙	1
阿联酋	1	巴林	1	吉布提	1
乌干达	1	伊朗	1	新加坡	1
莫桑比克	1	赞比亚	1	牙买加	1
瑞士	1	伊拉克	1	毛里求斯	1
波兰	1	阿富汗	1	布隆迪	1
尼泊尔	1	莱索托	1	特立尼达和多巴哥	1
刚果（金）	1	阿塞拜疆	1		
多哥	1	捷克	1		

通过以上收集到的数据分析可以看出，对参与"一带一路"建设的中资企业的报道较多涉及的国家有南亚的印度、巴基斯坦，东南亚的老挝、马来西亚、缅甸、越南、柬埔寨、斯里兰卡、印度尼西亚、泰国，中亚的哈萨克斯坦、塔吉克斯坦，西亚的阿富汗，欧洲的德国、俄罗斯、法国、葡萄牙，非洲的南非、肯尼亚、埃塞俄比亚、尼日利亚，拉丁美洲的巴西、厄瓜多尔、墨西哥，大洋洲的澳大利亚等。但与此同时，中亚的土库曼斯坦，西亚的叙利亚、巴勒斯坦等，南亚的不丹，欧洲的乌克兰、瑞典、斯洛伐克、黑山、阿尔巴尼亚等，相关新闻报道都没有涉及。

二、服务社会的企业文化

企业文化，作为一个企业的灵魂，是企业领导者及企业各个部门所展现出的经营观念、企业观念、企业道德、企业形象和文化结构等内容所共同组成的企业内核，并为企业提供准确明晰的发展方向。中资企业作为独立的机构，以其独特、丰满的精神内核塑造着自己的文化形象。

中资企业作为"一带一路"海外建设的主体，在积极地展开各项建设，为当地创造经济价值的同时，也服务于"一带一路"的"五通"建设。而在"五通"建设中，民心相通是"一带一路"的核心，海外中资企业的企业文化主要体现在民心相通上。在与中资企业相关的新闻报道标题中，民心相通主要体现在文化产业、公益慈善、文化休闲三个类别中。报道突出了以文化促合作的主旨，传递了积极正面的企业文化内涵，以此实现国家间更深层次的合作。在与"一带一路"中资企业相关的新闻报道标题中，与企业文化相关的新闻报道标题有 17 条，占比 0.04%；大体上可以分为公共服务事业和援建捐赠事业两部分。这些报道从服务当地人民和社会角度对企业进行的文化慈善事业做了宣传，充分传播了企业文化，树立了中国良好的国家形象。

（一）公共服务事业

在对《人民日报》有关中资企业的报道分析后发现，中资企业除了着力于自身发展，还大力支持当地经济发展和基础设施建设，积极为服务当地公共事业做贡献。这些报道的标题往往在标题所使用的语言中就透露出一定的企业价值理念，直接而有效地传递了企业服务当地公共事业的信息。通过对新闻标题进行数据统计发现，与公共服务事业相关的共有 9 条，占企业文化类新闻报道标题的 53%，具体分析如表 1-12 所示。

表 1-12　公共服务事业方面报道标题统计表

公共服务事业（9条）	精神文化	让孩子们在音乐中看到未来（2016 年 12 月 25 日）
		2015 年，华为将选拔 1000 多名外国学生前往中国学习（引题）"未来种子"播撒社会责任（主题）（2015 年 6 月 6 日）
		讲好中国故事 传播中国声音（引题）中国图书在美国书店设专区（主题）（2015 年 5 月 28 日）
	文化产业合作	中韩文化产业合作步入快车道（2014 年 11 月 28 日）
		（巴西）中企，文化交流新推手（2013 年 11 月 4 日）
	公益慈善	三胞集团与英国皇家基金会共设公益基金（引题）中国企业"走出去"文化融合促落地生根（主题）（2015 年 10 月 22 日）
		慈善餐桌传递中埃友谊（2015 年 7 月 4 日）
		中国企业冲向救援一线（2015 年 5 月 2 日）
		厄瓜多尔 7.8 级地震已造成 654 人死亡（引题）灾难面前，中资企业有担当（主题）（2016 年 4 月 26 日）

以上所列举的相关新闻标题内容都是围绕中资企业在文化宣传层面

开展的活动，如中资企业设立公益基金，实现文化交流，有效促进企业文化的相互传递。同时，中资企业服务当地经济建设，关怀当地儿童并丰富了他们的精神生活。即使在面临突发灾难的情况下，这些企业也能积极发扬人道主义精神展开救援，帮助灾区进行灾后重建，安抚当地民众，以高度的责任感展现出中资企业的良好形象。

例如，题为《让孩子们在音乐中看到未来》（2016 年 12 月 25 日）的报道讲述了中国国家电网巴西控股公司的故事。"音乐""未来"，对于生活在里约热内卢马累社区贫民窟中的孩子们而言，以前无疑是幻想，但在中国国家电网巴西控股公司资金支持下得以生存的"明日之潮"交响乐团为当地的孩子们提供了受教育的良好机会，实现了孩子们的精神追求与人生梦想，让他们享有受教育权的同时，有可能帮助他们改变自己的人生轨迹，成为有理想的现代化公民。从中国国家电网持续赞助巴西贫困青少年教育项目的报道来看，"一带一路"建设具有深远的意义。在《2015 年，华为将选拔 1000 多名外国学生前往中国学习（引题）"未来种子"播撒社会责任（主题）》（2015 年 6 月 6 日）报道中讲述了 2015 年华为在海外选拔 1000 多名外国学生来中国学习的故事。这个活动具有深刻的意义，一方面，给了国外民众一个了解中国文化和企业的好机会，影响了他们对当今中国的看法；另一方面，凸显了华为的社会担当与责任意识。《讲好中国故事 传播中国声音（引题）中国图书在美国书店设专区（主题）》（2015 年 5 月 28 日）报道的是中国图书"走出去"，在美国最大零售连锁书店巴诺书店进行书展活动的故事。此次活动让世界更加了解了中国，从而促进中国与其他国家在各个领域的合作共赢。《中韩文化产业合作步入快车道》（2014 年 11 月 28 日）是有关韩国与中国就文化、电视制作等方面展开全面的经济合作，支持文化产业发展的一例报道。此外，中国搜狐、中国奇虎也与韩国公司就游戏和电视剧文化领域进行产业投资与合作，不断丰富两国的文化交流活动，从而实现了中韩民间文化交流在广度和深度上的长足发展。《（巴西）中企，文化交流新推手》（2013 年 11 月 4 日）讲述的是中国国家电网巴西控股公司赞助重庆福咏杂技艺术团为近千位巴西观众献上精彩表演的故事，这个表演活动使巴西民众加深了对中国文化的了解，促进了两国民众的友好交往。《三胞集团与英国皇家基金会共设公益基金（引题）中国企业"走出去"文化融合促落地生根（主题）》（2015 年 10 月 22 日）的报道讲述的是中国民营企业家、三胞集团董事长与英国的威廉王子发起野生动物保护基金项目的故事,这也是三胞集团在中英文化交流年所取得的"民间外交"硕果。《慈善餐桌传递中埃友谊》（2015 年 7 月 4 日）报道了中资企业向埃及低收入百姓提供免费的开斋饭的情景,体现出了中资企业积极融入当地文化,履行社会责任的精神。《中国企业冲向救援一线》（2015 年 5 月 2 日）报道了在尼泊尔发生地震灾害时,中国上海建工集团及时伸出援手,为受灾的福利院儿童送去食物及生活用品,让那里的民众在灾难面前感受到来自中国温暖的故事。《厄瓜多尔 7.8 级地震已造成 654 人死亡（引题）灾难面前,中资企业有担当（主题）》（2016 年 4 月 26 日）报道了面对厄瓜多尔的巨大地震灾害,中国电子进出口总公司宁愿放弃自身利益,也要利用自身技术帮助厄瓜多尔建立强大的救援屏障,从而有效地保障了救灾大本营的功能顺利运行和全程救灾计划的顺利实施。与此同时,三峡集团中国水利电力对外公司、华为集团、中国电建都积极发挥自身技术优势帮助当地救援,并对灾区开展了救援物资的投放和捐赠活动。

以上有关中资企业的新闻报道涉及精神文化、文化产业合作以及公益慈善等方面,具有多重意义。一方面,从企业自身做起,树立了良好的企业形象;另一方面,深化了中国与其他国家之间的友好交流。对上述中资企业在国外情况的报道,充分体现出中资企业强烈的责任意识和担当精神,从而折射出中国的国家形象与国家责任感。

（二）援建捐赠事业

中资企业在援建捐赠方面充分利用其技术或产业优势对属地国积极地展开援建,或是为当地捐赠物资,或是对当地医院、学校、桥梁建筑等开展援建活动。这为当地人民生活稳定提供了有效保障。这些中资企业以具体行动体现了企业的服务精神,同时反映出奉献的价值观和人文主义情怀。在对相关的新闻标题进行数据统计后发现共有 7 条是有关中资企业援建捐赠活动的,占企业文化类新闻报道标题的 41.2%,具体分析如表 1-13 所示。

表 1-13　援建捐赠事业新闻报道标题统计表

援建捐赠事业 （7 条）	华为公司向柬埔寨青年联合会捐赠笔记本电脑（2016 年 3 月 29 日）
	中企移交特多首家儿童医院（引题）"这是我见过的最好医院"（主题）（2015 年 8 月 16 日）
	中企在孟加拉国援建的 7 座大桥为当地百姓带来福祉（引题）"我们的日子会越来越好"（主题）（2016 年 10 月 24 日）
	中国帮助老挝修筑水利灌溉、公路桥梁、市政工程等项目，不仅使许多地方面貌一新，而且让百姓得实惠（引题）"中国兄弟让我们的生活变了样"（主题）（2014 年 11 月 25 日）
	中国企业建设的饮水点完工后，安哥拉民众购水价格只有原来的 1/10（引题）"解决了用水问题，生活就有了盼头"（主题）（2014 年 5 月 19 日）
	中企助赞比亚填补火电空白（2013 年 11 月 9 日）
	中国援助项目缓解当地能源短缺（引题）巴基斯坦议会大厦装上太阳能（主题）（2016 年 2 月 24 日）

表 1-13 包含的援建捐赠事业报道内容如下：《华为公司向柬埔寨青年联合会捐赠笔记本电脑》讲述了中国华为集团积极发挥企业的人道主义精神，为柬埔寨青年——这一最庞大、最具活力的社会群体捐赠笔记本电脑，关心柬埔寨的青年事业，深化两国青年的交流与合作的故事。《中企移交特多首家儿童医院（引题）"这是我见过的最好医院"（主题）》报道了中国进出口银行和上海建工集团为特立尼达和多巴哥儿童医院提供资金、技术等各方面的支持，为当地的医疗事业做出了巨大的贡献，同时也彰显了中国大国形象的事迹。《中企在孟加拉国援建的 7 座大桥为当地百姓带来福祉（引题）"我们的日子会越来越好"（主题）》讲述了自 1986 年至 2016 年这 30 年间，中国政府援助孟加拉国修建了 7 座象征友谊的大桥的故事，这 7 座大桥分布在孟加拉国达卡、迈门辛、拉杰沙希、朗布尔和巴里萨尔这五个城市。《中国帮助老挝修筑水利灌溉、公路桥梁、市政工程等项目，不仅使许多地方面貌一新，而且让百姓得实惠（引题）"中国兄弟让我们的生活变了样"（主题）》讲述了中国帮助老挝修筑水利灌溉、公路桥梁、市政工程等项目的故事，这些援建项目不仅使许多地方面貌一新，而且让当地百姓得到了实惠。《中国企业建设的饮水点完工后，安哥拉民众购水价格只有

原来的 1/10（引题）"解决了用水问题，生活就有了盼头"（主题）》讲述了在安哥拉，由中国企业援建的百姓饮水项目惠及了那里的许多百姓的故事。中国企业建设的饮水点完工后，安哥拉民众购水价格只有原来的十分之一，大大方便了当地居民的用水问题。《中企助赞比亚填补火电空白》讲述了中国电建帮助赞比亚建设电力系统的故事，此项工程亦是惠及一方的重要援建工程。《中国援助项目缓解当地能源短缺（引题）巴基斯坦议会大厦装上太阳能（主题）》讲述了中国企业援建巴基斯坦的电力建设的故事，此举缓解了当地的能源短缺问题，为当地百姓带来了生活上的便利。

通过对以上"一带一路"中资企业相关新闻报道标题的考察，可以看出，中资企业在"一带一路"建设中以合作共赢为目的，充分发挥着自身的带头作用，积极融入了当地社会。在开展基础设施建设、工业制造和经济活动之余，还以实际行动开展各类援助与慈善活动，并从宣传企业文化的角度出发，充分发掘自身优良的精神价值和文化内核，实现两国之间的文化交流。这些企业以"点"带"面"，在全球经济建设中发挥了表率作用；在与世界各国开展友好贸易合作的同时，坚守企业价值观，完善企业文化，展现出了企业的人道主义关怀。

三、报道标题用词热点

"一带一路"中资企业新闻报道标题中的用词也反映出当前的热点。针对这些报道标题展开分析，可找出这些词语的使用情况以及它们在信息传递上所达到的效果。

新闻标题作为媒体信息最直接的体现者，其广泛传播性和信息权威性使其成了极具典型性和代表性的样本分析对象。新闻标题以其准确精练的文字将新闻呈现给大众，并最终完成信息传播的目的。作为中国权威的主流媒体之一的《人民日报》，其报道标题在语言的使用上，一方面要严谨准确，另一方面又要以优美生动的语言吸引受众，以达到传播效果。

（一）热点词的构成

新闻作为对新近发生事实的报道，在讲求时效性的同时，应充分发挥语言的优势以实现传递信息的目的。在中资企业的报道标题中，通常倾向于使用带有一定行业特色和政策意义的词汇。在对所收集到的标题中的词语进行整理分析后发现，有22个与"一带一路"倡议相关的名词，根据词语在结构上组合形式的不同，将它们分为以下两个类别。

A. 国家/地区+中心语

按照"国家/地域+中心语"的结构模式构成的词汇有：

中国品牌	中国制造	印度制造	印度定制
中国标准	全球海洋支点	中国创造	中国智造
中国技术	中国故事	丝路明珠	安哥拉明珠
中亚第一长隧	中国电建时速	中国风	中国造

A类中的词汇多是借助如中国、印度、安哥拉、中亚等国家和地区名称进行组词表达。如《打开中新乳业合作的通衢大道（引题）伊利在新西兰树"中国品牌"（主题）》（2015年11月13日）中借用"中国品牌"来指中国的伊利乳制品业，《"中国标准"走入拉美水电建设市场》（2014年1月22日）中"中国标准"指按照中国电力建设的标准对拉美市场进行投资建设，《"中国制造"闪耀草原深处——中企项目为哈萨克斯坦制铜产业带来生机》（2016年3月11日）中"中国制造"特指中国制铜产业，在现实的语言环境中将意思直接固化，表示所有中国加工制造的产品。《乐视推出首款"印度定制"手机》（2016年5月4日）中以"印度定制"直接表明乐视针对印度市场进行的产品设计。

B. 产业+中心语

按"产业+中心语"的结构模式构成的词汇有：

乳业丝绸之路　全产业链出口　全产业链"中国标准"

B类结构则是以产业类别为修饰性成分。此外还加入"走廊""丝绸之路"等词语，有效地体现出"一带一路"的内涵风貌。如《"乳业丝绸之路"联通中荷》（2015年10月26日）借用"乳业丝绸之路"来指中国的乳品业联通荷兰。《中国"全产业链出口"助阿根廷铁路升级》（2015年9月29日）借用"全产业链出口"来指中国援建阿根廷铁路系统的建设。

通过对以上热点词语的分析，可以看出这些词语经常在"一带一路"相关新闻报道标题中使用，突出了中资企业在海外建设中的主要方面。这种用词方式是当前中资企业海外建设大环境的需要，充分体现了"一带一路"背景下中资企业在海外建设中的中国风范，呈现出"一带一路"中资企业报道独特的风格。这些热点词语直接以国家、地区名称或是产业类别来进行构词表达,不仅对领属做出界定,又能够让读者对中资企业所涉及的行业领域有所了解。

(二)跨域热点词

词语的跨域使用是指某一领域的术语被其他领域所借用,并逐步在新领域中形成固定用法。王珏(1997)分析了词汇跨域使用所造成的语义现象的规律和类别。邢欣(2004)考察了术语在语用层面上扩张的几种方式。跨域词就是指曾经用于某一领域的词汇逐渐被运用到其他领域当中去而形成的有固定用法的词汇。

我们对有关中资企业的新闻报道标题进行了产业类别划分,并在此基础上对各行业领域中所使用的词语进行比较分析,发现在词语的使用上出现了跨域使用的情况。这些词语依托自己原行业领域意义,在跨领域的使用过程中产生了意义的迁移。词语的跨域使用满足了新闻标题新颖、生动的要求。通过对新闻标题词的统计,我们共收集了24个跨域词,具体分析如表1-14所示。

表1-14　"一带一路"中资企业新闻报道标题中的跨域词列表

词语	原领域	跨领域	新闻报道标题示例
瞄准	军事	矿产领域	宝钢印度有限公司瞄准中高端钢材市场(引题)"中企带来了先进的技术和管理"(主题)
登陆	军事	食品领域	中国品牌奶粉首次登陆新西兰
征战	军事	建筑领域	吉祥物授权首次落入中国企业,场馆建造和安保离不开中国设备(引题)"中国制造"征战世界杯(主题)
苦战	军事	矿产领域	昨天的苦涩,今天的欣喜,明天的期待(引题)中澳铁矿"苦战"海外(主题)
抢滩	军事	金融领域	迄今已并购10家海外俱乐部(引题)中国资本抢滩海外足坛(主题)
冲	军事	慈善领域	中国企业冲向救援一线
深耕细作	农业	金融领域	深耕细作,中资银行快速融入欧洲
深耕	农业	交通领域	重质量 铸品牌 树口碑(引题)中国电动车深耕越南市场(主题)
播种	农业	通信领域	中企为巴西通信业播种希望

续表

词语	原领域	跨领域	新闻报道标题示例
播撒	农业	通信领域	2015 年，华为将选拔 1000 多名外国学生前往中国学习（引题）"未来种子"播撒社会责任（主题）
扎根	农业	建筑领域	从坦赞铁路到尼雷尔大桥：助力坦桑尼亚现代化（引题）中企猴面包树般扎根东非大地（主题）
种子	农业	通信领域	华为启动巴基斯坦"未来种子"项目
升温	气象学	金融领域	中俄金融合作持续升温
生命线	医学	矿产领域	施工线路 400 余千米　海拔最高 4000 多米（引题）中企为吉尔吉斯斯坦打通"电力生命线"（主题）杜尚别 2 号热电厂二期工程正拔地而起（引题）中企助力塔吉克斯坦建设电力"生命线"（主题）
提速	交通	建筑领域	全产业链"中国标准"为非洲发展提速（引题）亚吉铁路正式通车（主题）
出海	交通	金融领域	中国资本市场"出海"
快车道	交通	文化领域	中韩文化产业合作步入快车道
登录	信息	金融领域	阿里巴巴在美国成功"登录"，成为纽约证券交易所上市公司中市值最大的公司之一（引题）"中国故事"为互联网公司增添魅力（主题）
序幕	影视	建筑领域	中企承建以色列阿什杜德新港（引题）中以大型基建合作拉开序幕（主题）
引擎	机械	高新技术领域	创新，中企国际竞争力"新引擎"
支点	物理	交通领域	"21 世纪海上丝绸之路"与印尼"全球海洋支点"构想对接（引题）印尼雅加达-万隆高铁正式开工（主题）
潜力股	经济	矿产领域	新能源开发，投资拉美"潜力股"

四、数字中的"一带一路"

在有关中资企业的新闻报道中，数字表达能够突出显示"一带一路"的成果。含有数字结构的新闻标题，作为整篇报道最核心内容的体现，能帮助传达中资企业在海外建设过程中最主要的新闻事实。统计发现，数词在标题中的运用占一定比例，共有 39 条报道标题使用了数词，占标题总数的 8.3%。标题中数词的运用，一方面，凸显了"一带一路"中资企业所取得的成就；另一方面，作为新闻报道中最直接、最具有说服力的部分，数词直接用在标题中，突出了新闻信息的直观性。

含数字的报道标题均由两部分组成，前一部分阐述原因或表现，后一部分揭示结果。如《200 亿元海外订单签订（引题）中国铁建成为非洲最大轨交承包商（主题）》（2015 年 4 月 29 日）和《中建股份获 27 亿美元埃及新首都建设项目大单》（2016 年 1 月 22 日）两个标题将企业交易数额直接呈现在标题的前一部分中，分别运用"200 亿元""27 亿美元"这样极富说服力的数字进行表达，凸显中国铁建和中建股份在海外投资的份额，揭示"中国铁建成为非洲最大轨交承包商"以及中建获得埃及新首都建设项目大单这样的结果，从而吸引读者的目光。《厄瓜多尔 7.8 级地震已造成654 人死亡（引题）灾难面前，中资企业有担当（主题）》（2016 年 4 月 26日）标题暗含转折意义，即虽然厄瓜多尔发生 7.8 级的地震，导致 654 人遇难，但是面对灾难，中资企业及时援助与救济，既惠及民众又展现了大国形象与奉献精神；《承担 21 个国家和地区工程承包与投资业务，在建项目达 571 个（引题）中国电建点亮国际市场（主题）》（2015 年 12 月 24 日）中数字结构"21 个国家和地区"和"在建项目达 571 个"的使用，凸显了中资企业取得的优良成绩，从而形成了"点亮国际市场"的结果。

新闻语言要对有价值的新闻事实进行记录和传播，因而要求从真实客观的角度进行报道，确保语言表达的客观、准确与凝练。数据在新闻报道标题中的使用可以增加新闻事实的可信度。依靠直观的数字，传递有效信息，积极宣传"一带一路"上的中资企业在海外建设投资中所取得的成绩，为读者呈现出了最为直观的新闻热点。

附录：

表 1　"一带一路"政策法规报道标题摘录表（2014 年 2 月—2016 年 2 月）

日期	标题	语料来源[①]
2014 年 2 月 23 日	刘劲松："一带一路"是合作发展的理念和倡议	人民网
2014 年 2 月 28 日	提醒赴土耳其中国公民正确使用土耳其电子签证	天山网
2014 年 3 月 6 日	"一带一路"规划正抓紧制定　出台时间锁定年内	人民网
2014 年 3 月 12 日	"一带一路"系列报道之一："一带一路"倡议[②]，是伟大"中国梦"的合理延伸	人民网
2014 年 3 月 13 日	"一带一路"系列报道之二："一带一路"专家谈：要在国家层面规划布局	人民网
2014 年 3 月 22 日	张业遂：建设"一带一路"打造中国对外开放升级版	人民网
2014 年 3 月 22 日	中国外交部副部长："一带一路"未来开放性将更强	人民网
2014 年 3 月 23 日	甘肃省发布中亚五国经贸咨询报告　将在迪拜设立代表处	天山网
2014 年 3 月 25 日	外交部副部长张业遂："一带一路"应优先发展逐步实现"五通"	人民网
2014 年 3 月 28 日	刘洪洋代办："一带一路"是中国推进周边外交大手笔	人民网
2014 年 4 月 10 日	杨洁篪：冀亚洲国家携手共建"一带一路"	人民网
2014 年 4 月 15 日	甘肃出台扩大向西开放措施　推进"丝绸之路经济带"甘肃段	天山网
2014 年 4 月 24 日	李永全：建设"一带一路"中国需积极应对非传统安全问题	人民网
2014 年 4 月 28 日	王钦敏：云南要在"一带一路"倡议中发挥作用	人民网
2014 年 5 月 15 日	融入"一带一路"倡议布局	人民网
2014 年 5 月 19 日	看亚信："丝绸之路"倡议的亚洲特征与全球价值	澎湃新闻
2014 年 5 月 28 日	刘建超："一带一路"建设是亚洲国家的共同事业	人民网
2014 年 6 月 5 日	中国应选择部分战略支点国家，增强对转型阿拉伯塑造能力	澎湃新闻

[①] 由于网站更新等原因，本书写作时所搜集的语料，有的目前已无法在来源网站上查到，特此说明。

[②] 鉴于国家媒体报道中统一用"'一带一路'倡议"的表述，现将早期报道中的表述统一改为"'一带一路'倡议"，以下不做一一标注。

日期	标题	语料来源
2014 年 6 月 10 日	发改委正在抓紧编制"一带一路"总规划	人民网
2014 年 6 月 10 日	"一带一路"落地进行时：三部委正抓紧编制总体规划	澎湃新闻
2014 年 6 月 12 日	甘肃：走出去请进来 为丝绸之路"黄金通道"铺路搭桥	天山网
2014 年 6 月 18 日	"一带一路"规划或本月上报国务院——地方建议丝绸之路经济带改单通道为三通道	人民网
2014 年 7 月 2 日	"一带一路"彰显开放与包容	人民网
2014 年 7 月 2 日	杨岳：融入"一带一路"倡议 福州区位开放优势明显	人民网
2014 年 7 月 3 日	"一带一路"，复兴城市荣光	人民网
2014 年 7 月 8 日	"一带一路"为世界跨度最长经济走廊 契合沿线国家需求	人民网
2014 年 7 月 8 日	"一带一路"交通为基础：沿线国家渴望互联互通	人民网
2014 年 7 月 14 日	"一带一路"将在中国西部地区实现大贯通	人民网
2014 年 7 月 25 日	澳大利亚学者：亚欧国家需要制定"互联互通战略规划"	澎湃新闻
2014 年 7 月 27 日	国家规划三条铁路通道 助新疆"丝绸之路经济带"枢纽建设	天山网
2014 年 8 月 12 日	"一带一路"倡议构想的三重内涵	人民网
2014 年 8 月 18 日	魏民洲：西安在"一带一路"建设中使命独特	人民网
2014 年 8 月 27 日	西安重点支持丝路文化产业带 加大公共财政支持力度	天山网
2014 年 8 月 28 日	关于宁波打造"一带一路"海陆联运枢纽的对策建议	人民网
2014 年 9 月 4 日	新华社评论员：把握"一带一路"的新契机	人民网
2014 年 9 月 4 日	郝林海：凝聚"一带一路"建设合力	人民网
2014 年 9 月 9 日	"一带一路"事关国家全局	人民网
2014 年 9 月 16 日	乌鲁木齐：为畅通丝绸之路经济带提供便利通关条件	天山网
2014 年 9 月 26 日	"一带一路"建设方案望近期公布 着力打造经济走廊	人民网

日期	标题	语料来源
2014 年 10 月 13 日	"一带一路"建设中的政治安全与海外利益保护	人民网
2014 年 10 月 19 日	融入"一带一路"建设 加快改革开放步伐	人民网
2014 年 10 月 20 日	"一带一路"：统筹国内国际的重大倡议	人民网
2014 年 11 月 9 日	倡导深化互联互通伙伴关系 加强"一带一路"务实合作	人民网
2014 年 12 月 8 日	商务部：加大对"一带一路"沿线受援国援助力度	人民网
2014 年 12 月 19 日	民航局：支持乌鲁木齐机场申请 72 小时过境免签政策	天山网
2014 年 12 月 25 日	海南积极参与"一带一路"建设	人民网
2015 年 1 月 10 日	企业要注重"一带一路"上的法律风险防范	人民网
2015 年 1 月 18 日	林毅夫："一带一路"需要加上非洲	澎湃新闻
2015 年 1 月 19 日	张蕴岭："一带一路"是开放平台，应该包括韩国和日本	澎湃新闻
2015 年 1 月 20 日	国家铁路局服务"一带一路"倡议	人民网
2015 年 1 月 21 日	为"一带一路"提供运输保障	人民网
2015 年 1 月 27 日	"一带一路"建设需法律保障	人民网
2015 年 2 月 9 日	"一带一路"的投资风险	哈萨克斯坦资讯
2015 年 2 月 14 日	国务院发文力挺服务贸易：5 年内服务进出口额超过 1 万亿美元	澎湃新闻
2015 年 2 月 16 日	丝路基金上路：央行行长助理金琦任董事长，王燕之任总经理	澎湃新闻
2015 年 2 月 16 日	"一带一路"建设需防国家利益"地方化"政策误区	人民网
2015 年 2 月 26 日	西安首推 60 个重点项目支撑丝路经济带新起点建设	天山网
2015 年 3 月 9 日	如何理解中国的"共同体外交"	澎湃新闻
2015 年 3 月 19 日	"一带一路"投资政治风险研究之哈萨克斯坦	哈萨克斯坦资讯
2015 年 3 月 20 日	"一带一路"，风险不可察	哈萨克斯坦资讯
2015 年 3 月 21 日	国务院将再出政策支持外贸发展 助力"一带一路"	人民网
2015 年 3 月 22 日	中国将完善内陆地区口岸支点布局等 助力"一带一路"	天山网

续表

日期	标题	语料来源
2015 年 3 月 24 日	政治局通过四大自贸区方案,上海版负面清单仍有先行先试内容	澎湃新闻
2015 年 3 月 28 日	"一带一路"愿景与行动文件:明确合作重点和机制 亮点多	人民网
2015 年 3 月 29 日	三部门发布推动共建"一带一路"行动方案 坐高铁游欧洲成可能	人民网
2015 年 3 月 31 日	中国驻哈大使张汉晖:企业掘金"一带一路"需规范	哈萨克斯坦资讯
2015 年 3 月 31 日	多项政策助力"一带一路"倡议实施	人民网
2015 年 3 月 31 日	税务总局:已着手制定与一带一路倡议相配套税收计划	人民网
2015 年 4 月 9 日	上海海事法院出台政策为"一带一路"倡议提供司法保障	人民网
2015 年 4 月 10 日	政银携手 强强联合 陕西先行开启丝绸之路经济带新篇章	天山网
2015 年 4 月 11 日	专访麦肯锡董事长鲍达民:建议设立"一带一路"风险防范机制	哈萨克斯坦资讯
2015 年 4 月 13 日	福建对接"一带一路"方案初定:泉州定位先行区,年内建福厦高铁	澎湃新闻
2015 年 4 月 14 日	俄媒:"一带一路"遇上欧亚联盟,中俄战略全面交汇对接	澎湃新闻
2015 年 4 月 14 日	从南太平洋到地中海,央视发布权威"一带一路"地图	澎湃新闻
2015 年 4 月 15 日	保险护航"一带一路"政策撑腰险企"走出去"	人民网
2015 年 4 月 16 日	张汉晖大使:"一带一路"纲领文件出台为中哈合作带来新机遇	澎湃新闻
2015 年 4 月 20 日	四大自贸区定位敲定:贯彻三大国家战略,齐当改革开放排头兵	澎湃新闻
2015 年 4 月 28 日	服务"一带一路"10 项税收措施有啥干货,看图解!	乌兹别克环球零距离
2015 年 4 月 29 日	哈萨克斯坦将制定"一带一路"合作新计划	澎湃新闻
2015 年 5 月 9 日	了不起的突破!中俄联合声明:丝绸之路对接欧亚经济联盟	澎湃新闻

续表

日期	标题	语料来源
2015 年 5 月 11 日	巨拴科：发挥知识产权在"丝绸之路经济带"建设的作用	天山网
2015 年 5 月 13 日	新疆"一带一路"方案成型：要当丝路桥头堡，十年内连通印度洋	澎湃新闻
2015 年 5 月 13 日	香港计划将"一带一路"纳研究资助范畴	人民网
2015 年 5 月 16 日	国务院发文推进产能和装备制造"走出去"，重点提及铁路、电力	澎湃新闻
2015 年 5 月 23 日	"一带一路"上的政商陷阱（转）	tjk（塔吉克）
2015 年 5 月 25 日	广东对接"一带一路"规划方案出炉，配套 554 亿美元投资清单	澎湃新闻
2015 年 5 月 27 日	"一带一路"之哈萨克斯坦投资法律规则与实践（上）/（下）	哈萨克斯坦资讯
2015 年 5 月 27 日	海关 16 条措施服务"一带一路"	人民网
2015 年 5 月 28 日	不断完善"一带一路"区域合作机制 发挥法治维护地区稳定重要作用	人民网
2015 年 5 月 28 日	"一带一路"海关共商互联互通	人民网
2015 年 6 月 3 日	发挥法治促进保障"一带一路"建设重要作用	人民网
2015 年 6 月 9 日	为"一带一路"建设提供有力服务保障	人民网
2015 年 6 月 14 日	外交专家杭州纵论"一带一路"下的外交政策	人民网
2015 年 6 月 20 日	厦大设立"一带一路"法律研究中心 涉足研究新领域	人民网
2015 年 6 月 26 日	"一带一路"建设，需要什么样的中国智库	澎湃新闻
2015 年 6 月 30 日	"一带一路"有望与"容克计划"对接	人民网
2015 年 7 月 3 日	陕"一带一路"2015 行动计划出炉"网络丝路"成亮点	人民网
2015 年 7 月 4 日	"一带一路"法治论坛在西安举行	人民网
2015 年 7 月 7 日	最高法发文保障"一带一路"严打暴力恐怖势力	人民网
2015 年 7 月 7 日	最高检：为实施"一带一路"倡议提供法律保障	人民网
2015 年 7 月 8 日	建设一流智库提升涉外审判水平 为"一带一路"建设提供有力司法服务和保障	人民网
2015 年 7 月 8 日	以"一带一路"司法研究中心成立为契机促进涉外审判理论创新发展	人民网
2015 年 7 月 10 日	中国与土耳其对接"一带一路"需注意五大风险	澎湃新闻

续表

日期	标题	语料来源
2015 年 7 月 10 日	"一带一路"建设对法学研究提出更高要求	人民网
2015 年 7 月 13 日	中国电子商务协会提出"互联网+"时代的商业新秩序	澎湃新闻
2015 年 7 月 15 日	最高院"一带一路"司法研究中心成立	人民网
2015 年 8 月 9 日	"一带一路"司法研究基地在上海揭牌 推动涉外审判工作	人民网
2015 年 8 月 18 日	大庆市检察机关用法治护航"一带一路"建设	人民网
2015 年 8 月 21 日	税收政策支持"一带一路"需要顶层设计	人民网
2015 年 8 月 24 日	"一带一路"建设离不开信息法治保障	人民网
2015 年 9 月 1 日	安永发布"一带一路"投资税务手册 助力中国企业"走出去"	乌兹别克环球零距离
2015 年 9 月 8 日	"丝路带"合作倡议与乌国家发展战略高度契合	乌兹别克环球零距离
2015 年 9 月 8 日	中企进军"一带一路"或掀专利申请潮 海外博弈喜忧参半	人民网
2015 年 9 月 9 日	对接"一带一路"打开"筑梦空间"——海外博弈喜忧参半《无锡市积极参与国家"一带一路"倡议三年行动计划（2015—2017 年）解读》	人民网
2015 年 9 月 10 日	重庆多举措落实"一带一路"倡议 出台《计划》明确职责分工及目标任务	人民网
2015 年 9 月 12 日	"一带一路"投资政治风险研究之乌兹别克斯坦	乌兹别克环球零距离
2015 年 9 月 15 日	聚焦中国企业"一带一路"专利布局	人民网
2015 年 9 月 15 日	"一带一路"与中韩自贸区法律事务研讨会在京举办	人民网
2015 年 9 月 18 日	服务国际合作大局 提升自身业务水平 为"一带一路"建设提供司法保障	人民网
2015 年 9 月 18 日	"一带一路"为沿线国家提供人权发展新机遇	乌兹别克环球零距离
2015 年 9 月 22 日	中国与"一带一路"12 国警方首次携手共建安全走廊	人民网
2015 年 9 月 23 日	我国仲裁事业快速发展 为"一带一路"建设提供智力支持	人民网

日期	标题	语料来源
2015 年 9 月 29 日	建设"丝绸之路经济带"背景下投资乌兹别克斯坦的机遇与风险	乌兹别克环球零距离
2015 年 10 月 1 日	中乌共建"一带一路"让"丝路明珠"更夺目	乌兹别克环球零距离
2015 年 10 月 7 日	蓝迪国际智库见证中奥律师事务所"一带一路"合作签约仪式	人民网
2015 年 10 月 21 日	"一带一路"倡议政策效应逐步显现	人民网
2015 年 10 月 22 日	我国发布《标准联通"一带一路"行动计划（2015—2017）》	人民网
2015 年 10 月 23 日	中亚五国投资指南——乌兹别克斯坦（对中国企业投资合作的保护政策）	乌兹别克环球零距离
2015 年 11 月 1 日	二连浩特：司法服务"一带一路"	人民网
2015 年 11 月 3 日	"一带一路"金融支持政策将出	人民网
2015 年 11 月 3 日	四川融入"一带一路"规划建设出川综合运输大通道	人民网
2015 年 11 月 4 日	"一带一路"需区域法治保障，专家建议统一区域商法	澎湃新闻
2015 年 11 月 4 日	中外法学专家聚焦"一带一路"促法律理念沟通借鉴	天山网
2015 年 11 月 5 日	"一带一路"投资之法律风险防范之土耳其	"一带一路"法律服务国际合作组织
2015 年 11 月 5 日	我国立法机构批准亚投行协定　有望年底正式开张	天山网
2015 年 11 月 7 日	中亚五国投资指南——乌兹别克斯坦（劳动就业规定）	乌兹别克环球零距离
2015 年 11 月 9 日	中国主办塔吉克斯坦法律人才培训班　促进"一带一路"司法合作	人民网
2015 年 11 月 12 日	中亚贸易与投资发展报告：乌兹别克斯坦吸引外资主要优惠政策	乌兹别克环球零距离
2015 年 11 月 14 日	"一带一路"现行国内政策法规简要梳理	"一带一路"法律服务国际合作组织

日期	标题	语料来源
2015 年 11 月 14 日	"一带一路"背景下我国采用反向互惠制度的必要性及措施	"一带一路"法律服务国际合作组织
2015 年 11 月 16 日	"一带一路"法律智库成立	人民网
2015 年 11 月 17 日	"一带一路"沿线地区大力构建"立体丝路"大通道	天山网
2015 年 11 月 20 日	在上海就能聘请香港大律师,专长国际仲裁和国外法律顾问	澎湃新闻
2015 年 11 月 20 日	匈牙利外长:匈牙利愿在"一带一路"倡议中发挥重要作用	天山网
2015 年 11 月 23 日	苏新蒙桂闽共建"一带一路"律师交流平台	人民网
2015 年 11 月 23 日	共同预防"一带一路"实施中职务犯罪	人民网
2015 年 11 月 25 日	"一带一路"建设法律服务团提供优质法律服务	人民网
2015 年 11 月 26 日	习近平会见中东欧 16 国领导人,签署"一带一路"建设备忘录	澎湃新闻
2015 年 11 月 27 日	"一带一路"与中国企业"走出去"法律研讨会在穗举行	人民网
2015 年 11 月 27 日	政策倾斜明显 贷款基金并举 银行升级"一带一路"金融战略	人民网
2015 年 11 月 29 日	解读中国-东盟自贸区升级《议定书》	"一带一路"法律服务国际合作组织
2015 年 11 月 29 日	中国-东盟自贸区升级版签署 超 90%税目产品零关税	"一带一路"法律服务国际合作组织
2015 年 11 月 30 日	律师发展论坛聚焦"一带一路"	人民网
2015 年 12 月 3 日	参与"一带一路"建设应重点关注国别风险	人民网
2015 年 12 月 5 日	印尼"外交政策协会"举办"一带一路"公共讲座	人民网
2015 年 12 月 6 日	中巴经济走廊的隐忧:如何避免陷入那个"黑洞"?	澎湃新闻
2015 年 12 月 7 日	"一带一路"投资之法律风险防范之韩国	"一带一路"法律服务国际合作组织

日期	标题	语料来源
2015 年 12 月 7 日	"一带一路"投资之法律风险防范之通用篇（一）	"一带一路"法律服务国际合作组织
2015 年 12 月 12 日	北京大学发布"一带一路""五通"指数	哈萨克斯坦资讯
2015 年 12 月 14 日	"一带一路"将构建六大国际指南和若干海上制度	人民网
2015 年 12 月 15 日	中华人民共和国政府和哈萨克斯坦共和国政府联合公报（全文）	哈萨克斯坦资讯
2015 年 12 月 15 日	2016 年 1 月 1 日起我国调整进出口关税	"一带一路"法律服务国际合作组织
2015 年 12 月 15 日	"一带一路"外交继续升温　我国收获十年政策红利	人民网
2015 年 12 月 16 日	运用法治思维和方式推动"一带一路"倡议	人民网
2015 年 12 月 17 日	深度解读习近平提互联网发展"四原则""五主张"	澎湃新闻
2015 年 12 月 20 日	专家："一带一路"国内法规尚无，中国应引领建立新国际规则	澎湃新闻
2015 年 12 月 22 日	中国外交新局｜"一带一路"启动，中国外交重心从大国转向周边	澎湃新闻
2015 年 12 月 22 日	中西方政治家眼中不寻常的"光明的丝绸之路"	哈萨克斯坦资讯
2015 年 12 月 23 日	普京称西方国家阻碍欧亚经济一体化｜"一带一盟"对接路线图将于明年签署	哈萨克斯坦资讯
2015 年 12 月 23 日	共建"一带一路"司法实践基地	人民网
2015 年 12 月 24 日	"一带一路"倡议亟须完善涉外法律体系	人民网
2015 年 12 月 25 日	梁振英：北京述职之行有成效，与发改委热议"十三五"和"一带一路"	澎湃新闻
2015 年 12 月 25 日	马来西亚为扶持国内就业率将向外来劳工征税	"一带一路"法律服务国际合作组织
2015 年 12 月 25 日	印度投资机遇与风险分析	"一带一路"法律服务国际合作组织

日期	标题	语料来源
2015 年 12 月 25 日	印度尼西亚投资风险分析	"一带一路"法律服务国际合作组织
2015 年 12 月 29 日	国际产能合作的中国动力：中企如何走出去参与国际产能合作	哈萨克斯坦资讯
2015 年 12 月 29 日	外交部："一带一路"倡议不是地缘政治工具，不会强人所难	人民网
2015 年 12 月 29 日	塔吉克斯坦看中国系列之如何安全投资塔吉克	tjk（塔吉克）
2015 年 12 月 30 日	林业局谈林业如何参与"一带一路"：搭建平台共同治理	人民网
2015 年 12 月 30 日	外交部："一带一路"不是所谓的地缘政治工具	天山网
2016 年 1 月 5 日	中国企业参与"一带一路"建设须适应国际税则	天山网
2016 年 1 月 7 日	"一带一路质检行"西北调研：为农牧业发展护航	天山网
2016 年 1 月 9 日	最高人民法院为"一带一路"建设提供司法服务和保障的典型案例（一）	"一带一路"法律服务国际合作组织
2016 年 1 月 17 日	中国对阿拉伯国家政策文件（全文）	"一带一路"法律服务国际合作组织
2016 年 1 月 17 日	印度：外商直接投资政策的新变化	"一带一路"法律服务国际合作组织
2016 年 1 月 17 日	最高人民法院为"一带一路"建设提供司法服务和保障的典型案例（二）	"一带一路"法律服务国际合作组织
2016 年 1 月 17 日	"一带一路"投资之知识产权与技术出口问题（分论）	"一带一路"法律服务国际合作组织
2016 年 1 月 26 日	"一带一路"投资之法律风险防范之肯尼亚	"一带一路"法律服务国际合作组织

日期	标题	语料来源
2016 年 1 月 26 日	最高人民法院为"一带一路"建设提供司法服务和保障的典型案例（三）	"一带一路"法律服务国际合作组织
2016 年 1 月 31 日	最高人民法院为"一带一路"建设提供司法服务和保障的典型案例（四）	"一带一路"法律服务国际合作组织
2016 年 1 月 31 日	"一带一路"投资之法律风险防范之国际仲裁	"一带一路"法律服务国际合作组织
2016 年 1 月 31 日	两部委解读《国务院关于支持沿边重点地区开发开放若干政策措施的意见》	"一带一路"法律服务国际合作组织
2016 年 1 月 31 日	"一带一路"投资之欧盟区域投资集体诉讼问题研究	"一带一路"法律服务国际合作组织
2016 年 2 月 1 日	沿"一带一路"寻商机，以基础设施建设助"双重内陆国"重回"十字路口"	乌兹别克环球零距离
2016 年 2 月 4 日	"一带一路"投资之法律风险防范之南美洲	"一带一路"法律服务国际合作组织
2016 年 2 月 4 日	最高人民法院为"一带一路"建设提供司法服务和保障的典型案例（五）	"一带一路"法律服务国际合作组织

表2 "一带一路"文化交流报道标题摘录（2014年7月—2016年3月）
（来自《人民日报》及《人民日报》海外版）

日期	标题
2014年7月3日	青岛会展：走向世界的新品牌
2014年8月31日	"新丝路建设与中阿关系的未来"研讨会举行
2014年9月8日	第三届阿拉伯艺术节在京启动
2014年9月12日	中阿文化部长畅论共建文化领域"一带一路"
2014年10月27日	新丝路，用电影沟通世界——首届丝绸之路电影节综述
2014年10月28日	讲好"新丝路"的故事
2014年11月26日	中摩友好，从不朽记忆中走来（大使随笔）
2014年11月27日	听，汉学家这样讲中国故事
2014年11月30日	《神奇的中国》新书发布会在莫斯科举行
2014年12月5日	解开文化纠结　学会中国表达
2014年12月5日	泉州举办"海丝"国际艺术节
2014年12月8日	海洋战略论坛在京举行
2014年12月22日	牵星过洋，中国文化根植坦桑尼亚
2014年12月25日	派团再走丝绸之路　访问希腊土耳其——青岛叩开欧洲南大门①
2015年1月10日	流薰千载古龟兹
2015年1月13日	积极融入"一带一路"　逐步实现跨越发展 丽江　把"窗口"开得更大
2015年1月20日	丝路精神，中欧交流新纽带
2015年1月23日	千年瓷都——沿着"海丝"走世界
2015年2月6日	《丝海梦寻》登上联合国舞台
2015年2月10日	大理：千年国际陆港联通世界
2015年2月27日	丝路文化为什么这么火？
2015年3月5日	开放宁夏——潮起正是扬帆时
2015年3月19日	在青岛，侨务是"感情活儿"
2015年3月28日	习近平同奥地利总统菲舍尔会谈
2015年3月29日	传承弘扬丝路精神　共筑梦想同谱华章
2015年3月29日	推动共建丝绸之路经济带和21世纪海上丝绸之路的愿景与行动
2015年3月30日	和平合作　开放包容　互学互鉴　互利共赢——推进"一带一路"建设工作领导小组办公室负责人就"一带一路"建设有关问题答记者问

---

① 本书中部分新闻报道标题含引题和主题，在正文中引用时均以括注"引题"和"主题"形式标出，附录中不再一一标注。

续表

日期	标题
2015 年 3 月 31 日	合作共赢"大思路"
2015 年 4 月 2 日	中非牵手，"友谊颂"越唱越动情
2015 年 4 月 3 日	你我的"一带一路"
2015 年 4 月 13 日	"一带一路"：共创美好未来
2015 年 4 月 14 日	麦西热甫 舞动"一带一路"
2015 年 4 月 15 日	"一带一路"，邂逅达卡
2015 年 4 月 16 日	电影"走出去" 应该怎么走
2015 年 4 月 24 日	第二届丝绸之路国际电影节将于 9 月在福州举办
2015 年 4 月 29 日	游苏州吴江 寻丝绸源流
2015 年 5 月 1 日	利用世博平台 讲好中国故事
2015 年 5 月 3 日	第十五届"相约北京"艺术节——呈现多元之美 倾心公益之美
2015 年 5 月 12 日	亮出滇西教育新"名片"——大理大学实现跨越式发展的启示
2015 年 5 月 19 日	过去十届累计成交超万亿元，本届成交额比上届增长 13.90%——深圳文博会 尽显文化产业生机
2015 年 5 月 20 日	特设"一带一路"展馆 上演文化跨界融合大戏——"文化+"吸睛深圳文博会
2015 年 5 月 22 日	唱响品牌 提档升级——丝博会融入"一带一路"建设大格局
2015 年 5 月 22 日	"一带一路"文化之旅启程
2015 年 6 月 1 日	米兰世博会北京活动周开幕——原创舞剧《马可·波罗》"回乡"
2015 年 6 月 2 日	"西出楼兰"丝路文化艺术节在美圆满落幕
2015 年 6 月 4 日	"一带一路"，电视节目怎么做——访新疆电视台台长杨洪新
2015 年 6 月 5 日	纽约聆听中国风——美国书展中国主宾国活动素描
2015 年 6 月 8 日	我国两件经典艺术作品将亮相米兰世博会
2015 年 6 月 9 日	南博会云南文艺闪耀光芒
2015 年 6 月 17 日	畅游绚丽甘肃 发展丝路旅游
2015 年 6 月 21 日	展示中国的靓丽名片——海外中国文化中心采访散记
2015 年 7 月 5 日	首届"一带一路"文化融合论坛开启
2015 年 7 月 8 日	丝绸之路合作发展高端论坛
2015 年 7 月 15 日	"两极两翼"搭建全球创客"龙华家园"
2015 年 7 月 16 日	一路亲情友情 助力民心相通——中国侨联"亲情中华·筑梦丝路"亚欧巡演纪实
2015 年 7 月 18 日	助力品牌崛起 打造品牌强国
2015 年 7 月 22 日	重庆 离世界如此之近

续表

日期	标题
2015 年 7 月 24 日	更精细地了解中国
2015 年 7 月 27 日	领绣世界——中国非遗文化海外第一股与"圣地亚"的潮绣传奇
2015 年 7 月 27 日	新疆文创业展生机
2015 年 8 月 6 日	"东亚文化之都"青岛今年特别忙：用文化与世界对话
2015 年 8 月 7 日	第二届丝绸之路艺术节将举办
2015 年 8 月 14 日	《千回西域》向全球展新疆歌舞秀
2015 年 8 月 19 日	有质量的阅读 有梦想的书展
2015 年 8 月 24 日	青春在北京舞动——记"欢动北京"国际青少年文化艺术交流周
2015 年 8 月 27 日	中俄文化艺术交流周扮靓哈尔滨
2015 年 8 月 27 日	充分发挥中阿博览会的重要平台作用 为国家"一带一路"建设做贡献
2015 年 8 月 27 日	北京国际图书博览会开幕——抗战主题图书亮点突出
2015 年 8 月 28 日	让百姓看到"一带一路"的"雨点儿"
2015 年 9 月 4 日	西安举办丝路国际现当代舞艺术周
2015 年 9 月 5 日	将古典融合时尚 借服饰认识中国——海外学子以旗袍演绎东方美
2015 年 9 月 11 日	沿着新丝路 挥写新画卷
2015 年 9 月 12 日	陕旅集团将推实景剧《马可·波罗》
2015 年 9 月 14 日	西安文化风情亮相法共《人道报》节
2015 年 9 月 16 日	第二届丝绸之路国际文化论坛在俄罗斯开幕
2015 年 9 月 17 日	东博会：构筑海上丝绸之路合作重要平台
2015 年 9 月 17 日	办好中国-东盟博览会 服务"一带一路"建设
2015 年 9 月 18 日	丝绸之路国际艺术节在西安开幕
2015 年 9 月 18 日	陕西接轨"一带一路"大倡议——陕西省省长娄勤俭接受"'一带一路'上的陕西"采访团专访
2015 年 9 月 18 日	"一带一路"推动我国国际话语体系建设
2015 年 9 月 19 日	向西开放，新疆乘势而上——新疆加快建设"丝绸之路经济带"核心区
2015 年 9 月 19 日	让文化交流缔结友谊纽带
2015 年 9 月 21 日	互联互通同声奏鸣 务实合作全面推进——"一带一路"与世界共享发展机遇
2015 年 9 月 22 日	丝路国际艺术节推动民心相通
2015 年 9 月 22 日	搭经贸往来之桥 铺文明交融之路

续表

日期	标题
2015 年 9 月 23 日	丝路新机遇　媒体搭平台
2015 年 9 月 24 日	以鼎盛人文联通"一带一路"
2015 年 9 月 24 日	感受西部魅力　感知多彩中国——记"感知中国——中国西部文化澳新行"活动
2015 年 9 月 25 日	放歌"一带一路"
2015 年 9 月 28 日	习近平分别会见罗马尼亚总统、尼日利亚总统、塞拉利昂总统和孟加拉国总理
2015 年 10 月 8 日	追梦的征程——一个诗人眼中的丝绸之路
2015 年 10 月 12 日	天华之声再次享誉海外——江阴市天华艺术学校民族乐团出访意瑞纪实
2015 年 10 月 14 日	文化传播，有价值观才有力量
2015 年 10 月 17 日	文化连接世界　艺术沟通心灵——祝贺第十七届中国上海国际艺术节开幕
2015 年 10 月 19 日	中英关系迈向"黄金十年"
2015 年 10 月 19 日	开创合作共赢的"黄金时代"——写在习近平主席启程对英国进行国事访问之际
2015 年 10 月 20 日	嘉峪关：打造文化旅游黄金廊道
2015 年 10 月 23 日	范曾："文明对话"是呼应而非趋近
2015 年 10 月 23 日	"陕旅号"旅游航母驶上丝路
2015 年 10 月 24 日	习近平主席和蒙古国总统额勒贝格道尔吉向首届中蒙博览会致贺信
2015 年 10 月 28 日	国际汉学研究聚焦汉学与当代中国
2015 年 11 月 3 日	"文化+"惊艳北京文博会
2015 年 11 月 4 日	擘画中新关系更辉煌的未来
2015 年 11 月 5 日	让中国更好地与世界对话
2015 年 11 月 6 日	斯里兰卡展上海风采
2015 年 11 月 8 日	亲密的邻邦　特殊的伙伴
2015 年 11 月 8 日	"意会中国"
2015 年 11 月 9 日	情系亚洲　逐梦海丝
2015 年 11 月 9 日	架起心灵沟通的"文化桥梁"
2015 年 11 月 9 日	亲戚越走越近　朋友越走越亲
2015 年 11 月 11 日	亚洲文化论坛闭幕——13 国代表达成泉州共识
2015 年 11 月 13 日	第三届亚洲文化论坛泉州举行——建设共生共荣亚洲文化生态

日期	标题
2015 年 11 月 16 日	扬帆出航，在海上丝路的起点——记第十四届亚洲艺术节
2015 年 11 月 16 日	第十七届中国上海国际艺术节文艺名家笔谈
2015 年 11 月 17 日	亲和包容 澳门旅游魅力独特
2015 年 11 月 17 日	14 国驻华官员走进"798"
2015 年 11 月 24 日	在第十届东亚峰会上的发言（二〇一五年十一月二十二日，吉隆坡）
2015 年 11 月 25 日	中国-中东欧国家合作苏州纲要
2015 年 12 月 4 日	"一带一路"助推陕西腾飞——2015"一带一路"倡议与陕西发展论坛侧记
2015 年 12 月 5 日	传播丝路文明 弘扬陇原文化
2015 年 12 月 8 日	"一带一路"生发一路向南新思路
2015 年 12 月 14 日	希望香港年轻人多了解国情历史
2015 年 12 月 21 日	文化交流"殊声而合响"
2015 年 12 月 25 日	喜歌剧演出季来了
2015 年 12 月 27 日	国家收藏 文化共享
2015 年 12 月 29 日	"中国故事"走出国门 影视佳作海外热播——中国当代作品翻译工程成效显著
2016 年 1 月 1 日	陕西成为向西开放的前沿
2016 年 1 月 6 日	蓉城魅力汇聚全球目光
2016 年 1 月 11 日	讲述"海上丝绸之路"故事
2016 年 1 月 15 日	国内叫座 国际叫好
2016 年 1 月 17 日	中国以建设性姿态参与地区事务——习近平主席关于中国同中东地区以及中阿关系的重要论述
2016 年 1 月 17 日	丝路新篇章 合作好伙伴
2016 年 1 月 19 日	伊中文化合作之路越走越宽——访伊朗文化与伊斯兰指导部副部长胡杰拉图·阿尤比
2016 年 1 月 20 日	"丝绸之路"见证中阿友好
2016 年 1 月 24 日	文明交流互鉴 共同繁荣发展
2016 年 1 月 25 日	迈向共同发展新征程——国家主席习近平访问沙特、埃及、伊朗综述
2016 年 1 月 25 日	"一带一路"为歌舞剧注入活力
2016 年 1 月 26 日	作家艾克拜尔情系"一带一路"
2016 年 1 月 29 日	中马合作注入新活力

续表

日期	标题
2016 年 2 月 3 日	乘风破浪　扬帆远航
2016 年 2 月 3 日	以媒为媒，让成都牵手国际友城
2016 年 2 月 9 日	驻外大使拜大年
2016 年 2 月 11 日	《碧海丝路》的金色"名片"
2016 年 2 月 13 日	迎春纳福　环宇同悦
2016 年 2 月 14 日	节日欢歌　世界共享
2016 年 2 月 19 日	丝路多情似故人　晨昏忧乐每相亲
2016 年 2 月 20 日	"亲情中华"慰侨演出传递中国自信
2016 年 2 月 23 日	丝路风情期待重扬时代风帆
2016 年 2 月 26 日	发挥宁夏回族人文优势　积极参与国际合作交流
2016 年 3 月 2 日	"联接中外"，电影可先行
2016 年 3 月 3 日	开放的宁夏：世界，你好！——"开放的中国：从宁夏到世界"外交部首场省区市全球推介活动
2016 年 3 月 3 日	丝路金桥，"一带一路"上的文化桥
2016 年 3 月 3 日	传播中国优秀文化　促进世界和平发展
2016 年 3 月 4 日	一手伸向传统　一手伸向生活——画家赵振川深入丝路采风创作
2016 年 3 月 4 日	主动融入"一带一路"大格局　积极开展全方位对外开放　陕西站上新的历史起点
2016 年 3 月 6 日	千年瓷都再续丝路辉煌——访全国人大代表、景德镇市委书记钟志生
2016 年 3 月 9 日	福连丝路通四海

表3 "一带一路"经济新闻报道标题摘录（2014年8月—2015年12月）

日期	标题	语料来源
2014年8月12日	深化经贸合作 把"一带一路"建实建好	光明网
2014年9月17日	"一带一路"连接中意未来	光明网
2014年10月22日	推介港城物流优势 建设"一带一路"区域性物流中心	光明网
2014年11月10日	"一带一路"与APEC的美丽邂逅	光明网
2015年3月6日	深化改革转型升级 推动"一带一路"建设掀开新篇章	光明网
2015年3月22日	"一带一路"对全球经济治理的价值与贡献	光明网
2015年3月29日	十几分钟时间让你更懂"亚投行" 全球40余国追捧亚投行	光明网
2015年4月4日	"一带一路"倡议：中国走向世界市场3.0版	光明网
2015年4月8日	银联国际携手跨境电商大龙网、跨境支付龙通宝升级"一带一路"跨境结算	光明网
2015年4月8日	"一带一路""中韩中澳自贸区"蕴含滨州发展机遇	光明网
2015年4月15日	以长效机制推进"一带一路"建设	光明网
2015年4月27日	中国银行构建"一带一路"金融大动脉	光明网
2015年5月13日	张建平："一带一路"是中国首次成功倡议的新兴国际区域经济合作平台	光明网
2015年5月13日	发挥连云港新亚欧大陆桥经济走廊东方起点先行先导作用	光明网
2015年5月24日	绿色产业聚集效应突显 生态宜居助力"一带一路"	光明网
2015年5月25日	"一带一路"助瓷器扬帆远航	光明网
2015年6月15日	人民币走向"一带一路"趋势明显	天山网
2015年6月16日	"一带一路"基建投资总规模或高达6万亿美元	天山网
2015年6月16日	丝路贸易中的山西商人	天山网
2015年6月16日	中国与中亚着力推动构建丝路经济带互联互通新格局	天山网
2015年6月16日	打造山西品牌的现代丝绸之路	天山网
2015年6月17日	软件随"一带一路"走出去迈向高端化服务化	天山网
2015年6月17日	"'丝绸之路经济带'城市国际论坛"将于18日举行	天山网
2015年6月17日	中国科学家呼吁构建"一带一路"大数据联盟	天山网
2015年6月18日	连云港引领"一带一路"绿色转型	光明网
2015年6月18日	欧洲议会议员：世界需要中国"一带一路"推动经济发展	天山网
2015年6月19日	创新贸促服务助力"一带一路"	天山网
2015年6月19日	政府不能冲在前面，产能合作何以引领"一带一路"	光明网

日期	标题	语料来源
2015 年 6 月 23 日	深圳掘金"一带一路"投资贸易新商机	天山网
2015 年 6 月 23 日	马云:"一带一路"是中国和世界共赢的发展机遇	光明网
2015 年 6 月 25 日	社科院报告定义"一带一路":新型区域经济合作机制	天山网
2015 年 6 月 26 日	20 家中资银行海外总资产达 1.5 万亿美元 助力"一带一路"	天山网
2015 年 6 月 27 日	山东企业抢滩喀什 积极对接丝绸之路经济带	天山网
2015 年 6 月 28 日	专家:将绿色经济融入"一带一路"	天山网
2015 年 6 月 28 日	青海进入"丝绸之路经济带"在民航领域的重要节点	天山网
2015 年 6 月 29 日	亚投行协定正式签署 中国暂列第一大股东	天山网
2015 年 6 月 29 日	跨境电商综试区建设"一带一路"网络经济体	天山网
2015 年 6 月 29 日	金融保障"一带一路"倡议顺利落实	天山网
2015 年 6 月 29 日	中广丝绸之路文化创意和文化产业投资基金成立	天山网
2015 年 7 月 1 日	经合组织全球关系主任:"一带一路"将重振世界经贸交流	天山网
2015 年 7 月 1 日	96个兰洽会项目已建成投产 落地项目丝路节点生根	天山网
2015 年 7 月 2 日	中国银行在迪拜举行"一带一路"人民币债券挂牌仪式	天山网
2015 年 7 月 2 日	今年欧亚经济论坛将突出丝路特色	天山网
2015 年 7 月 2 日	承丝路薪火 筑互联通道 行持续发展之路	天山网
2015 年 7 月 2 日	长江经济带和"一带一路"节点 南京江北国家新区获批	天山网
2015 年 7 月 2 日	新疆打造丝绸之路上的电力通道	天山网
2015 年 7 月 2 日	"一带一路"国家发展网打造信息互联互通示范工程	天山网
2015 年 7 月 3 日	亚投行给"中国建造"全面走向世界提供重大契机	天山网
2015 年 7 月 4 日	"一带一路"倡议下 中国企业迎"走出去"好契机	天山网
2015 年 7 月 4 日	"丝绸之路经济带"上的"金字招牌"	天山网
2015 年 7 月 6 日	聚焦"一带一路"500 强企业高峰论坛举行	天山网
2015 年 7 月 6 日	丝绸之路经济带国际经贸合作促进交流会举行	天山网
2015 年 7 月 6 日	"一带一路"倡议助力人民币国际化	天山网
2015 年 7 月 6 日	中小企业要积极分享"一带一路"商机	天山网
2015 年 7 月 6 日	甘肃打造网上丝绸之路	天山网
2015 年 7 月 6 日	掘金"一带一路"山西品牌入金城	天山网
2015 年 7 月 7 日	"一带一路"节点城市成都的战略自信	天山网

日期	标题	语料来源
2015 年 7 月 7 日	"一带一路"侨商项目对接会兰州举行	天山网
2015 年 7 月 8 日	丝路经济带将给西部带来四大机遇	天山网
2015 年 7 月 8 日	郑州航空港打造空中丝路经济带核心	天山网
2015 年 7 月 8 日	陕西将推动网上丝绸之路建设	天山网
2015 年 7 月 9 日	杭州企业海上丝绸之路寻发展	天山网
2015 年 7 月 9 日	江西印发"实施方案"将全面参与"一带一路"建设	天山网
2015 年 7 月 9 日	河南助力企业掘金"一带一路"	天山网
2015 年 7 月 10 日	内蒙古多举措贯彻发展"一带一路"倡议	天山网
2015 年 7 月 10 日	沈阳企业融入"一带一路"建设的步伐加快	天山网
2015 年 7 月 10 日	"丝绸之路经济带"情况概览	天山网
2015 年 7 月 11 日	四川省工商联:推动民企参与"一带一路"建设	天山网
2015 年 7 月 12 日	川企抢抓"一带一路"机遇 将在泰国建 5 个垃圾发电厂	天山网
2015 年 7 月 13 日	中国与"一带一路"沿线国家经贸合作步伐加快	天山网
2015 年 7 月 13 日	丝绸之路旅游集散中心主体工程将在新疆开始施工	天山网
2015 年 7 月 14 日	"一带一路"外贸额增长助中国实现双平衡	天山网
2015 年 7 月 15 日	"一带一路"将促进沿线国家经济增长	天山网
2015 年 7 月 16 日	"一带一路"建设向所有国家开放	天山网
2015 年 7 月 16 日	"信息丝路"助推"一带一路"	天山网
2015 年 7 月 16 日	"一带一路"的经济地理革命与共赢主义时代	天山网
2015 年 7 月 17 日	湛江成为网上丝绸之路概念先行者	天山网
2015 年 7 月 20 日	打通"一带一路"上金融大动脉	天山网
2015 年 7 月 20 日	"一带一路"加速人民币国际化步伐	天山网
2015 年 7 月 21 日	"一带一路"倡议提振四川外贸 进出口逆势上涨	天山网
2015 年 7 月 22 日	上半年我国对"一带一路"沿线国家投资增长 22.2%	天山网
2015 年 7 月 22 日	广西对"一带一路"国家贸易快速增长	天山网
2015 年 7 月 23 日	科技拓宽河南与"一带一路"沿线国家合作发展之路	天山网
2015 年 7 月 23 日	合肥紧抓"一带一路"发展机遇 上半年完成投资 3000 余亿	天山网
2015 年 7 月 25 日	首届"2015 中国(新疆)'一带一路'物流高峰论坛"开幕	天山网
2015 年 7 月 30 日	在厦门和欧洲之间搭建起空中丝路	天山网
2015 年 7 月 31 日	大连企业家瞄准"一带一路"求商机	天山网

日期	标题	语料来源
2015 年 8 月 1 日	打造网络版"一带一路"	天山网
2015 年 8 月 2 日	中组部"一带一路"专家组与大庆企业对接	天山网
2015 年 8 月 3 日	"一带一路"交汇点正扬帆	光明网
2015 年 8 月 5 日	借助"互联网+"福州外贸开启"网上丝绸之路"	天山网
2015 年 8 月 10 日	栾大龙:"一带一路"是中国军工发展的大契机	光明网
2015 年 8 月 12 日	开展对外经贸交流　加快融入"一带一路"	光明网
2015 年 8 月 14 日	"一带一路"境内国际物流大通道上的新机遇	光明网
2015 年 8 月 21 日	1—7月河北省对"一带一路"国家出口增长 3.8%	天山网
2015 年 8 月 23 日	中韩自贸协定将成为"一带一路"新动力	天山网
2015 年 8 月 27 日	"一带一路"为银行转型提供新机遇	天山网
2015 年 9 月 1 日	"一带一路"国家战略激活西部经济　中国彩灯点亮米兰世博会	天山网
2015 年 9 月 1 日	世博会架桥梁　西部丝绸大省牵手国际丝绸时装之都	天山网
2015 年 9 月 2 日	新疆"电力丝绸之路"核心段地位日渐凸显	天山网
2015 年 9 月 3 日	西部云基地:"三步走"打造网上丝绸之路	天山网
2015 年 9 月 3 日	耸立在"丝绸之路"上的国企之魂	天山网
2015 年 9 月 6 日	《贸易便利化协定》为推进"一带一路"注入动力	天山网
2015 年 9 月 7 日	网上丝绸之路论坛开启中阿合作之门	天山网
2015 年 9 月 7 日	"一带一路"跨境电商物流合作联盟在兰州成立	天山网
2015 年 9 月 7 日	今年前 7 月我国对"一带一路"沿线国家投资额增长 29.5%	天山网
2015 年 9 月 8 日	"一带一路"产业联盟新疆正式启动	天山网
2015 年 9 月 10 日	"一带一路"成中国资本与全球资源衔接重要纽带	天山网
2015 年 9 月 12 日	网上丝绸之路有了信息安全保障	天山网
2015 年 9 月 13 日	中国-东盟信息港论坛启幕　共商共享网络发展成果	天山网
2015 年 9 月 18 日	我国构筑"一带一路"食品农产品进出快速通道	天山网
2015 年 9 月 25 日	【新疆六十年发展巨变】加快打造丝绸之路经济带核心区	天山网
2015 年 10 月 1 日	中资银行在"一带一路"沿线设立了 55 家一级分支机构	天山网
2015 年 10 月 1 日	放大独特竞争优势中行发力新疆"一带一路"建设	天山网
2015 年 10 月 2 日	中小企业的海外经贸平台　巴林龙城再造中东不夜城	光明网
2015 年 10 月 20 日	"一带一路"深化中英投资合作	光明网

续表

日期	标题	语料来源
2015 年 10 月 24 日	"一带一路"创造合作共赢机会	光明网
2015 年 10 月 25 日	积极参与"一带一路"和长江经济带建设	光明网
2015 年 10 月 26 日	"一带一路"是推动区域合作的新路径	天山网
2015 年 10 月 29 日	四川紧抓"一带一路"机遇 提出"251 三年行动计划"	天山网
2015 年 10 月 29 日	"一带一路"倡议为香港提供黄金发展机遇	天山网
2015 年 10 月 29 日	投资带动贸易发展是"一带一路"建设的新方向	光明网
2015 年 10 月 31 日	中国政企双管齐下助科技引领海上丝绸之路	光明网
2015 年 11 月 3 日	"一带一路"促国际合作催生新需求 应借力推动我国产业升级	光明网
2015 年 11 月 3 日	甘肃设立丝路交通发展基金 总规模达 1000 亿元	光明网
2015 年 11 月 6 日	前 9 月"一带一路"沿线国家对华投资增 18.4%	光明网
2015 年 11 月 9 日	近 500 家中欧企业聚首欧洽会探讨"一带一路"合作新商机	光明网
2015 年 11 月 9 日	中国与"一带一路"沿线国家投资合作不断增长	光明网
2015 年 11 月 9 日	"一带一路"助推中欧食品和物流产业合作	光明网
2015 年 11 月 13 日	中国企业对"一带一路"沿线国家投资加速	光明网
2015 年 11 月 13 日	"一带一路"沿线国家路演寻商机	天山网
2015 年 11 月 17 日	第五届"亚洲物流及航运会议"开幕 "一带一路"成热点	光明网
2015 年 11 月 18 日	"一带一路"国家借助高交会拓展科技合作	光明网
2015 年 11 月 27 日	赣欧国际铁路货运班列开行 助力江西融入"一带一路"	光明网
2015 年 11 月 28 日	创新海洋科技 发展蓝色经济	光明网
2015 年 11 月 29 日	"一带一路"和"产能合作"	光明网
2015 年 12 月 2 日	"一带一路"农业与食品交易信息平台正式上线发布	光明网
2015 年 12 月 3 日	九江企业对接"一带一路"亮相中亚市场	光明网
2015 年 12 月 8 日	深入理解"五个更加注重"	光明网
2015 年 12 月 8 日	黄道新：供销合作社与"一带一路"建设	光明网
2015 年 12 月 9 日	加快珠江-西江经济带开放发展着力点	光明网
2015 年 12 月 9 日	全球化 4.0 来了! 三大趋势不可忽略	光明网
2015 年 12 月 11 日	习近平访非为"一带一路"倡议预演 中非深化发展任重道远	光明网
2015 年 12 月 11 日	广开合作大门 携手共赢发展	光明网

日期	标题	语料来源
2015 年 12 月 12 日	"中山美居"开启"非洲时间"	光明网
2015 年 12 月 12 日	前 10 月中山对"一带一路"国家进出口增 9.1%	光明网
2015 年 12 月 12 日	助力西安企业带动大众创业	光明网
2015 年 12 月 12 日	向西的列车:"丝绸之路经济带"上的新引擎	光明网
2015 年 12 月 13 日	中哈(连云港)物流基地中欧班列正式开通	光明网
2015 年 12 月 14 日	安徽芜湖:国产重卡闯海外	光明网
2015 年 12 月 14 日	新疆"云服务"广泛应用步伐加快	光明网
2015 年 12 月 16 日	发改委专家:"一带一路"为开发区走出去打开新空间	新华网
2015 年 12 月 16 日	借"一带一路"东风 中国工程机械企业要伺机"出走"	新华网
2015 年 12 月 16 日	启迪控股携手世纪互联创立百亿美元"一带一路"投资基金	新华网
2015 年 12 月 16 日	阿联酋想做中国"一带一路"计划物流中心	新华网
2015 年 12 月 16 日	"一带一路"财经资讯:巴林欲做中企投资中东枢纽	新华网
2015 年 12 月 16 日	架设中日韩合作桥梁 打造"一带一路"节点城市	光明网
2015 年 12 月 17 日	广州市加强航运业发展 推进"一带一路"建设	新华网
2015 年 12 月 17 日	云南省交行助力云南经济发展 服务"一带一路"建设	新华网
2015 年 12 月 17 日	国务院:积极推进"一带一路"沿线自由贸易区	新华网
2015 年 12 月 17 日	中哈产能合作专项基金设立	新华网
2015 年 12 月 17 日	开发性金融助力河南"一带一路"更出彩	新华网
2015 年 12 月 17 日	各地挥臂施工对接"一带一路" 六大国际走廊建设全面启动	新华网
2015 年 12 月 17 日	招行紧抓"一带一路"发展机遇推动全球同业合作	新华网
2015 年 12 月 18 日	加快实施自由贸易区战略	光明网
2015 年 12 月 18 日	"一带一路"倡议的意义、机遇与挑战	光明网
2015 年 12 月 19 日	中国高铁整体走出国门第一单	光明网
2015 年 12 月 21 日	"一带一路"引领物流产业转型升级	光明网
2015 年 12 月 21 日	推出人民币汇率期货为"一带一路"倡议保驾护航	光明网
2015 年 12 月 22 日	迟福林:打造"一带一路"能源经济合作圈	光明网
2015 年 12 月 22 日	"一带一路"架起中国经济新支点	光明网
2015 年 12 月 23 日	中韩中澳自贸协定 20 日正式生效 给百姓带来哪些实惠?	光明网
2015 年 12 月 23 日	铜建集团调研蔡家坡城投,国投兴业基金喜做牵线人	光明网
2015 年 12 月 23 日	伊朗驻华使馆商务参赞全面解读伊朗投资政策环境	光明网

续表

日期	标题	语料来源
2015年12月23日	资本思维加码"一带一路"	光明网
2015年12月23日	石泉蚕桑转型升级再起航	光明网
2015年12月24日	城市工作会议凸显5大投资机会 智慧城市建设受关注	新华网
2015年12月24日	丝路使者王敏刚	新华网
2015年12月24日	阿联酋阿治曼中国城期待中国商户入驻	新华网
2015年12月24日	"巨人"的握手（下）：终极目标——自由贸易区	新华网
2015年12月24日	探访中大石油：吉尔吉斯最大能源加工企业和中资企业	新华网
2015年12月24日	"中巴经济走廊"最大交通项目签约	新华网
2015年12月24日	海上丝路核心区的金融支持	新华网
2015年12月24日	新疆库尔勒农机出口订单生产忙	新华网
2015年12月24日	工行外汇业务率先全面覆盖"一带一路"国家	新华网

表4　"一带一路"旅游新闻报道标题摘录（2015年3月—2016年1月）

日期	标题	语料来源
2015年3月1日	百态：探访古巴手工烟厂	光明网
2015年3月2日	非洲河马海中悠然乘风破浪逗乐游客	光明网
2015年3月5日	泰国曼谷庆祝万佛节	光明网
2015年3月10日	伊斯兰堡最值得游览的地方：巴基斯坦国家纪念碑	这里是巴基斯坦
2015年3月12日	釜山一日	搜狐网
2015年3月13日	地中海的蓝鳍金枪鱼群	光明网
2015年3月13日	最北欧的设计餐厅	光明网
2015年3月22日	乌克兰美女"成灾"　全球十大美女城市居首	光明网
2015年3月22日	非洲三国之旅——津巴布韦维多利亚瀑布	搜狐网
2015年3月23日	澳大利亚之旅	搜狐网
2015年3月24日	巴黎：我想把卢浮宫带回家	搜狐网
2015年3月25日	非洲最壮丽自然景观	光明网
2015年4月1日	贝加尔湖冰裂美景	光明网
2015年4月2日	南非野生长颈鹿生宝宝　游客目睹全程	光明网
2015年4月7日	斯里兰卡最著名的海边鱼市	光明网
2015年4月10日	俄罗斯境内的神秘唐代古城	光明网
2015年4月10日	印度瓦拉纳西，泛舟恒河看最美日出	搜狐网
2015年4月13日	感受英伦风——史前时期巨石阵之谜	搜狐网
2015年4月15日	乌克兰泼水节	光明网
2015年4月17日	大家好，我叫土耳其，这是我的使用指南！	土耳其不土
2015年4月21日	境外自助游成旅游亮点　路线价格大涨三成	光明网
2015年4月21日	【突尼斯】麦地那里诱惑多	搜狐网
2015年4月22日	广东自贸区内可享受"港式出境游"	光明网
2015年4月25日	布达佩斯游记	搜狐网
2015年4月28日	尼泊尔巴德岗古城　心中的宁静之城	光明网
2015年5月4日	流着奶和蜜的土地——以色列现代农业见闻	光明网
2015年5月5日	越南很美　爱上越南的21个理由	光明网
2015年5月6日	缅甸洗心之旅：马车逐日落　寻佛塔文明	光明网
2015年5月7日	如梦似幻！实拍日本绝美紫藤隧道	光明网
2015年5月8日	探险家勇闯土库曼斯坦"地狱之门"	光明网

日 期	标 题	语料来源
2015 年 5 月 14 日	从亘古到现代的布达佩斯	搜狐网
2015 年 5 月 16 日	盛装珠宝民族风情	土库曼斯坦环球零距离
2015 年 5 月 20 日	大同土林：黄土高原上的 "魔鬼城"	光明网
2015 年 5 月 21 日	泰国大象用鼻子操作相机 和游客玩自拍	光明网
2015 年 5 月 27 日	日本小镇的生活	光明网
2015 年 5 月 28 日	摩根推出英伦经典文化线路之旅	光明网
2015 年 5 月 31 日	舌尖上的巴基斯坦之 "Monal 餐厅"	这里是巴基斯坦
2015 年 6 月 3 日	中国游客赴意旅游人数今年或 400 万	光明网
2015 年 6 月 8 日	泰国摄影师镜头下的瑰丽中国和奇幻东方	光明网
2015 年 6 月 11 日	土耳其浪漫之旅	搜狐网
2015 年 6 月 12 日	米兰世博越夜越美丽 生命之树壮景引游客蜂拥而至	光明网
2015 年 6 月 22 日	难忘的热气球之旅	搜狐网
2015 年 6 月 23 日	迪拜奇迹花园耗费 4500 万株鲜花	光明网
2015 年 6 月 25 日	土耳其内姆鲁特山日出	光明网
2015 年 6 月 29 日	台湾自由行全攻略	搜狐网
2015 年 7 月 1 日	南美最大城市巴西圣保罗推广 "骑行生活"	光明网
2015 年 7 月 1 日	书香浓浓：盘点美国最壮观的 11 座图书馆	光明网
2015 年 7 月 1 日	走近绚丽多姿的 "非洲明珠" 乌干达	光明网
2015 年 7 月 1 日	沙滩风情	搜狐网
2015 年 7 月 3 日	出境游青睐东南亚 国内游偏爱大草原	光明网
2015 年 7 月 14 日	行走于亚平宁半岛 在多彩的意大利访古	光明网
2015 年 7 月 14 日	澳大利亚惊现梦幻般粉红色湖泊（组图）	光明网
2015 年 7 月 15 日	走进阿根廷塔兰穆帕亚国家公园	光明网
2015 年 7 月 17 日	998 元就能豪华境外游？旅游季小心低价陷阱！	光明网
2015 年 7 月 21 日	肯尼亚博戈里亚湖进入火烈鸟观赏旺季	光明网
2015 年 7 月 23 日	感受现代柏林 花 10 欧元体验七件事（图）	光明网
2015 年 7 月 27 日	出境游催热随身 WiFi 市场	光明网
2015 年 7 月 28 日	全球最适合人类居住的城市	搜狐网
2015 年 7 月 29 日	出境游保证金管理亟待规范	光明网

续表

日期	标题	语料来源
2015 年 7 月 29 日	探秘新西兰地下溶洞奇观	光明网
2015 年 8 月 5 日	畅游魅力大马 纯净的海滩一望见底	光明网
2015 年 8 月 7 日	天津航空开通直飞东京国际航线	光明网
2015 年 8 月 11 日	遥远有多远?瓜达尔港与中国不得不说的故事	这里是巴基斯坦
2015 年 8 月 12 日	伊斯坦布尔的光影故事	搜狐网
2015 年 8 月 17 日	比利时小城举办"浴缸划船节"	光明网
2015 年 8 月 20 日	探秘西班牙"全球最惊险步道"	光明网
2015 年 8 月 25 日	行摄海参崴(符拉迪沃斯托克)	搜狐网
2015 年 8 月 25 日	南非开普敦获"世界鸡尾酒之都"称号	光明网
2015 年 8 月 25 日	乌兹别克斯坦首都塔什干成为世界最宜居城市之一	哈萨克斯坦资讯
2015 年 8 月 29 日	伊斯兰堡城市规划最值得中国城市学习的三个两点	这里是巴基斯坦
2015 年 9 月 1 日	重庆唯一全国少有富硒富氧休闲胜地	光明网
2015 年 9 月 6 日	游新加坡 看十四座梦幻般未来建筑	光明网
2015 年 9 月 14 日	带你走进地中海	光明网
2015 年 9 月 22 日	去欧洲自驾游 你该如何停车	光明网
2015 年 9 月 23 日	穿越生命禁区罗布泊 探访神秘楼兰	光明网
2015 年 9 月 23 日	金砖国家游客有望免签入俄罗斯	光明网
2015 年 9 月 23 日	去慕尼黑喝啤酒!服务员变大力士 美酒佳肴不停口	光明网
2015 年 9 月 29 日	盘点亚洲"奇葩"主题餐厅	光明网
2015 年 10 月 8 日	黄金周"拼假"出游占比显著增加	光明网
2015 年 10 月 9 日	黄金周出境游呈爆发式增长 港澳游客增长少	光明网
2015 年 10 月 10 日	外表朴素内部精美的莫达沃城堡	光明网
2015 年 10 月 13 日	盘点哈萨克斯坦各地最美的清真寺	哈萨克斯坦资讯
2015 年 10 月 15 日	世界海岛旅游发展报告:游客年均增长逾两成	光明网
2015 年 10 月 15 日	摄影师土耳其体验热气球观光拍美景	光明网
2015 年 10 月 16 日	新西兰明年征收额外出入境费用	光明网
2015 年 10 月 25 日	北京至曼彻斯特首条直飞航线明年开通	光明网
2015 年 10 月 28 日	12 月芬兰玻璃屋 9 天极光之旅	搜狐网
2015 年 10 月 28 日	探寻爱尔兰历史悠久的阿沃卡	搜狐网

日期	标题	语料来源
2015 年 10 月 28 日	走进荷兰小城哈勒姆：寻觅历史与宁静	光明网
2015 年 10 月 29 日	世界上十大最美小镇，金赛尔	搜狐网
2015 年 10 月 29 日	考福小镇，探寻泰坦尼克号最后一站的风情！	搜狐网
2015 年 10 月 29 日	不一样的尖叫节日：推荐万圣节精彩亚洲目的地	搜狐网
2015 年 10 月 29 日	走进美国人钟爱的房车营地	搜狐网
2015 年 10 月 29 日	伦敦 13 家超火餐厅，领略舌尖上的"腐国"	搜狐网
2015 年 10 月 29 日	盘点巴厘岛十大异趣酒店，你住的只能叫旅馆	搜狐网
2015 年 10 月 29 日	以车之名游走巴伐利亚	搜狐网
2015 年 10 月 29 日	风情万种，布拉格之春	搜狐网
2015 年 10 月 29 日	阿姆斯特丹，无限风情在街头	搜狐网
2015 年 10 月 29 日	一起去感受原味东南亚风情	搜狐网
2015 年 10 月 29 日	PG 岛潜水之旅——第二篇：海底星辰 菲律宾	搜狐网
2015 年 10 月 30 日	旅居布宜诺斯艾利斯的那些日子	搜狐网
2015 年 10 月 30 日	新加坡丨24 小时玩转环球影城	搜狐网
2015 年 10 月 30 日	新西兰之旅（上）：毛利奇迹	搜狐网
2015 年 10 月 30 日	新西兰之旅（下）："三高"政策	搜狐网
2015 年 10 月 30 日	土耳其不解之谜——神秘秘境内姆鲁特山	搜狐网
2015 年 10 月 30 日	最有情调的加勒 最美的锡兰新娘	光明网
2015 年 10 月 31 日	在格兰达洛群山湖泊，寻找信仰	搜狐网
2015 年 11 月 2 日	【土耳其】追寻远古留存不灭的火焰	搜狐网
2015 年 11 月 2 日	绿龟大巴环游美国西部公园	搜狐网
2015 年 11 月 2 日	大熊猫将引进韩国 入住三星爱宝乐园	光明网
2015 年 11 月 3 日	格鲁吉亚：酒是故乡醇	搜狐网
2015 年 11 月 3 日	爪哇，这个岛与它的名字一样美！	搜狐网
2015 年 11 月 4 日	中韩旅游：旅游凸显外交功能 构建区域合作典范	光明网
2015 年 11 月 6 日	哈萨克语最常用的 10 个词汇	哈萨克斯坦资讯
2015 年 11 月 6 日	盘点：鹿特丹吸引各地游客的六大理由	光明网
2015 年 11 月 9 日	瑞士拉沃之秋	光明网
2015 年 11 月 9 日	港澳游提价升质 传统旅游产品呈现新概念	光明网
2015 年 11 月 9 日	欧洲最大的公园：邂逅狐狸与鹿群	搜狐网
2015 年 11 月 12 日	冬游喀纳斯 深邃的静逸	光明网
2015 年 11 月 12 日	跑酷遭遇菲律宾：中国跑酷环球之旅	搜狐网

日期	标题	语料来源
2015 年 11 月 18 日	去泰国过泼水节 自驾游成新时尚	光明网
2015 年 11 月 20 日	浓浓丹麦风：北西兰岛的回忆	光明网
2015 年 11 月 22 日	穷游攻略——怎样才能买到便宜机票？	搜狐网
2015 年 11 月 23 日	闲游大洛杉矶，在美国旅行的最后时光	搜狐网
2015 年 11 月 23 日	东南亚三国放宽签证带动冬季旅游市场	光明网
2015 年 11 月 24 日	澳洲旅游发展迅猛 中国有望成为澳洲最大客源国	搜狐网
2015 年 11 月 25 日	探寻散落在澳门旧城小巷的历史名片（一）	搜狐网
2015 年 11 月 25 日	走进童话般的小村镇——Godshill	搜狐网
2015 年 11 月 25 日	实拍尼泊尔万丈悬崖上的采蜜人	搜狐网
2015 年 11 月 25 日	澳媒：澳洲抓龙虾景点人气旺	光明网
2015 年 11 月 26 日	实拍：在美国欢度"感恩节"，其乐融融	搜狐网
2015 年 11 月 27 日	中国游客至少两人成团赴马来西亚将免签	光明网
2015 年 11 月 27 日	走进怀特岛自然风光最美的地方	搜狐网
2015 年 11 月 27 日	自驾德国，走进最美的德意志秋天	搜狐网
2015 年 11 月 27 日	加勒古城初遇见	搜狐网
2015 年 11 月 27 日	探寻散落在澳门旧城小巷的历史名片（二）	搜狐网
2015 年 11 月 27 日	阿拉斯加去漂流，野生动物发现之旅	搜狐网
2015 年 11 月 27 日	走进怀特岛自然风光最美的地方	搜狐网
2015 年 11 月 27 日	塔林｜一抹缤纷，便可诠释最纯正的冬天	搜狐网
2015 年 11 月 29 日	新濠影汇，魅幻之旅	搜狐网
2015 年 11 月 29 日	实拍帕米尔高原上塔吉克神秘婚礼	搜狐网
2015 年 11 月 30 日	赫尔辛格，丹麦最美一角	搜狐网
2015 年 11 月 30 日	最古老的修道院	搜狐网
2015 年 11 月 30 日	追寻莫奈的脚步 寻找梦中的景色	搜狐网
2015 年 11 月 30 日	冰岛咖啡馆大推荐！	搜狐网
2015 年 11 月 30 日	斯里兰卡 走进植物的王国动物的天堂	搜狐网
2015 年 11 月 30 日	年底间隔年好去处——西班牙行摄宝典	搜狐网
2015 年 11 月 30 日	中国南、北大门"联姻"开拓俄罗斯、东盟旅游市场	光明网
2015 年 12 月 1 日	闲游在风景如画的怀特岛上	搜狐网
2015 年 12 月 1 日	在最美海岸线遇见摩纳哥王妃	搜狐网
2015 年 12 月 2 日	西行土耳其十一天，看尽万种风情	土耳其 不土
2015 年 12 月 2 日	精彩纷呈"南非中国年"	光明网

续表

日期	标题	语料来源
2015 年 12 月 2 日	雨中闲游怀特岛植物园	搜狐网
2015 年 12 月 2 日	走进肯尼亚，到安博塞利感受动物世界	搜狐网
2015 年 12 月 2 日	多哈机场掠影	搜狐网
2015 年 12 月 2 日	纽约撞星几率最高的地方居然是这家餐厅	搜狐网
2015 年 12 月 2 日	土耳其最美的古希腊雅典卫城	搜狐网
2015 年 12 月 2 日	五张图解析中国最火的境外航空市场	搜狐网
2015 年 12 月 2 日	探寻散落在澳门旧城小巷的历史名片（三）	搜狐网
2015 年 12 月 2 日	中国出境游圣诞迎高峰 预计韩泰最热门	光明网
2015 年 12 月 3 日	今年国民出境游首破 1.2 亿 购物仍是最大消费	光明网
2015 年 12 月 3 日	美媒：中国新型旅游者用手指预订世界 独立而有规划	光明网
2015 年 12 月 4 日	漫游泰国 浪在金象岛	搜狐网
2015 年 12 月 4 日	记得在雪地玩耍的快乐时光吗？带你领略奥地利雪景	搜狐网
2015 年 12 月 4 日	土耳其红线之旅：骑着 ATV 穿越天然艺术馆	搜狐网
2015 年 12 月 5 日	去清迈吸一场小清新的"毒"，超全民宿攻略	搜狐网
2015 年 12 月 5 日	环南中国海边缘之旅——菲律宾长滩	搜狐网
2015 年 12 月 5 日	走进哈萨克斯坦充满现代化气息的首任总统图书馆	哈萨克斯坦资讯
2015 年 12 月 7 日	行旅北欧 12：流连斯莫尔尼宫	搜狐网
2015 年 12 月 7 日	欧洲 16 大城市地铁票价攻略	搜狐网
2015 年 12 月 7 日	2015 杭州旅游推介会在悉尼举行	光明网
2015 年 12 月 8 日	今年前三季度入境墨西哥中国游客增长 22.9%	光明网
2015 年 12 月 8 日	泰国超大碗牛肉面 35 分钟吃完可免单	光明网
2015 年 12 月 8 日	探访世界恐怖地下奇观之一：代林库尤地下城	搜狐网
2015 年 12 月 8 日	寻觅首尔东大门	搜狐网
2015 年 12 月 8 日	马拉维：坐着卡车去旅行	搜狐网
2015 年 12 月 8 日	【台湾】中台禅寺，一座不烧香的寺庙	搜狐网
2015 年 12 月 9 日	2017 年迪拜将成为世界第三大旅游目的地	光明网
2015 年 12 月 9 日	印尼多管齐下吸引中国游客	光明网
2015 年 12 月 9 日	童话世界欢乐冰雪魅力阿尔山	光明网
2015 年 12 月 10 日	27 扇美到让你忍不住想敲开的印度之门	光明网
2015 年 12 月 10 日	航拍铜锣山国家矿山公园 如外星奇景	光明网

续表

日期	标题	语料来源
2015 年 12 月 23 日	西班牙废弃百年教堂变身多彩旱冰场	光明网
2015 年 12 月 24 日	埃及首次开放神秘乳母之墓 提振国内旅游业	光明网
2015 年 12 月 28 日	中国成都游客最爱游泰国 韩国人最爱来成都	光明网
2015 年 12 月 29 日	高清：镜头看世界 尼泊尔大象节	光明网
2015 年 12 月 30 日	布尔萨：追寻奥斯曼遗风	土耳其不土
2015 年 12 月 31 日	约会甜蜜小镇 体验巧克力的梦幻王国	光明网
2016 年 1 月 5 日	马焦雷湖——意大利最美不胜收的湖	光明网
2016 年 1 月 6 日	澳洲堪培拉假期访问游客数量创纪录 中国游客多	光明网
2016 年 1 月 6 日	哈萨克斯坦 10 个最独特的建筑物	哈萨克斯坦资讯
2016 年 1 月 26 日	加勒古堡丨故事无休无止	搜狐网
2016 年 1 月 29 日	乌兹别克斯坦模式印象	乌兹别克环球零距离

表 5　中资企业报道标题附录表（2013 年 9 月—2016 年 12 月）
（来自《人民日报》及《人民日报》海外版）

电子商务

日期	标题
2015 年 5 月 20 日	阿里巴巴在韩国开通首个天猫国家馆
2015 年 6 月 4 日	销售实惠商品　收获互利共赢——中国电商海外市场显身手
2015 年 7 月 13 日	中国电商加快拓展拉美市场
2015 年 7 月 16 日	中国电商在俄启用首个大型"海外仓"
2015 年 7 月 30 日	网络技术领先　商品性价比高　中国电商俄罗斯市场显身手
2015 年 9 月 7 日	中澳电子商务越来越热
2016 年 10 月 15 日	中国电商在俄罗斯创造"传奇业绩"

工程建设

交通设施建设

日期	标题
2013 年 9 月 21 日	"感谢中国帮我们修建致富路"
2013 年 10 月 8 日	老挝"希望清孔会晒大桥尽早开通"
2013 年 12 月 27 日	我国企业承建欧洲高速公路
2014 年 1 月 7 日	兴港筑路肯尼亚迎来"中国制造"——当地官员称赞这是堪比郑和下西洋的壮举
2014 年 1 月 18 日	高铁"走出去"交出首份成绩单——中国承建土耳其高铁项目收官
2014 年 1 月 20 日	1 月 17 日土耳其安伊高铁二期主体工程完工；中国企业首个海外高铁建设项目收官——中国铁建、海外高铁第一单
2014 年 8 月 14 日	中国承建安哥拉最长铁路完工
2014 年 11 月 21 日	中企签署尼日利亚沿海铁路项目百亿美元大单——互联互通助力尼日利亚发展
2015 年 4 月 29 日	200 亿元海外订单签订——中国铁建成为非洲最大轨交承包商
2015 年 5 月 23 日	墨西哥将就高铁废标赔偿中企
2015 年 6 月 19 日	采用中国技术、实施中国标准——中国高铁签下走出国门第一单
2015 年 8 月 5 日	埃塞，高原上延伸希望之路
2015 年 8 月 18 日	具备年产 100 辆、架修 150 辆轨道列车能力——中国装备打造东盟最强"铁路工厂"
2015 年 8 月 28 日	中泰铁路 10 月开工
2015 年 10 月 17 日	中国与印尼签署合建雅万高铁协议——将成为印尼乃至东南亚地区的首条高铁

续表

日期	标题
2015 年 12 月 11 日	中国企业中标巴基斯坦最大规模公路项目
2015 年 12 月 14 日	孟加拉国举行帕德玛大桥主体工程开工仪式
2015 年 12 月 15 日	中国"80 后"打造拉美做大防洪工程
2015 年 12 月 20 日	全长 845 公里铁路合作项目启动——中泰互联互通迈出重要一步
2015 年 12 月 24 日	中巴经济走廊最大道路基建项目落地
2016 年 1 月 1 日	中国企业参与开发马来西亚交通枢纽项目
2016 年 1 月 22 日	"21 世纪海上丝绸之路"与印尼"全球海洋支点"构想对接——印尼雅加达-万隆高铁正式开工
2016 年 2 月 22 日	中土公司将承接尼日利亚铁路运营
2016 年 2 月 29 日	"中国技术"打通中亚最长隧道——中乌共建丝绸之路经济带收获早期成果
2016 年 3 月 18 日	雅万高铁项目获印尼交通部特许经营权
2016 年 3 月 22 日	中国中铁将在吉隆坡建区域总部
2016 年 3 月 23 日	中国公司承建的印尼塔扬桥通车
2016 年 4 月 1 日	中企投建厄瓜多尔交通领域 PPP 项目
2016 年 4 月 17 日	中国铁路技术助力肯尼亚发展
2016 年 4 月 20 日	中国公司承建东非最大斜拉式跨海大桥通车
2016 年 4 月 21 日	中企在坦桑尼亚承建撒哈拉以南非洲最大斜拉式跨海大桥通车——非洲再添"中国制造"新名片
2016 年 5 月 30 日	中企承建的肯尼亚最大基础设施项目已完成总体工程约 64.7%——蒙内铁路,讲述"一带一路"中肯友好故事
2016 年 6 月 3 日	非洲首条全部采用中国技术、中国标准的现代化铁路在尼日利亚开始试运行——"阿卡铁路让我们看到了希望"
2016 年 6 月 11 日	中铁总公司回应已依法交涉美国西部快线 单方宣布终止项目合作事宜
2016 年 6 月 18 日	多瑙河上架新桥 百年铁路换新貌——"中企改变了我们的生活"
2016 年 6 月 20 日	中国企业承建的"中亚第一长隧"实现全隧轨通——"把我们的家乡建设得更加美丽"
2016 年 7 月 9 日	中国电气在白俄罗斯完成首个铁路电气化改造项目
2016 年 8 月 5 日	中企赢得非洲首条电气化铁路运营权
2016 年 8 月 9 日	中国中铁签约孟加拉国 31 亿美元基建项目
2016 年 8 月 10 日	中企签约孟加拉国道路改扩建勘察设计项目

续表

日期	标题
2016 年 8 月 12 日	由中企承建的孟加拉国帕德玛大桥及铁路连接线项目拉开建设序幕——中孟合力共筑"梦想之桥"
2016 年 8 月 21 日	中国高铁制造企业在南亚地区首个铁路工厂投产——中印联手打造"机车之心"
2016 年 8 月 27 日	老挝正在从"陆锁国"向"陆联国"转变——中老铁路建设预示发展新希望
2016 年 8 月 27 日	中企承建的瓦亚铁路通车,塔吉克斯坦当地居民摆脱了往来需绕道邻国的窘境——过硬的工程、友谊的见证
2016 年 10 月 6 日	全产业链"中国标准"为非洲发展提速 亚吉铁路正式通车
2016 年 10 月 19 日	肯尼亚内马铁路项目一期工程开工
2016 年 12 月 1 日	中国中车为孟加拉国铁路工厂提供技术升级服务
2016 年 12 月 19 日	中国承建巴基斯坦首条城市地铁——"巴中友谊的又一座里程碑"
2016 年 12 月 24 日	从坦赞铁路到尼雷尔大桥:助力坦桑尼亚现代化——中企猴面包树般扎根东非大地
2016 年 12 月 26 日	中国老挝铁路项目全线开工

基础设施建设

日期	标题
2013 年 9 月 9 日	中国福耀玻璃集团在俄项目投产
2013 年 9 月 27 日	中国玻璃"福耀"俄罗斯
2013 年 11 月 9 日	中企助赞比亚填补火电空白
2014 年 2 月 18 日	中国公司承建的莱索托最大水利项目开始蓄水——"中莱友谊的又一丰碑"
2014 年 5 月 20 日	中国民企在埃及建立海外首条大型玻璃纤维生产线投资设厂,从融入当地开始
2014 年 8 月 11 日	中海油与民企合作,沥青铺上巴西世界杯主场馆顶层"混合"铸就中国沥青第一品牌
2014 年 9 月 15 日	积极采取措施 克服施工困难——中石油承建的伊管道投产
2014 年 11 月 25 日	中国帮助老挝修筑水利灌溉、公路桥梁、市政工程等项目,不仅使许多地方面貌一新,而且让百姓得实惠——"中国兄弟让我们的生活变了样"
2014 年 12 月 19 日	李克强与武契奇共同出席贝尔格莱德跨多瑙河大桥竣工仪式时强调,搭建中塞人民心灵沟通的友谊桥和中欧互利共赢的合作桥

续表

日期	标题
2015 年 1 月 1 日	承建大型民生工程　推动当地经济发展中企打造非洲"安哥拉明珠"
2015 年 1 月 23 日	中企工程扮靓喀布尔大学
2015 年 1 月 26 日	连接欧洲亚太经济圈　推动实现丝路新梦想——中企助力哈萨克斯坦"世纪工程"
2015 年 2 月 6 日	斯里兰卡批准继续建设港口城项目
2015 年 4 月 16 日	我国中标的最大国际桥梁项目起运新设备
2015 年 5 月 18 日	中国交建进入澳大利亚市场
2015 年 5 月 23 日	中企中标巴西南极科考站重建项目
2015 年 5 月 25 日	中企助力巴基斯坦打造新"国门"
2015 年 7 月 15 日	中国技术打造巴西电力高速公路
2015 年 7 月 15 日	走出去创业　"本土化"运营——国家电网依托自主创新扬帆海外
2015 年 8 月 20 日	日产 5000 吨熟料水泥　性能达世界先进水平——中企为阿塞拜疆建成最大水泥厂中国建材国际工程集团有限公司
2015 年 8 月 31 日	东非电网互联汇聚电力"储备池"
2015 年 9 月 12 日	中国企业承建以色列阿什杜德新港——中以大型基建合作拉开序幕
2015 年 10 月 21 日	中企在英国投资建设生物质发电站
2015 年 11 月 10 日	中马友谊大桥立项换文签署仪式举行
2015 年 12 月 24 日	承担 21 个国家和地区工程承包与投资业务，在建项目达 571 个——中国电建点亮国际市场
2015 年 12 月 26 日	中企建设运营的柬埔寨达岱水电站完成验收
2015 年 12 月 28 日	中资公司首个海外全流域开发权项目——中国电建老挝南欧江梯级电站投产
2015 年 12 月 29 日	中资企业筑梦高棉
2016 年 1 月 14 日	中远集团成希腊比港私有化项目唯一投标者
2016 年 1 月 14 日	中企承建的拉美最大防洪工程竣工
2016 年 1 月 22 日	中建股份获 27 亿美元埃及新首都建设项目大单
2016 年 1 月 28 日	中伊产能合作踏上新起点
2016 年 2 月 2 日	为共同发展的梦想插上翅膀——中巴经济走廊建设述评
2016 年 2 月 19 日	习近平主席去年 4 月对巴基斯坦的访问，开辟中巴合作共赢新征程——中巴经济走廊建设硕果累累
2016 年 2 月 22 日	修跨国铁路，建现代化码头，解决 82.4%以上人口用水——中企助力吉布提打造东非"迪拜"

日期	标题
2016 年 2 月 24 日	中国援助项目缓解当地能源短缺——巴基斯坦议会大厦装上太阳能
2016 年 3 月 2 日	中企负责的巴西南极站重建项目启动
2016 年 3 月 28 日	中企参与投建越南电厂项目奠基
2016 年 4 月 6 日	铺建海底光缆 加速互联互通——中企打造柬埔寨信息高速公路
2016 年 4 月 16 日	中国公司承建的白俄罗斯电站项目圆满完成
2016 年 4 月 16 日	中企在厄瓜多尔承建最大水电站正式发电
2016 年 4 月 22 日	中企承建多哥机场新航站楼投入运营
2016 年 4 月 25 日	由中国电建承建的厄瓜多尔辛克雷水电站近日发电,这是我国在海外建成的最大水电站——"中国造"背后的打拼
2016 年 5 月 28 日	中斯合建科伦坡南港码头惠及当地千家万户
2016 年 7 月 27 日	斯里兰卡领导人为中国公司承建水坝项目奠基
2016 年 8 月 8 日	超过 3/4 的撒哈拉以南非洲国家与中企签订了新建电力合作项目合约"中国企业为我们带来了希望"
2016 年 8 月 8 日	中企参与斯里兰卡供水项目建设
2016 年 8 月 10 日	杜尚别 2 号热电厂二期工程正拔地而起——中企助力塔吉克斯坦建设电力"生命线"
2016 年 8 月 14 日	中斯签署科伦坡港口城项目新协议
2016 年 8 月 22 日	中国公司助力肯尼亚建筑业工业化进程
2016 年 8 月 30 日	覆盖约 30 亿人口 促进地区互联互通——中巴经济走廊带来发展新机遇
2016 年 9 月 3 日	中巴经济走廊系列项目推进顺利——巴基斯坦瓜达尔港自由区举行奠基仪式
2016 年 9 月 27 日	中资企业建设的尼泊尔首个电站项目发电
2016 年 9 月 28 日	中企总承包越南永河水电站竣工
2016 年 10 月 1 日	中企投资的科伦坡港口城项目重新启动
2016 年 10 月 9 日	能源、公路、港口、光纤、产业园区项目多点开花——中巴经济走廊建设顺利推进
2016 年 10 月 20 日	中企参与马六甲海峡深水码头开发建设
2016 年 10 月 24 日	中企在孟加拉国援建的 7 座大桥为当地百姓带来福祉——"我们的日子会越来越好"
2016 年 11 月 8 日	中国投资让希腊港口焕发生机
2016 年 11 月 14 日	建设 8 个 10 万吨级码头 打造南亚国际枢纽港——汉班托塔港,托起斯里兰卡的希望

续表

日期	标题
2016 年 11 月 17 日	永河水电站竣工，海阳发电厂奠基，永新燃煤电厂建设如火如荼——中越基建合作迸发新活力
2016 年 11 月 19 日	从电力进口国变成了出口国——中企打造厄瓜多尔"第一工程"

工业制造

轻工业制造

日期	标题
2013 年 9 月 17 日	质量是立厂之本——访柬埔寨最大中资服装企业申洲（柬埔寨）有限公司
2013 年 10 月 14 日	新"丝绸之路"的头驼
2014 年 1 月 14 日	100 万个世界杯吉祥物来自中国；中国列车投入运营后，里约城铁使用率提高 40%——中国元素给力巴西世界杯
2014 年 6 月 12 日	吉祥物授权首次落入中国企业，场馆建造和安保离不开中国设备——"中国制造"征战世界杯
2014 年 7 月 3 日	随着中国科尔集团 2.18 亿元投资到位——南卡州重燃"纺织工业走廊"希望
2014 年 7 月 4 日	截至 2013 年，已有 17 家中国公司在美国南卡罗来纳州落户——中企投资，促成美国纺织工业回归
2014 年 11 月 24 日	一个工业园带动多个行业发展——中国投资助力乌干达制造业
2015 年 3 月 2 日	数据显示，截至 2014 年年中总额累计逾 6 亿美元 中国投资激发埃塞制造业潜力
2015 年 6 月 23 日	"中国制造"在南非受青睐
2016 年 4 月 26 日	"与中企合作，造最环保的童车"
2016 年 5 月 26 日	助力"一带一路"建设 扩大中阿务实合作——中国阿曼产业园项目签约揭牌
2016 年 9 月 29 日	取长补短，中巴纺织业合作谋共赢

机械制造

日期	标题
2013 年 9 月 26 日	"中国投资让我们工作更有保障"
2013 年 9 月 30 日	中国投资造福阿莎芬堡——潍柴动力在德国新工厂的奠基仪式
2014 年 1 月 18 日	感谢中国投资让厂子又活了
2014 年 5 月 19 日	三一、徐工等品牌汽车起重机占巴西 85%市场份额——中国工程机械为世界杯"添砖加瓦"

续表

日期	标题内容
2014 年 6 月 2 日	中企投资近 1 亿美元兴建的大型铜管厂，结束了威尔科克斯及方圆几个县市近半个世纪没有新建一家建造工厂的历史 中国"金龙"给美国最贫困县带来机遇
2014 年 7 月 11 日	祖马总统赴巴西出席金砖国家领导人会晤前为中国一汽南非工厂投产剪彩——中企设厂为南非工业化添活力
2015 年 8 月 31 日	"徐工"跻身全球工程机械行业前五强——装备出海 品质先行
2016 年 2 月 22 日	中德企业合资开拓发动机市场
2016 年 6 月 20 日	中国投资助波兰老厂焕发生机有限公司、克拉希尼克滚子轴承厂

公益慈善

日期	标题内容
2015 年 5 月 2 日	中国企业冲向救援一线
2015 年 6 月 6 日	2015 年，华为将选拔 1000 多名外国学生前往中国学习——"未来种子"播撒社会责任
2015 年 7 月 4 日	慈善餐桌传递中埃友谊
2015 年 8 月 1 日	中企移交特多首家儿童医院——"这是我见过的最好医院"
2015 年 10 月 22 日	三胞集团与英国皇家基金会共设公益基金——中国企业"走出去"文化融合促落地生根
2016 年 3 月 29 日	华为公司向柬埔寨青年联合会捐赠笔记本电脑
2016 年 4 月 26 日	厄瓜多尔 7.8 级地震已造成 654 人死亡——灾难面前，中资企业有担当
2016 年 12 月 25 日	让孩子们在音乐中看到未来

技术资金投资

日期	标题
2013 年 9 月 20 日	2013 中国-阿拉伯国家博览会闭幕——携手共铺"新丝绸之路"
2013 年 9 月 26 日	"中国投资让我们工作更有保障"
2013 年 9 月 30 日	中国投资造福阿沙芬堡——潍柴动力在德国新工厂的奠基仪式
2013 年 9 月 30 日	新增工作岗位数百 保障企业未来发展——中国投资造福阿沙芬堡
2014 年 1 月 11 日	中企 10 亿欧元收购葡最大保险集团
2014 年 1 月 18 日	感谢中国投资让厂子又活了

续表

日期	标题
2014 年 2 月 7 日	提供农业技术及资金支持——中国助推柬埔寨优质大米出口
2014 年 5 月 12 日	进出口银行支持中企在非建糖厂
2014 年 5 月 22 日	投资德国，中国企业靠品质争上游
2014 年 7 月 2 日	探访首家由中资企业控股的海外飞行培训基地——中资航空学院为非洲民航"添翼"
2014 年 7 月 3 日	随着中国科尔集团 2.18 亿美元投资到位——南卡州重燃"纺织工业走廊"希望
2014 年 7 月 4 日	截至 2013 年，已有 17 家中国公司在美国南卡罗来纳州落户——中企投资，促成美国纺织工业回归
2015 年 1 月 5 日	经历 5 轮竞购，中企成地中海俱乐部唯一收购方——中法企业相互借力谋共赢
2015 年 2 月 11 日	万达集团牵头并购瑞士盈方
2015 年 2 月 14 日	中企并购世界著名旅游运营商
2015 年 3 月 24 日	中化工收购意大利轮胎制造商倍耐力
2015 年 5 月 18 日	中国交建进入澳大利亚市场
2015 年 7 月 15 日	中国技术打造巴西电力高速公路
2015 年 8 月 15 日	中民投收购美国思诺保险全部股权
2015 年 8 月 27 日	三峡巴西收购 30 万千瓦水电资产
2015 年 8 月 30 日	万达并购美国世界铁人公司
2015 年 9 月 20 日	中民投带领民企抱团投资印尼
2015 年 9 月 24 日	福耀集团已经在美国投资 6 亿美元，产品占当地市场 11%的份额——"汽车王国"有片来自中国的"玻璃"天地
2016 年 1 月 4 日	去年中企在韩国并购和股权投资创新高——中国资本带动中韩企业共同发展
2016 年 1 月 14 日	中远集团成希腊比港私有化项目唯一投标者
2016 年 2 月 5 日	中国化工与瑞士种子巨头达成收购协议
2016 年 2 月 16 日	一方看重高科技行业，一方希望拓展销售渠道——中企在德并购激发互利潜能
2016 年 2 月 22 日	中德企业合资开拓发动机市场
2016 年 2 月 23 日	迈入伦敦，保利海外投资再下一城——"走出去"提升全球竞争力
2016 年 4 月 6 日	铺建海底光缆，加速互联互通，中企打造柬埔寨信息高速公路
2016 年 4 月 14 日	践行战略对接，中企投资越南显成效

续表

日期	标题
2016 年 4 月 20 日	中企收购美国工业机器人公司
2016 年 4 月 21 日	中新（重庆）互联互通股权投资基金成立
2016 年 4 月 23 日	海尔俄罗斯冰箱制造基地建成投产
2016 年 4 月 27 日	约 700 家中国企业参展汉诺威工业博览会　工业 4.0 创造中德合作新机遇
2016 年 4 月 28 日	中国黄金收购国际矿企贵州金矿
2016 年 6 月 1 日	海航将收购维珍澳大利亚航空公司 13% 股份
2016 年 6 月 8 日	通用电气家电正式并入青岛海尔
2016 年 6 月 24 日	中企在乌兹别克斯坦首个合资工业园已创造 1300 多个就业岗位——民营投资，中乌产能合作的典范
2016 年 7 月 14 日	中国金正大集团欧洲并购案完成交割
2016 年 7 月 22 日	美的集团收购库卡持股已超八成
2016 年 7 月 28 日	乐视收购美国第一大电视机制造商
2016 年 8 月 18 日	德国政府为美的收购库卡亮绿灯
2016 年 8 月 30 日	协鑫收购美国太阳能公司
2016 年 9 月 5 日	今年上半年，在德收购或参股 37 家企业，投资额高达 97 亿欧元，为去年投资额的近 20 倍——中企投资德国，融合创造共赢
2016 年 9 月 8 日	中国已成为斐济第三大贸易伙伴和增长最快的投资来源国——"中企投资为我们创造了更多机会"
2016 年 9 月 21 日	提供"中国智造"　实现技术转移　中企本土化生产让拉美国家受益
2016 年 10 月 12 日	三峡集团收购杜克能源巴西公司
2016 年 11 月 1 日	促进产业转型　推动经济发展——中企并购深化中巴经贸合作
2016 年 11 月 1 日	西班牙市场欢迎中国企业
2016 年 11 月 12 日	一方成为全球技术领军者　一方成为世界最大制造商——中德企业在并购中实现双赢
2016 年 11 月 28 日	投资合作日益提速　互惠项目扎实推进——"一带一路"为捷中合作带来新动力
2016 年 12 月 5 日	德政府表示将继续独立调查中企收购案
2016 年 12 月 8 日	中国投资助力葡萄牙经济复苏
2016 年 12 月 14 日	海立印度装备世界先进水平生产线，形成年产 200 万台空调压缩机生产能力——"中企给我们带来先进的技术和产品"
2016 年 12 月 20 日	中国技术助力"数字印度"建设

家用电器

日期	标题
2015 年 5 月 17 日	靠实力打造形象 知名度仍待提升——中国电器努力拓展俄罗斯市场
2015 年 5 月 23 日	中企在巴西推出新型中央空调
2015 年 7 月 25 日	有市场有困难亦有前景——中国家电奋力跻身巴西市场
2016 年 4 月 23 日	海尔俄罗斯冰箱制造基地建成投产
2016 年 5 月 10 日	格力空调全面入驻巴西奥运场馆
2016 年 6 月 8 日	通用电气家电正式并入青岛海尔
2016 年 7 月 4 日	"美的"与"库卡"签署投资协议——中德加强智能制造对接
2016 年 7 月 22 日	美的集团收购库卡持股已超八成
2016 年 7 月 28 日	乐视收购美国第一大电视机制造商
2016 年 8 月 14 日	中资企业在巴基斯坦困难时期伸出援手，带来先进技术和设备——产能合作，让兄弟般情谊升华
2016 年 8 月 18 日	德国政府为美的收购库卡亮绿灯
2016 年 12 月 2 日	中国数字电视走进肯尼亚村庄
2016 年 12 月 14 日	海立印度装备世界先进水平生产线，形成年产 200 万台空调压缩机生产能力——"中企给我们带来先进的技术和产品"

交通运输

日期	标题
2013 年 12 月 2 日	中国科技助推尼日利亚"飞天梦"
2013 年 12 月 5 日	提升当地工业化水平 打造面向非洲制造基地——中国车企，促进与南非产能合作对接
2014 年 6 月 25 日	中国动车组首次出口欧洲
2014 年 7 月 2 日	探访首家由中资企业控股的海外飞行培训基地——中资航空学院为非洲民航"添翼"
2014 年 7 月 18 日	巴西航空工业公司签署中国市场最大订单
2014 年 8 月 30 日	奇瑞巴西工厂举行落成仪式
2014 年 11 月 14 日	哈飞与美国维信航空签署 20 架飞机销售合同——我民用飞机首次进入美国市场
2015 年 1 月 13 日	中国制造汽车将首次批量对美出口
2015 年 3 月 10 日	我国城际动车组首次实现技术输出
2015 年 3 月 16 日	中国电动汽车试水巴西市场
2015 年 3 月 20 日	中国技术打造南非电力机车"升级版"——祖马为第九十五台电力机车下线剪彩

日期	标题
2015 年 5 月 3 日	中国绿色大巴助力美国城市交通
2015 年 5 月 13 日	中德轨道交通技术研发中心在德国成立
2015 年 6 月 11 日	巴西实施新一轮基建投资计划——中国经验有助巴西完善交通网络
2015 年 7 月 28 日	东方航空和达美航空巩固战略伙伴关系
2015 年 8 月 17 日	南航开通直飞肯尼亚航线——中国民航拓展非洲市场
2015 年 9 月 18 日	"中国制造"里约奥运车组全部交付——美国西部快线高铁等中美合作三大项目亮相
2015 年 9 月 24 日	中国中标印度新德里至孟买高铁可行性研究标
2015 年 9 月 29 日	中国"全产业链出口"助阿根廷铁路升级
2015 年 10 月 19 日	世界客车博览会在比利时举行——中国新能源客车开拓欧洲市场
2015 年 12 月 22 日	重质量 铸品牌 树口碑——中国电动车深耕越南市场
2016 年 1 月 28 日	巴塞罗那港每天转运数千个集装箱,其中约 1/4 货物来自或去往中国——"这条海上丝绸之路将越来越繁华"
2016 年 2 月 26 日	中国大飞机亮相亚洲最大航展
2016 年 3 月 21 日	契合当地消费需求 品牌形象得到认可——中国汽车加快拓展埃及市场
2016 年 4 月 5 日	中拉航空航天合作期待"飞得更高"
2016 年 4 月 10 日	中远海运购入希腊最大港口多数股权
2016 年 4 月 25 日	产品质量赢得赞誉 售后服务日趋完善——中国汽车与非洲市场共成长
2016 年 5 月 10 日	中澳最快集装箱班轮航线将于 7 月开通
2016 年 6 月 1 日	海航将收购维珍澳大利亚航空公司 13%股份
2016 年 8 月 8 日	逆市扩大市场份额 看好长期增长潜力——中国汽车在俄罗斯销量上升
2016 年 8 月 29 日	东风、吉利、一汽和长安四家中国车企盛装亮相——莫斯科国际车展吹起"中国风"
2016 年 8 月 30 日	中国列车在曼谷试运行
2016 年 8 月 31 日	规模为年产 10 万辆 总投资达 8 亿美元——北汽集团南非公司正式开建
2016 年 9 月 12 日	中英合造纯电动公交车伦敦投入使用
2016 年 9 月 13 日	万向集团在美发布新能源汽车

日期	标题
2016 年 9 月 22 日	服务"一带一路"建设 推动国家间战略对接——中国企业闪亮柏林轨道交通展
2016 年 9 月 27 日	李克强在古巴体验中国出口客车——考察中国装备"走出去"
2016 年 11 月 15 日	全程跨越 3115 公里，联合贸易车队成功完成首次试联通——中巴经济走廊，掀开互联互通新篇章
2016 年 11 月 29 日	中肯合作设立空管联合实验室
2016 年 12 月 22 日	中国动车组首次进入欧盟市场

金融资本

日期	标题
2013 年 10 月 21 日	北京银行与荷兰 ING 集团联袂——"直销银行"来了
2013 年 11 月 1 日	中国进出口银行巴黎分行挂牌
2013 年 11 月 1 日	浦发银行首个海外机构落户伦敦
2014 年 1 月 11 日	中企 10 亿欧元收购葡最大保险集团
2014 年 4 月 15 日	中信证券入股美国券商 BTIG
2014 年 5 月 12 日	进出口银行支持中企在非建糖厂
2014 年 9 月 20 日	阿里巴巴在美国成功"登陆"，成为纽约证券交易所上市公司中市值最大的公司之一 "中国故事"为互联网公司增添魅力
2014 年 10 月 10 日	中俄金融合作持续升温
2015 年 3 月 24 日	中化工收购意大利轮胎制造商倍耐力
2015 年 3 月 25 日	中信将联合澳企设立合资基金公司
2015 年 5 月 20 日	中资银行稳步拓展海外业务
2015 年 5 月 28 日	中德拟在德成立合资交易所——助推资本市场开放和人民币国际化
2015 年 7 月 9 日	中国银行约堡分行成为非洲首家人民币清算行
2015 年 7 月 29 日	中行成为伦金所清算公司首家中资结算行
2015 年 8 月 15 日	中民投收购美国思诺保险全部股权
2015 年 8 月 21 日	进出口行支持骨干民营船厂接新单
2015 年 9 月 20 日	中民投带领民企抱团投资印尼
2015 年 9 月 25 日	截至 2014 年末，中国银行纽约分行资产在美国外资银行排名提升至第十三位，国际结算业务量约占中美货物贸易额的 20%——中国银行：架起中美经贸往来桥梁
2015 年 9 月 25 日	中国建设银行成立南非开普敦分行

续表

日期	标题内容
2015 年 11 月 11 日	深耕细作，中资银行快速融入欧洲
2015 年 12 月 1 日	进出口银行向吉布提提供出口买方信贷
2016 年 1 月 4 日	去年中企在韩国并购和股权投资创新高——中国资本带动中韩企业共同发展
2016 年 1 月 28 日	中国工商银行安特卫普分行成立
2016 年 2 月 29 日	迈入伦敦，保利海外投资再下一城——"走出去"提升全球竞争力
2016 年 3 月 3 日	中国工商银行支持泰国通信行业发展
2016 年 3 月 21 日	中国银行在毛里求斯获得银行牌照
2016 年 3 月 30 日	服务"一带一路"对接企业需求——中资银行加快海外布局
2016 年 4 月 28 日	中国工商银行在美发行首张中资银行信用卡
2016 年 6 月 18 日	牙买加计划用中国贷款改造南部路网
2016 年 6 月 18 日	招商银行伦敦分行正式开业
2016 年 8 月 2 日	中国复星集团拟入股葡萄牙最大上市银行
2016 年 8 月 3 日	中国优贷项目柬埔寨 44 号公路通车
2016 年 8 月 24 日	工行万象分行成为老挝最大商业银行
2016 年 9 月 20 日	工行与 5 家中新机构签署合作意向协议
2016 年 11 月 11 日	交通银行伦敦分行正式成立
2016 年 11 月 24 日	开发性金融助力中印尼经贸合作
2016 年 12 月 8 日	今年以来，葡萄牙已成为欧元区经济表现最为抢眼的国家之一——中国投资助力葡萄牙经济复苏
2016 年 12 月 21 日	中国银行在文莱设立首家中资银行

能源产能

日期	标题内容
2013 年 9 月 22 日	中企助力莫桑比克"农业梦"
2013 年 9 月 23 日	履行社会责任 打造过硬形象——中国铝业秘鲁发展调查记
2013 年 10 月 12 日	中国文莱决定加强海上合作推进共同开发
2013 年 10 月 21 日	中缅天然气管线投产
2013 年 10 月 21 日	中缅天然气管道干线建成投产——每年 120 亿立方米天然气惠及上亿人
2013 年 10 月 22 日	中法企业联合投资英国核电项目
2013 年 11 月 27 日	中广核签约罗马尼亚开发核电

续表

日期	标题
2013 年 12 月 16 日	"感谢中国公司帮助密支那亮起来"——探访缅甸克钦邦小其培水电站
2014 年 1 月 6 日	昨天的苦涩,今天的欣喜,明天的期待——中澳铁矿"苦战"海外
2014 年 1 月 22 日	"中国标准"走入拉美水电建设市场
2014 年 4 月 2 日	西门子与华能签署战略合作协议
2014 年 4 月 15 日	收购秘鲁铜矿,保守开采期可达二十年——中国矿企签最大海外收购协议
2014 年 5 月 14 日	新能源开发,投资拉美"潜力股"
2014 年 5 月 19 日	中国企业建设的饮水点完工后,安哥拉民众购水价格只有原来的1/10——"解决了用水问题,生活就有了盼头"
2014 年 6 月 15 日	中企开拓东南亚水处理市场
2014 年 6 月 26 日	中缅油气管道助力缅甸经济发展
2014 年 7 月 8 日	中企筑起俄罗斯明星工程
2014 年 7 月 21 日	国家电网公司牵手巴西国家电力公司——中国特高压走进巴西美丽山
2014 年 8 月 9 日	中国民企收购哈萨克斯坦石油公司
2014 年 10 月 22 日	岚桥集团收购澳西部能源项目
2014 年 11 月 16 日	中亚天然气管道输气破 1000 亿方
2014 年 11 月 29 日	中缅莱比塘铜矿复工有序推进
2015 年 1 月 29 日	中缅原油管道工程举行试投产仪式
2015 年 2 月 2 日	中广核与法国合作设计核电站
2015 年 3 月 18 日	三峡巴基斯坦第一风电项目竣工
2015 年 5 月 5 日	中海油突破两项世界先进钻井技术
2015 年 5 月 15 日	中企在哈萨克斯坦推介清洁能源
2015 年 6 月 21 日	秉承先进技术、卓越质量、金牌服务三大理念——中国石油装备走出国门显风华
2015 年 6 月 29 日	新兴铸管助力中非合作重点项目
2015 年 7 月 7 日	吉利投资冰岛企业推广清洁能源汽车
2015 年 7 月 19 日	国家电网成功中标巴西第二大水电站输电项目
2015 年 7 月 21 日	产能合作,把最好的技术设备带给非洲——曼巴水泥项目产生样板效应

日期	标题
2015 年 7 月 31 日	中企在吉尔吉斯斯坦金矿项目投产
2015 年 8 月 14 日	打造中印尼能源合作样板工程——中企巴厘岛一期燃煤电厂项目竣工投产
2015 年 8 月 27 日	三峡巴西收购 30 万千瓦水电资产
2015 年 9 月 16 日	中国核电走向非洲市场
2015 年 10 月 14 日	中企助塔吉克斯坦开创产业新篇——当地将彻底告别水泥依赖进口的局面
2015 年 10 月 16 日	大洋彼岸的扎根与开拓——首钢在秘鲁坚韧成长 23 年
2015 年 11 月 11 日	中广核签订罗马尼亚核电项目框架协议
2015 年 11 月 13 日	中企助力墨西哥能源改革
2015 年 11 月 16 日	中核签下阿根廷核电站建设合同——有望带动三百亿元装备出口
2015 年 12 月 1 日	"一带一路"首个电网合作项目在老挝投产
2016 年 1 月 10 日	三峡集团完成最大规模海外并购——中国电企在巴西向价值链高端跃升
2016 年 1 月 21 日	中钢集团获得玻利维亚穆通铁矿开采权
2016 年 1 月 25 日	中埃产能合作项目成功签约
2016 年 1 月 29 日	1 月 28 日,中国金属矿业海外并购史上最大项目——中国五矿秘鲁邦巴斯铜矿投产——安第斯山上的中国"传家宝"
2016 年 3 月 11 日	"中国制造"闪耀草原深处——中企项目为哈萨克斯坦制铜产业带来生机
2016 年 3 月 20 日	送给哈萨克斯坦的礼物——记中企承建的哈国家重点项目石油焦煅烧厂项目
2016 年 3 月 23 日	上海电力日本兵库太阳能电站竣工
2016 年 3 月 30 日	天合光能泰国工厂运营
2016 年 3 月 31 日	中企获孟加拉国一燃煤电站建设合同
2016 年 4 月 21 日	中企开拓墨西哥能源市场
2016 年 4 月 28 日	资源优势对接资金和技术优势——中拉清洁能源合作大有可为
2016 年 4 月 28 日	中国黄金收购国际矿企贵州金矿
2016 年 5 月 11 日	中俄扩大清洁能源合作——亚马尔项目有望每年向中国供应 300 万吨液化天然气
2016 年 5 月 13 日	中缅合资天然气电厂在仰光奠基

续表

日期	标题
2016 年 6 月 20 日	习近平参观河钢集团塞尔维亚斯梅代雷沃钢厂
2016 年 6 月 23 日	来自中国的建设者正在对乌兹别克斯坦安格连热电厂升级改造——"中企改变了我们的城市面貌"
2016 年 7 月 7 日	中国南方电网老挝办事处挂牌成立
2016 年 8 月 1 日	中广核中标法国首批漂浮海上风电示范项目
2016 年 8 月 7 日	中企投资老挝水电站项目建设
2016 年 8 月 25 日	中刚水电公司获刚果（金）发电特许经营权
2016 年 8 月 27 日	产能合作，造福埃及经济发展
2016 年 8 月 30 日	协鑫收购美国太阳能公司
2016 年 9 月 7 日	宝钢印度有限公司瞄准中高端钢材市场——"中企带来了先进的技术和管理"
2016 年 10 月 12 日	三峡集团收购杜克能源巴西公司
2016 年 10 月 29 日	中哈产能合作带来发展新契机
2016 年 11 月 1 日	欣克利角 C 核电项目是中国在欧洲的最大一笔投资——中企开启中英"黄金时代"旗舰项目
2016 年 11 月 2 日	中国宇通在古巴推出新能源客车
2016 年 11 月 7 日	中广核开拓非洲新能源市场
2016 年 11 月 18 日	国家电网境外投资项目全部盈利——"走出去"，做一个成一个
2016 年 11 月 28 日	积极响应"一带一路"倡议——中石化加强与俄能源企业合作
2016 年 11 月 28 日	投资合作日益提速 互惠项目扎实推进——"一带一路"为捷中合作带来新动力

农业科技

日期	标题
2014 年 2 月 7 日	提供农业技术及资金支持——中国助推柬埔寨优质大米出口
2014 年 12 月 27 日	斯里兰卡："一号工程"解农业之"渴"
2015 年 1 月 25 日	农业，中拉合作潜力股
2016 年 2 月 5 日	中国化工与瑞士种子巨头达成收购协议
2016 年 7 月 14 日	中国金正大集团欧洲并购案完成交割

文化产业

日期	标题
2013 年 11 月 4 日	（巴西）中企，文化交流新推手
2014 年 11 月 28 日	中韩文化产业合作步入快车道
2015 年 3 月 19 日	电广传媒与美国制片商签署 15 亿美元战略协议
2015 年 12 月 10 日	中国企业海外建设成就图片展在南非举行
2016 年 5 月 16 日	河北一家文创企业在美签订亿元订单
2016 年 7 月 7 日	上架一万多种图书 实体店与网店兼营首家中国主题书店落户莫斯科

商品贸易

日期	标题
2015 年 7 月 20 日	设立边境经济特区 大力推进互联互通——泰国发展战略对接"一带一路"
2015 年 11 月 16 日	靖西建中越边境跨境商贸项目
2015 年 12 月 28 日	打造贸易中心 促进合作共赢——中国龙城落户巴林
2016 年 2 月 22 日	"一带一路"建设为企业走出去提供更多机会，搭建更大舞台——保利集团：好时候造就好企业
2016 年 6 月 14 日	里约首家中企奥运官方零售店开业
2016 年 7 月 19 日	"一带一路"助推中国品牌在意大利开展经贸对接

食品加工

日期	标题
2014 年 2 月 26 日	伊利在荷兰成立欧洲研发中心
2014 年 11 月 13 日	伊利将在美建全球样板工厂
2014 年 11 月 26 日	伊利大洋洲乳业基地投产
2015 年 5 月 12 日	中非制药业合作面临新机遇
2015 年 9 月 25 日	中美食品智慧谷项目正式启动
2015 年 9 月 25 日	正式牵手瑞士通用公证行——贝因美质量安全体系接轨国际
2015 年 10 月 26 日	"乳业丝绸之路"联通中荷
2015 年 11 月 13 日	打开中新乳业合作的通衢大道——伊利在新西兰树"中国品牌"
2015 年 11 月 13 日	伊利从新西兰林肯大学到美国顶尖资源——让食品智慧交流跨越太平洋
2015 年 12 月 30 日	伊利立足全球布局优质奶源
2016 年 2 月 24 日	澳政府批准中企收购澳最大乳业公司

续表

日期	标题
2016 年 4 月 20 日	中企在柬埔寨建设的亚洲最大制糖厂投产——"创造更加甜蜜的未来"
2016 年 4 月 21 日	中国品牌奶粉首次登陆新西兰
2016 年 6 月 1 日	中国牛奶获"世界食品质评鉴大会"金奖三连冠

电子通信

日期	标题
2013 年 11 月 29 日	李克强参观华为罗马尼亚公司指出加快中国企业走出去步伐造福当地实现互利共赢
2013 年 12 月 3 日	中企助力哈萨克斯坦迈入 4G 时代
2014 年 4 月 30 日	比亚迪电动大巴亮相美国加州　环保技术本土化带动产业升级——中企在美投资带来互利共赢
2014 年 5 月 22 日	投资德国，中国企业靠品质争上游
2014 年 6 月 16 日	性价比高的中国车圆了许多民众的轿车梦——中国汽车企业纷纷落户巴西
2015 年 2 月 7 日	执着走出去　品牌立起来——中国电信企业在印度当"明星"
2015 年 2 月 9 日	中企让更多非洲人用上互联网
2015 年 3 月 5 日	中企产品获评"全球移动大奖"
2015 年 3 月 22 日	中泰合作诗琳通地理信息中心启动
2015 年 3 月 26 日	携"酷科技"产品亮相三大国际展——中兴通讯 引领下一代技术
2015 年 3 月 27 日	5 万台"红米 2"87 秒售罄 25 万人预订下一轮抢购——中国品牌手机在印度受追捧
2015 年 5 月 15 日	中国企业在印度赢得民众信任
2015 年 5 月 19 日	中国电子产品走俏韩国
2015 年 5 月 21 日	中企无线宽带专网技术占先机
2015 年 6 月 1 日	中缅雷达与卫星通信国家联合实验室启动
2015 年 6 月 29 日	科技创新凝结成的专利给企业极大的底气——中兴通讯靠啥进入美国市场？
2015 年 7 月 4 日	华为巴西数字城市峰会在圣保罗举行
2015 年 7 月 25 日	中国电信企业叩响"印度制造"大门
2015 年 8 月 14 日	华为启动巴基斯坦"未来种子"项目
2015 年 8 月 20 日	中兴助力印尼 4G 网络升级

续表

日期	标题
2015 年 11 月 6 日	中企助力阿联酋网络扩容
2015 年 12 月 28 日	整合多方资源 创新合作模式——中企首次承建跨大西洋海缆系统工程
2016 年 1 月 7 日	华为旗舰手机首次海外亮相
2016 年 1 月 9 日	中英企业合作完成 G. fast 技术拉美首秀
2016 年 1 月 15 日	华为与爱立信续签专利交叉许可协议
2016 年 2 月 5 日	浪潮与德企共建智能制造平台
2016 年 2 月 23 日	华为进军移动办公智能终端
2016 年 2 月 24 日	中兴通讯获得全球移动大奖
2016 年 3 月 11 日	中老合作的老挝一号通信卫星在轨交付
2016 年 3 月 21 日	华为再次跻身全球最具创新力公司排行榜
2016 年 3 月 31 日	美的与东芝达成家电业务转让协议
2016 年 4 月 5 日	中企助力巴西打造智慧城市
2016 年 4 月 6 日	华为在日本首家客服中心开张
2016 年 4 月 7 日	"中国帮我们圆了卫星梦"
2016 年 4 月 8 日	华为携手徕卡打造新款手机
2016 年 4 月 10 日	"中国智造"引领拉美移动通信市场
2016 年 4 月 21 日	百度、腾讯、阿里巴巴与印度多家企业展开合作——印度移动互联网打上"中国印记"
2016 年 5 月 5 日	乐视推出首款"印度定制"手机
2016 年 5 月 14 日	中企助力非洲向数字化转型
2016 年 6 月 20 日	华为数学中心落户法国
2016 年 8 月 24 日	质量过硬 价位合理 设计出彩——中国智能手机拓展印度市场
2016 年 9 月 5 日	中方投资的卫星通信企业获老挝经营许可
2016 年 10 月 28 日	中企为巴西通信业播种希望
2016 年 11 月 1 日	营销模式接地气 深度合作潜力大——中国品牌手机加快开拓印度市场
2016 年 11 月 13 日	中企深耕拉美互联网市场
2016 年 11 月 14 日	中企为厄瓜多尔量身打造国家安全综合指挥控制系统——"中国安防技术让我们放心"
2016 年 12 月 16 日	华为在葡萄牙创办首家创新体验中心
2016 年 12 月 19 日	国货手机在海外扬眉吐气
2016 年 12 月 20 日	中国技术助力"数字印度"建设

续表

日期	标题
2016 年 12 月 26 日	在东非共同体内将率先完全实现电视数字化——中企助力布隆迪进入"高清时代"

文化休闲

日期	标题内容
2015 年 1 月 5 日	经历 5 轮竞购，中企成地中海俱乐部唯一收购方——中法企业相互借力谋共赢
2015 年 2 月 11 日	万达集团牵头并购盈方
2015 年 2 月 14 日	中企并购世界著名旅游运营商
2015 年 8 月 30 日	万达并购美国世界铁人公司
2015 年 9 月 21 日	中美携手建旗舰影业
2016 年 1 月 13 日	最大海外文化企业并购万达 35 亿美元收购美国传奇影业
2016 年 1 月 13 日	中国助力东盟互联互通
2016 年 3 月 22 日	万达集团与国际足联达成战略合作
2016 年 5 月 26 日	中国企业成为欧洲杯顶级赞助商
2016 年 6 月 16 日	中国企业家收购西甲格拉纳达俱乐部
2016 年 6 月 20 日	万达成为国际篮联全球独家商业合作伙伴
2016 年 7 月 10 日	迄今已并购 10 家海外俱乐部——中国资本抢滩海外足坛
2016 年 7 月 14 日	中国企业与波士顿棕熊队联手推广冰球
2016 年 7 月 22 日	中国企业宣布收购阿斯顿维拉
2016 年 8 月 7 日	德国首家中资律所在法兰克福开业
2016 年 12 月 14 日	华为成为平昌冬奥会官方供应商

第二章
电视新闻专题栏目中的语言热点

"一带一路"倡议提出以后，甘肃以其独特的东西辖口的地理区位成为"一带一路"向西开放的重要窗口。电视新闻专题栏目《直通"一带一路"》正是甘肃卫视为适应新形势发展而打造的，目的之一在于突出甘肃地区优越的地理位置及其文化内涵，积极推动甘肃对接"一带一路"建设。基于此，《直通"一带一路"》积极宣传国家"一带一路"倡议，将"一带一路"建设中与百姓生活密切相关的热点事件作为报道对象，重点报道"一带一路"亚欧地区热门国家的建设状况及其自身优势，加强中国与"一带一路"沿线国家人民的交流和往来，搭建经济互通与民心相通的桥梁，极力将甘肃自身建设对接到"一带一路"建设中来。

《直通"一带一路"》主要是以电视新闻专题栏目形式对"一带一路"进行报道，是甘肃省第一个讲述"一带一路"相关政策的一档电视新闻专题节目，于2016年2月推出。自2016年2月开播至2017年12月，《直通"一带一路"》共播出91期节目。在这91期节目中，以报道"一带一路"热点为主，包括解读"一带一路"政策、展示"一带一路"建设成果及发展前景等。每期节目围绕一个热点，分为三个环节，按照播出时间先后，依次是"睿报告""深访谈""微商讯"。新闻专题栏目从观众的角度，从可接触到的日常生活方面出发，结合时事，为观众讲述"一带一路"沿线国家和地区的感人故事，带给观众最直观的体验。节目立足于甘肃各领域的改革现状，集中展示各领域发生的巨大变化，弘扬甘肃人民积极改革的精神风貌，彰显甘肃未来发展的大好前景。本章从《直通"一带一路"》这一电视新闻专题栏目入手，对其中的报道热点进行了归纳分析，并通过视频转笔录的形式，整理了14期节目的语料，以此为基础，分析了这一栏目中的语言热点。

第一节　电视新闻专题栏目研究简介

电视新闻专题栏目是指综合运用电视的各种表现手段，发挥电视之优势，深入报道某一重大新闻事件或某些具有新闻价值又为广大群众关注较多的典型人物、经验、价值观念、社会思潮，新近出现的社会现象以及某一领域或地区新面貌等题材的新闻报道，在现实中起着重要的舆论引导与舆论监督的作用。（郑保章，2007）关于电视新闻专题栏目的研究，综述如下。

一、电视新闻专题片研究综述

（一）广播电视学角度的研究

从广播电视学角度的研究主要涉及电视新闻专题片的选题原则、人物呈现技巧以及有声语言等方面。（1）选题原则方面。贺丛周、赵芬兰（2010）从电视新闻专题片选题的可操作性原则、价值性原则、需求性原则、可拓展性原则等方面入手，阐述电视新闻专题片的选题原则与选题艺术。王大莹（2009）在谈到新闻选题时强调：第一，要从新闻五大要素入手；第二，看事物的变异程度深不深，变异程度越深，新闻价值越大；第三，看新闻是否出新；第四，看选题是否为大众普遍关注；第五，强调无论是经济新闻、时政新闻还是社会新闻，都要把握正确的舆论导向，发挥积极意义。王浩（2013）从电视新闻专题片创作的三大板块入手，对正确认识电视新闻专题片选题、选题的重要意义、选题原则分别做了阐述。（2）人物呈现技巧方面。张莹（2015）主要从电视新闻专题片的策划阶段和拍摄阶段对人物的呈现技巧进行解读，主张从主持人、嘉宾、出镜记者等角度出发，认为电视新闻专题片的题材策划是人物呈现技巧之一；此外，还强调拍摄时要注重人物的自我呈现技巧，只有这样才能将人物更好地呈现在观众面前，充分发挥电视新闻专题片的重要作用。（3）有声语言方面。李旭东（2011）认为节目主持人作为有声语言的传递者和表达者，提高其语言表达技巧和能力，从而增强有声语言的感染力十分重要。作品演播时，首先主持人需要明确自己的角色位置，一旦明确了定位，就有了和听众沟通的"人物"。准确把握作品的基本情调，才能构建作品表达的基本情感曲线。

（二）语言学角度的研究

从语言学角度对电视新闻专题片的研究主要集中在语用学方面。邱春安（2006）依据会话分析理论对英美国家电视新闻访谈节目语料进行分析，发现在电视新闻访谈节目中，受访者在采访者陈述的过程中几乎没有做出任何形式的反馈，这是遵循新闻访谈话轮转换规则的体现。同时，文章分析了受访者结束话轮时的两种言语特征，一种是答话对问话的全部或者部分重复，另一种是用一些标记词或者表达来结束话语。

二、有关"一带一路"的电视节目研究综述

自"一带一路"倡议提出以来，相关主题的电视新闻专题栏目应运而生，《直通"一带一路"》栏目就是在这种背景下播出的。关于这档深度新闻观察栏目，付松聚（2017）从节目传播创新的角度来解读其传播理念、内容构建、选题方向、传播手段等四个方面的特色。此外，有关"一带一路"的电视节目还有纪录片。辛国强（2015）指出，电视纪录片要从历史和现实的角度出发，用宽广的视野和故事化的手段来解读"一带一路"的时代背景、行业发展态势以及发展前景等，以展现当代中国区域发展和对外开放的新趋势，让公众通过纪录片来更好地了解、认同，进而参与到"一带一路"建设中来。也有从电视节目内容角度进行研究的。金震茅（2015）谈到，"一带一路"赋予纪录片新的内涵，在今后的一个时期，"一带一路"纪录片是沟通"中国梦"与"世界梦"的桥梁，今后的"一带一路"题材纪录片要从更广阔的全球化视野，深层次地呈现中华民族的伟大复兴；不但要追溯历史，还要激发活力，创造新机遇。

三、有关"一带一路"的电视新闻访谈节目研究综述

目前学界对于电视新闻访谈节目的研究较多，主要从节目策划角度和舆论传播学角度展开。吕耀明等（2016）以宁夏卫视访谈节目《解码"一带一路"》为研究对象，从节目的策划、舆论导向作用的角度进行了研究分析。文章认为这档访谈节目在弘扬"丝路精神"，宣传并解读国家"一带一路"有关政策措施，展示"一带一路"建设为中国及沿线国家经济发展所带来的积极作用方面做出了贡献和努力；认为该节目有利于构建"一带一路"互利合作，共创"一带一路"新型合作模式，打造"一带一路"多元合作平台，为推进"一带一路"重点领域项目建设等提供有力的舆论支持。此外，文章还从节目策划等角度思考如何更好地让中国故事传向世界。邓琪、郭绪文（2004）运用话语分析基本原理，对访谈节目中会话的开头语以及如何控制会话过程达到会话目的进行分析，并运用伯明翰学派话语分

析模式，对访谈节目中的对话的特点进行了具体分析。此外文章认为，在访谈节目的发展中，随着观众的参与程度在不断扩大，观众也是访谈节目的一个重要对话群体。

第二节　电视新闻专题栏目报道数据中的热点

专题片《直通"一带一路"》自 2016 年 2 月 21 日第 1 期开播以来，截至 2017 年，共播出 91 期。我们对每期节目的报道内容进行归纳提炼后发现，节目在重点内容的报道上，都以整期或多期专题的方式进行。我们分别从节目重点报道的国家和地区、重点报道的领域以及重点报道的"五通"这三个方面，进行统计分析，梳理出专题片报道的热点内容。

一、节目报道中的国家和地区分布

在《直通"一带一路"》的 91 期节目中，有 50 期节目对"一带一路"倡议涉及的我国和"一带一路"沿线国家进行了专题报道，以下是对这 50 期节目中所报道的国家和地区的相应期数进行的统计分析，结果如表 2-1 所示。

从表 2-1 分析可以看出，在对这些国家和地区进行报道时，专题片《直通"一带一路"》分国外和国内两个角度进行报道。其中报道国外的共有 43 期节目，占比为 86.0%；报道国内的共有 7 期节目，占比为 14.0%。从这一点上可以看出专题片《直通"一带一路"》将重点放在了对"一带一路"沿线国家的报道上。

表 2-1　《直通"一带一路"》中的国家和地区报道数据统计表

国家和地区			期数	总期数
国内 （14.0%）	甘肃		5	7
	北京　新疆　浙江（杭州）　广东（广州）		2	
国外 （86.0%）	亚洲 （40.0%）	东北亚	蒙古国	1	20
			韩国	2	
		东南亚	马来西亚　泰国　缅甸 柬埔寨　越南　菲律宾	各 1	
		南亚	印度	2	
			马尔代夫　孟加拉国 巴基斯坦　尼泊尔	各 1	
		西亚	以色列　伊朗	各 2	
			土耳其	1	
	欧洲 （26.0%）		德国	2	13
			捷克　瑞士　芬兰　挪威 意大利　葡萄牙　英国 拉脱维亚　塞尔维亚 希腊　波兰	各 1	
	美洲 （8.0%）	北美洲	美国　巴拿马	各 1	4
		南美洲	巴西　智利	各 1	
	大洋洲 （4.0%）		新西兰　澳大利亚	各 1	2
	非洲 （8.0%）		肯尼亚　埃及　埃塞俄比亚　吉布提	各 1	4
总计				50

在对沿线国家的报道中，对亚洲和欧洲国家报道的期数最多，节目对亚洲 16 个国家做了 20 期报道，占比最高，为 40.0%，其中对韩国、印度、伊朗和以色列都做了两期专题报道；对欧洲的 12 个国家做了 13 期专题报道，占比为 26.0%，其中对德国做了 2 期专题报道。由此可看出，专题片《直通"一带一路"》在节目选材方面首先注重对亚洲国家的报道，其次为欧洲国家。这些国家的选取与侧重不仅与"一带一路"倡议所描述的沿线国家相符，展现出"一带一路"巨大的辐射力，突出了节目的国际性，也表明在"一带一路"倡议下，亚洲和欧洲是核心发展区域。

在对国内的报道中，共对 5 个省级行政区域做了 7 期报道，其中对甘肃地区的报道期数最多，有 5 期，占比为 10%，体现出专题片《直通"一带一路"》的地域性。

二、节目报道中的产业和领域分布

我们发现，这 91 期节目每期都围绕着一个主题热点，来讲述我国和"一带一路"沿线国家的故事，这些故事来自社会上不同的产业和领域。我们根据不同的产业和领域，对这 91 期节目的内容进行归纳分析，以期明确专题片的重点报道内容。统计分析结果如表 2-2 所示。

表 2-2　《直通"一带一路"》中的产业和领域报道数据表

产业		期数	占比/%	
第三产业—— 服务业（59 期）	金融贸易	27	30.0	65.0
	历史文化	12	13.0	
	旅游	8	9.0	
	人才交流	5	6.0	
	生活方式	2	2.0	
	医学	2	2.0	
	饮食	2	2.0	
	卫生	1	1.0	
第二产业—— 工业（31 期）	建筑	20	22.0	34.0
	中资企业	5	6.0	
	水利水电	2	2.0	
	设施制造	2	2.0	
	通信	2	2.0	
第一产业—— 农业（1 期）	农业技术	1	1.0	1.0
总计		91	100.0	100.0

由表 2-2 可以看出，在《直通"一带一路"》的 91 期节目中，共有 59 期节目报道与第三产业——服务业有关，占比为 65.0%，其中以金融贸易、历史文化和旅游三大领域的报道为主。有 31 期节目报道与第二产业——工业有关，占比为 34.0%，其中以建筑领域以及中资企业的报道为主。有关第一产业——农业的报道最少，仅占 1%。

由此可见，专题片《直通"一带一路"》报道的热点首先是第三产业——服务业，其次是第二产业——工业。节目重在对"一带一路"沿线国家的金融贸易、历史文化以及建筑行业等领域进行介绍。从这些报道内容可以看出，节目传递的多是与民众生产生活紧密联系的"一带一路"相关领域信息，这一方面说明了民生在"一带一路"建设中的重要地位，另一方面也有利于加深观众对"一带一路"沿线国家的了解，为观众提供了一个感知国际社会的窗口，对扩大观众视野具有重要意义。

三、节目报道中的"五通"分布

"五通"是政策沟通、设施联通、贸易畅通、资金融通、民心相通的简称，是"一带一路"倡议的核心内容。

根据"一带一路"倡议中"五通"建设的具体内容，我们对专题片《直通"一带一路"》播出的 91 期节目进行分类分析，以找到节目对"五通"建设的报道热点并分析其原因。统计分析结果如表 2-3 所示。

表 2-3　《直通"一带一路"》中的"五通"报道数据表

内容	期数	占比/%
民心相通	32	35.2
设施联通	31	34.1
贸易畅通	20	21.9
资金融通	4	4.4
政策沟通	4	4.4
总计	91	100.0

从表 2-3 可以看出，专题片《直通"一带一路"》对"五通"建设中的民心相通进行的专题报道，共有 32 期，占比 35.2%；有关设施联通的报道共有 31 期，占比 34.1%；有关"贸易畅通"的报道共有 20 期，占比 21.9%；有关资金融通和政策沟通的报道各有 4 期，各自占比 4.4%。

从以上数据可以看出，专题片《直通"一带一路"》91 期节目偏重对"五通"中的民心相通建设、设施联通建设以及贸易畅通建设三方面的报道。民心相通是"一带一路"建设的社会根基，设施联通是"一带一路"建设的优先领域，贸易畅通是"一带一路"建设的重点内容。基于"一带一路"

倡议对这三方面的定位，专题片《直通"一带一路"》重点对这三方面热点进行了报道。

在对"五通"建设的报道中，有关民心相通建设的报道期数最多，占比最高。"国之交在于民相亲，民相亲在于心相通"，这是 2017 年 5 月 14 日，习近平主席在"一带一路"国际合作高峰论坛开幕式上的演讲中的话，意思是国与国友好交往的关键在于人民相亲相近，而人民相亲相近，重要的是民心相通。节目花费大量篇幅，将民心相通建设作为重点报道对象，一方面是对习近平主席提出的这一理念的呼应，另一方面也是媒体积极推动"一带一路"建设的体现。

本节对专题片《直通"一带一路"》已经播出的 91 期节目中重点报道的国家和地区、产业和领域以及"五通"建设的分布期数进行了统计分析，结果表明：第一，专题片《直通"一带一路"》在国外报道中以亚洲和欧洲为核心，在国内报道中，作为地方台的节目，突出了甘肃地区在"一带一路"建设中的重要地位；第二，专题片对金融贸易、历史文化和旅游等服务业以及建筑等工业产业进行了重点报道；第三，节目的报道内容深入到"一带一路"建设的重要领域，即民心相通领域，突出了新时代背景下民心相通在"一带一路"建设中的重要地位。

第三节　走向海外　合作共赢

随着"一带一路"建设的推进，越来越多的中国企业走出国门，走向世界，在沿线国家发挥巨大的中国力量，造福于当地。《直通"一带一路"》新闻专题栏目对中国企业走向海外的热点也给予了极大关注，大量报道了中国企业兴建基础工程和交通设施的情况以及在其他方面服务所在国家的情况。栏目主要凸显工业建设在中国与"一带一路"沿线国家经济发展过程中的重要意义。《直通"一带一路"》每期节目重点突出、主题明确，通过对各行业、各领域内容进行报道，让观众更容易看到"一带一路"在各个领域的建设成果以及甘肃在建设过程中已经发生的变化和未来的发展方向。本节重点阐述《直通"一带一路"》对走向海外的中国企业在国外发展、合作共赢的报道热点。

一、基础建设的重要作用

《直通"一带一路"》对"一带一路"基础建设中的各个领域进行了专题报道，主要包括港口、道路、桥梁等交通设施建设，油气管道建设，通信建设，以及跨境光缆电缆建设等方面。通过对所转写语料分析整理发现，节目对基础设施建设领域报道较多，主要集中于展现"一带一路"基础设施建设取得的成果。报道中提到了"一带一路"建设给沿线国家带来了广阔的发展前景，并介绍了我国甘肃省如何抓住这一历史契机，利用自身区位优势，积极融入"一带一路"建设所采取的举措。节目在对这些内容进行介绍的同时，还向观众展示了中国企业参与"一带一路"建设的具体过程。

（一）基础建设报道中提及的"一带一路"沿线地区和国家

部分"一带一路"沿线国家在基础建设方面需要借助国际社会的援助，而中国在几十年改革开放发展过程中，在基础建设方面取得了令世界瞩目的成绩，也培育了一大批基础建设方面的企业。这些中国企业近年来加快走出国门的步伐。节目在这一专题的报道热点中，提到了表2-4中的地区和国家。

从表2-4中可以看出，节目集中展现了"一带一路"建设在亚洲和欧洲国家的成果和发展情况，其中欧洲国家出现总频次为347次，亚洲国家出现总频次为365次。在欧洲国家中，对欧洲其他地区的报道较多，有274频次；对东欧的报道相对少一些，有73频次。其中欧洲国家提及频次最多的是希腊，有90频次；其次是芬兰，有40频次。在亚洲国家中，对东北亚和南亚的报道较多，东北亚有127频次，南亚有150频次，对中亚提及的频次较少，只有17频次。亚洲国家中提及最多的是印度，有130频次。专题片对非洲提及非常少，只有4频次。对中东国家的报道频次也比较多，共有153频次，主要集中于对埃及的报道，有141频次。在美洲主要是对美国进行了报道，提及频次有41次。①这一方面说明在"一带一路"倡议下开展基础建设的中国企业涉及的地区和国家范围广泛，另一方面说明新闻媒体对赴海外从事基础建设的中国企业所分布的国家也非常关注。

表2-4　《直通"一带一路"》关于世界各地区与国家热点报道频次表

地区及频次		国家	频次
欧洲 （347）	欧洲其他地区 （274）	芬兰	40
		挪威	3
		丹麦	12
		瑞典	29
		冰岛	4
		德国	26
		捷克	6
		匈牙利	12
		法国	19
		比利时	3
		意大利	30
		希腊	90
	东欧 （73）	拉脱维亚	24
		俄罗斯	34
		波兰	9
		塞尔维亚	6
亚洲 （365）	东北亚 （127）	蒙古国	121
		韩国	2
		日本	4
	东南亚 （71）	泰国	39
		老挝	13
		菲律宾	11
		马来西亚	8
	南亚 （150）	印度	130
		巴基斯坦	20

---

① 本书涉及的媒体报道主要是"一带一路"倡议实施初期的报道，所涉及的国家较多，且不十分明晰，也包括美洲的一些国家，本书对报道的分析着眼于"一带一路"倡议的理念，因此在所涉及的国家中包括了倡议实施初期的一些非沿线国家。

续表

地区及频次		国家	频次
亚洲 （365）	中亚 （17）	哈萨克斯坦	14
		乌兹别克斯坦	1
		吉尔吉斯斯坦	2
非洲 （4）		乌干达	2
		安哥拉	1
		埃塞俄比亚	1
中东① （153）		埃及	141
		卡塔尔	1
		沙特	6
		伊拉克	1
		阿联酋	1
		伊朗	3
美洲（41）		美国	41

（二）基础建设报道中提及的国内外企业

节目在介绍"一带一路"倡议中涉及的企业时，尤其在提到基础设施建设时，重点提到了国内外企业的参与。其中包括已经走出去的中资企业以及参与建设的外资企业等。具体分析见表2-5。

表2-5　《直通"一带一路"》关于基础建设的报道中提及的国内外企业统计表

类别	性质	名称
中资企业 （19个）	中央国有企业 （7个）	中石油　中石化　中海油　中国港湾集团 中远海运　中信集团　招商局集团
	地方国有企业 （5个）	兰州佛慈制药公司　中兴通讯股份有限公司 河北钢铁集团　北京同仁堂　柳工集团
	民营企业 （7个）	华为　中国华信　新疆广汇　华立集团　华坚集团 阿里巴巴　丰佳集团
外资企业（3个）	跨国企业	美国惠普公司　德国巴斯夫公司　日本丰田公司

通过表2-5可以看出，节目报道的在"一带一路"基础设施建设中已经走出国门的中资企业有19家，其中中央国有企业7家，地方国有企业5

① 中东指亚洲西部和非洲东北部地区，一般在地理上泛指西亚等国。由于报道中习惯称中东，我们在这里暂且单独列为一类。

家，民营企业 7 家。这说明在"一带一路"基础设施建设中，国有企业成为核心力量，民营企业也在后续跟上，投资建设的热情高涨，展现了我国"一带一路"基础设施建设走出国门的局面。此外，美国惠普公司、德国巴斯夫公司、日本丰田公司三大外资跨国企业参与"一带一路"沿线国家的建设，也让观众看到"一带一路"基础设施建设领域具有巨大的外资吸引力。

（三）基础建设报道中提及的建设成果

统计发现，节目用大量篇幅报道了"一带一路"工业领域基础建设的成果，主要包括道路建设、港口建设、油气建设、防震减灾建设等方面的成果。如：

（1）孙牧宁（中国国际广播电台驻东南亚记者）[①]：……其中中国与印度尼西亚合作的雅万高铁项目进入了全面实施阶段。从中国云南玉溪市到老挝万象的中老铁路正在加紧建设当中，中国与马来西亚合作的东海岸铁路已于近期举行开工仪式。中国与泰国合作的铁路项目一期工程也将于今年 10 月开始施工。随着铁路合作项目的不断上马，一个连接中国与东盟各国的泛亚铁路网正在一步一步成为现实。[②]（2017 年 9 月 18 日《丝路建设　硕果遍东盟》）

（2）……据粗略统计，中国已在"一带一路"沿线 23 个国家和地区投资港口码头建设，年投资额超过百亿美元。正在建设和已经中标、收购、控股的港口，包括巴基斯坦的瓜达尔港、斯里兰卡的科伦坡港口城、缅甸的皎漂港、希腊的比雷埃夫斯港、西班牙的诺特母港、吉布提港、巴拿马的玛格丽特岛港，以及以色列的海法新港码头，等等。[③]（2017 年 9 月 25 日《中国港口联通世界》）

（3）当前，我国石油企业走出去已取得丰硕成果，基本完成了油气合作全球战略布局，与世界主要油气生产国均有合作关系，2016 年权益产量已达 1.53 亿吨，我国在世界范围内建成了五大油气合作区及四大战略通道。……截至目前，包括欧洲、亚太、美洲在内的三大油气运营中心已

---

① 本书各章举例及统计表中所有人物的身份标准均根据该纪录片播出时的人物身份介绍而来，不包括这些人物在纪录片播出之后的身份改变，有关身份改变的问题本书概不负责。

② 本书中引用的所有节目中的口语语料均依据节目语音转写，为保持原貌，除明显讹误外，均不做润色加工，特此说明。

③ 本章中引自节目的语料未标注说话人的，均为节目中的解说词。

经建立，实现了仓储、炼油、加工、贸易、运输一体化。（2017 年 4 月 3 日《油气引擎助建能源丝路》）

（4）高孟潭（中国地震局地球物理研究所研究员）：……近年来我们开展的合作基本上是以我们给予技术援助、系统的建设、硬件的援助等等这方面为主。包括我们<u>中国</u>的国际救援队，……据我所知，最近正在进行的<u>中国-东盟（地震）海啸（监测）预警系统</u>，<u>中国</u>的"一带一路"的<u>地震观测台网建设</u>项目都在进行。……还有一个非常重要的动态就是关于<u>人员的培训</u>。仅仅是中国地震局的系统，近年来就对沿线国家开展了培训班或者是通过联合的研究来有意识地培养当地的技术人才，总人数已经接近1000 人。（2017 年 9 月 11 日《"一带一路"防震减灾国际合作在行动》）

例（1）至例（4）中的画线部分是我国道路、港口、油气管道以及防震减灾四方面建设的成果。通过这些生动的介绍，观众看到了"一带一路"基础设施建设领域的巨大发展成就，看到了中国所做出的积极努力，也看到了"一带一路"倡议光明的发展前景。

（四）工业领域基础建设报道中提及的自然资源

节目在介绍"一带一路"工业领域基础建设成果及与"一带一路"沿线国家和地区未来合作的前景时，对自然资源上的合作进行了分析与讨论。节目将自然资源分为可再生资源和不可再生资源，其中不可再生资源又分为金属矿产资源和能源矿产资源。具体如表 2-6 所示。

表 2-6　《直通"一带一路"》关于自然资源的报道分类表

资源分类		资源分布
可再生资源		北欧的地热能　印度和北欧的太阳能和风能
不可再生资源	金属矿产资源	蒙古国的铜、锡、钍、铁、黄金
	能源矿产资源	卡塔尔的石油和天然气　蒙古国的煤和石油 沙特、伊拉克、伊朗、阿联酋以及中亚的石油 南亚地区、马来西亚、印度尼西亚的油气 中亚的天然气

根据表 2-6 的分类，节目报道热点主要集中在能源矿产资源上，其次是金属矿产资源，此外还涉及地热能、太阳能和风能。具体内容举例如下。

首先，在金属矿产资源方面，节目分析了蒙古国的情况。如：

（5）王冲（察哈尔学会副秘书长、高级研究员）：第一个词，成吉思汗。……第二个词就是畜牧业，"风吹草低见牛羊"，畜牧业是它的支柱。第三个就是矿产，这个国家铜、锡、钍、铁各种矿产，储量非常丰富。（2016 年 8 月 14 日《山水相连的中蒙好邻居》）

例（5）借助嘉宾眼中的蒙古国印象来介绍蒙古国的特色，使观众了解到蒙古国"铜、锡、钍、铁"等金属矿产资源储量十分丰富，也让观众了解到"一带一路"建设能够在基础设施领域给蒙古国带来发展机遇。

其次，可再生资源方面，重点提到了北欧地区和印度。如：

（6）主持人：还有一个就是在整个我们提出"一带一路"合作倡议之后，很多企业家也是把目光转向了北欧。因为的确北欧不管是在设计还是在节能环保，尤其像太阳能、风能的利用等等方面，它是走在世界的前列的，包括地热能的利用。因为北欧有非常丰富的地热能。（2016 年 8 月 28 日《漫游不一样的北欧》）

例（6）中，节目通过主持人视角将观众带到了对"一带一路"可再生资源发展情况的讨论中，主持人从节能环保的角度出发，向观众介绍了北欧丰富的"太阳能""风能"以及"地热能"等。再如：

（7）狄伯杰（印度尼赫鲁大学中国与东南亚研究中心教授）：印度的基建比较落后，而且我觉得中国在这方面有比较成熟的技术，有经验。另外一个领域比如说太阳能，我觉得它的发展前景就非常好。（2017 年 6 月 26 日《投资印度的新机遇》）

例（7）介绍了印度的太阳能发展前景，让观众看到了"一带一路"建设中印度可投资发展的领域。

最后，在能源矿产资源方面，节目重点提到了中东、中亚、南亚、东南亚等地区以及蒙古国等国家。如：

（8）韩晓平（中国能源网首席信息官）：……首先你看在南亚地区、马来西亚、印度尼西亚，有一些油气资源。……卡塔尔的天然气液化以后运到中国来。沙特的石油、伊拉克的石油、伊朗的石油还有阿联酋这些国家，它们也有大量的石油进入中国市场。……（2017 年 4 月 3 日《油气引擎助建能源丝路》）

（9）储殷（中国与全球化智库研究员）：我用两个词吧，第一个是煤，蒙古的煤将来可能能够管咱们国家<u>60%</u>的<u>需求</u>换句话讲，就是它可能是未来中国整个北方取暖的这样一个<u>供应基地</u>。（2016 年 8 月 14 日《山水相连的中蒙好邻居》）

在例（8）中，节目提到了石油和天然气储量均比较丰富的卡塔尔、油气资源相对丰富的南亚地区、马来西亚、印度尼西亚等国家，以及石油资源比较丰富的沙特、伊拉克、伊朗、阿联酋等；比较全面地介绍了"一带一路"沿线国家和地区在油气等不可再生资源方面的储备情况。例（9）提到蒙古国煤的储量情况，并用"60%的需求""供应基地"等短语表明蒙古国丰富的煤储量将为其融入"一带一路"基础设施建设提供很大的合作发展空间。

二、前景广阔的中医药企业

随着国家"一带一路"倡议的提出和实施，博大精深的中国传统医学迎来了走出国门、造福人类的历史契机。在 2016 年 10 月 2 日《中医药走向世界正当时》这期节目中，专题片《直通"一带一路"》聚焦中医药海内外发展现状，分析目前中医药企业与海外合作交流过程中取得的主要成果，探讨国内中医药企业如何将自身海外发展同"一带一路"倡议对接，并结合甘肃作为中药大省的优势，为甘肃中药出口及海外发展提供建议和经验参考。节目涉及中国医学的概念、宣传方式、发展模式，中药材的种类、中国医学与海外交流合作成果以及对中国医学地位的评价等，让观众加深对中国医学了解的同时，也看到在"一带一路"倡议下中国传统医学的广阔发展前景。具体分析见表 2-7。

表 2-7　《直通"一带一路"》关于中国传统医学报道情况分类表

类别	内容
中医概念	药食同源　中医药　内科　方剂　中成药　疼痛医学
中医可治疗疾病	不孕症　慢性病　失眠　忧郁症　糖尿病
中医疗法	望闻问切　辨证施治　针灸　推拿　拔罐　内服　养生 保健　刮痧
中医海外发展模式	药店　诊所　诊疗中心　中医养生中心　以医代药　医药结合
中医宣传方式	电影　义诊　专题论坛　书籍（《黄帝内经》）　立法

续表

类别	内容						
中医药材	黄芪 当归 党参 大黄 甘草 人参 三七						
中药企业和机构	同仁堂 兰州佛慈制药公司 天津天士力集团 山东东阿阿胶股份有限公司 漳州片仔癀药业股份有限公司 江苏康缘药业股份有限公司 石家庄神威药业 山西振东药业 中国针灸联合会 北京中医药大学东直门医院						
中国在中医学领域与海外交流合作成果	北京中医药大学澳大利亚中医中心 北京中医药大学圣彼得堡研究中心 德国魁茨汀中医院 吉尔吉斯岐黄中医学院 匈牙利境外第一个中医针灸培训基地						
在传统中医学上与中国有合作的国家和地区	欧洲	波兰 捷克 德国 俄罗斯 法国 乌克兰 摩尔多瓦 匈牙利 瑞典					
	东南亚	泰国 柬埔寨 越南					
	非洲	马达加斯加					
	中亚	吉尔吉斯斯坦					
	大洋洲	澳大利亚					
中药	大蜜丸 苦药汤 阿胶 复方丹参滴丸						
传统中医学地位评价	瑰宝 重点 重要组成部分						

由表 2-7 看出，专题片《直通"一带一路"》比较全面地向观众介绍了中国传统医学在海外的发展现状。通过对医学这个主题的探讨与解读，让观众了解到中国传统医学在走出国门的过程中已经取得了很大的成果，也让观众了解到在"一带一路"倡议下，欧洲、大洋洲、非洲、中亚、东南亚等地区均在传统医学领域与中国有合作交流。从中不难看出，在与中国中医药企业合作中，欧洲国家为数最多，欧洲成为中医学的主要海外交流地区。此外，通过对国内与海外开展合作的中药企业的统计分析可以看出，走出海外的企业都是地方中医药企业，这说明地方中医药企业在传统中医学走出国门过程中发挥着举足轻重的作用。但从合作国家的分布来看，中医药企业仍然有较大的发展空间，是"一带一路"建设中的后续发展企业。

该档专题节目以传统中医学为主题，旨在强调在"一带一路"倡议下，传统中医学在带动区域经济发展、提升中国文化软实力、提高中国影响力方面的重要作用，同时也宣传了中医药在治病救人方面所具有的独特效力，有助于提升中医药的国际地位。

第四节　"连外促内"的发展方向

"一带一路"倡议如同桥梁，连接起了中国和世界。让世界了解中国，促中国更加国际化，"连外促内"是"一带一路"发展的重要方向。旅游成为连外的窗口，通过对海外游的介绍，开阔了国人眼界，促进了我们对世界的了解；而通过对中国酿酒企业的介绍，可以让世界了解中国的企业和优势，从而带动国内企业的发展。从专题片的热点词中能感受到节目"连外促内"的国际化视角，这也是《直通"一带一路"》栏目的独到之处。

一、旅游发展的潜力

在"一带一路"倡议下，"旅游"一词变成了热点词，在社会各领域被广泛提及。专题片《直通"一带一路"》对"一带一路"沿线国家和地区的旅游开发合作进行专题讨论，展现海外丰富多彩的生活和美不胜收的风景，为观众出境旅游提出了注意事项及建议。据统计，节目在对海外旅游资源进行介绍时，经常用表示程度高的副词，如"最""十分""特别""非常"等，以及具有积极意义的形容词来进行描述。通常以"程度副词+形容词"的形式出现。其中"最+形容词"形式的组合统计情况见表2-8。

表2-8　《直通"一带一路"》关于旅游报道的热点形容词短语频次表

最+形容词	频次
最美	3
最浪漫	1
最惬意	1
最古老	1

例如：

（10）李春梅（瑞典旅游局中国区首席代表）：我最喜欢的应该还是瑞典的首都斯德哥尔摩。因为它的确是当之无愧的世界上最美的首都之一。

这个城市因为它本身是建在 14 座岛屿上的，我觉得它是完美地把现代的城市以及自然风光融合在一起，它是在湖海交会的地方建立的一座城市。（2016 年 8 月 28 日《漫游不一样的北欧》）

（11）主持人：……埃及之行中<u>最惬意</u>的事情莫过于乘船在尼罗河上航行了。尼罗河乘帆船被世界各地游客公认为<u>最浪漫</u>的事情。那么中国游客去埃及的旅游签证好办吗？（2016 年 8 月 21 日《埃及——"一带一路"上的神秘纽带》）

（12）王冲：我推荐甘丹寺——蒙古<u>最古老</u>的寺院。你去那里体验一下蒙古的宗教色彩，那是非常值得去的。（2016 年 8 月 14 日《山水相连的中蒙好邻居》）

由例（10）至例（12）可看出，在介绍海外旅游资源时，节目倾向于使用"最+形容词"这种程度高并且具有褒义色彩的形容词组合形式来表示对世界优美风光和悠久文化的赞美。分析发现，节目中出现的这些与"最"搭配的词都是具有积极意义的形容词，一方面推介了海外具有代表性的景点，另一方面也有利于激发观众去海外旅游的热情，有利于增加"一带一路"沿线国家之间的民间交流。此外，节目在介绍海外旅游资源时，"程度副词+形容词"组合形式也常常出现，该形式中的程度副词有"非常""特别""十分"等。具体分析见表 2-9。

表 2-9　《直通"一带一路"》关于旅游报道的程度副词频次表

程度副词	频次
非常	15
特别	5
十分	1

例如：

（13）雷涛（海外旅行定制公司合伙人）：北欧其实我认为它是一个美食文化<u>非常有名</u>的地方。尤其北欧的米其林餐厅都<u>非常多</u>。当我们到了比如说丹麦这样的一个地方，它有一个叫开放式三明治的东西。我们知道三明治其实是几层面包夹在一起，但它那边只是一层面包，然后上面你想放什么东西自己来。所以这样一个<u>非常经典</u>的食物现在已经成为他们的一个国菜了。（2016 年 8 月 28 日《漫游不一样的北欧》）

（14）李春梅：……实际上瑞典也是有很多，……有一种体验是出海捕捞，和当地的渔民出去捕捞，比如说有海虹，然后 9 月份有大龙虾，平时也可以捕捞小龙虾，直接用清水煮了以后食用，味道<u>特别鲜美</u>。（2016 年 8 月 28 日《漫游不一样的北欧》）

（15）主持人：我小时候特别喜欢看一本书叫《世界五千年》，里边也描述过。但到近代有人就说这金字塔太难建了，除了外星人谁能把它建起来？所以真的是<u>特别神秘</u>的国度。尤梅说的不光是古，而且说的是古老的生命力。（2016 年 8 月 21 日《埃及——"一带一路"上的神秘纽带》）

（16）主持人：埃及旅游资源<u>十分丰富</u>。（2016 年 8 月 21 日《埃及——"一带一路"上的神秘纽带》）

在谈到海外美食和旅游资源时，节目中出现了"非常有名""非常多""非常经典""特别鲜美""特别神秘""十分丰富"等由具有程度表达功能的副词和具有褒义色彩的形容词组成的短语，让观众对海外美味垂涎欲滴，对美丽风景产生向往。这对促进民间旅游具有重要意义。此外，节目还擅长用具有积极意义的形容词以及四字短语来介绍海外旅游资源。如：

（17）芬兰被誉为千岛之国与千湖之国。<u>浪漫</u>的街道，<u>温馨</u>的建筑，<u>可爱</u>的圣诞老人和<u>绝美</u>的冰雪，都汇聚在这片北欧的陆地上。芬兰国家旅游局近期推出驻足芬兰项目，可以让搭乘芬兰航空，并在首都赫尔辛基转机的游客在芬兰停留长达五天的时间，近距离感受芬兰的<u>独特</u>风情。（2016 年 8 月 28 日《漫游不一样的北欧》）

（18）作为芬兰的首都赫尔辛基，……它坐拥<u>独一无二</u>的海滨景致，拥有<u>世界一流</u>的餐厅，<u>迷人</u>的新艺术派建筑。去过这座城市的游客都会钟情于其<u>精致</u>的都市生活和<u>引人赞叹</u>的自然美景。（2016 年 8 月 28 日《漫游不一样的北欧》）

（19）李沐泽（旅行达人、作家）：……所以那个给我的感觉就是，哇，我来到这儿，是要看这么<u>雄伟</u>、<u>古老</u>、<u>壮观</u>，任何形容词都可以形容的金字塔。（2016 年 8 月 21 日《埃及——"一带一路"上的神秘纽带》）

（20）微商讯：埃及名胜古迹<u>星罗棋布</u>。有金字塔、狮身人面像、卢克索神庙、阿斯旺水坝等等。其中不少被列入世界文化遗产名录，令人神往。此外风光<u>旖旎</u>的尼罗河，国际水道苏伊士运河，<u>风景绮丽</u>的地中海海滨，阳光明媚和柔沙遍布的西奈半岛，奇妙的红海海底世界。这一切为埃及发展旅游业创造了得天独厚的条件。（2016 年 8 月 21 日《埃及——"一带一路"上的神秘纽带》）

例（17）至例（20）中，节目用了"浪漫""温馨""可爱""绝美""独特""迷人""精致""独一无二""世界一流""引人赞叹"等形容词，生动描绘出北欧国家芬兰的美丽景色；用"雄伟""古老""壮观""奇妙"等形容词以及"星罗棋布""风光旖旎""风景绮丽""阳光明媚""柔沙遍布"等四字短语，将埃及经典的景色展现在观众眼前，让观众产生一种身临其境之感。

节目花费大量篇幅对"一带一路"沿线国家的旅游资源进行介绍，从国际化视角带领观众了解那里美好绝妙的风景，在丰富观众生活的同时，也有利于刺激国内民众出境旅游需求，对于增加"一带一路"民间交流、助力民心相通建设具有推动作用。

二、飘香的葡萄酒

专题片《直通"一带一路"》中专门介绍了葡萄酒在甘肃的发展空间。"一带一路"倡议的提出，为处于"丝绸之路经济带"黄金地段的甘肃河西走廊地区的葡萄酒企业提供了广阔发展空间。节目对国内外葡萄酒的发展情况进行梳理，重在展示国内葡萄酒产业发展成果，同时立足于甘肃省自身区位优势，讨论甘肃应如何充分利用"一带一路"倡议来促进自身葡萄酒产业发展，从而带动甘肃经济繁荣。节目报道内容见表 2-10。

表 2-10　《直通"一带一路"》关于葡萄酒的报道内容

类别	内容
葡萄酒品牌	张裕　长城
葡萄酒品类	水晶葡萄酒　白葡萄酒　桃红葡萄酒　风干葡萄酒 半干葡萄酒　干红葡萄酒 冰葡萄酒（东北怀仁的冰酒、甘肃祁连的冰红葡萄酒） 起泡葡萄酒（宁夏夏桐）
葡萄酒口味	甜　酸　干涩　半甜　新鲜型　果香型
冠名葡萄酒企业	莫高　紫轩　威龙　祁连　王朝
葡萄品种	单品种　多品种　高抗品种 国内的山葡萄（黑虎香）　国外的赤霞珠、梅洛

续表

类别		内容
酿酒葡萄产区	国外	法国　希腊　意大利　西班牙　俄罗斯 美国加州　智利　阿根廷　澳大利亚　南非
	国内	山东　吉林　河北　新疆　宁夏　张掖　嘉峪关
酿酒葡萄种植条件		日照　温度　气候　土壤
品酒流程		看　摇　闻　品
葡萄酒产业发展方向		电子商务　中国特色的酒　中国特色的葡萄酒文化

　　从表 2-10 中可看出，节目介绍了国内外有名的葡萄酒产地、种植条件、国内外葡萄酒的品类、国内葡萄酒品牌、国内外葡萄品种、品鉴葡萄酒的方式方法以及甘肃省葡萄酒产业的发展和管理等。

　　节目对国内葡萄酒产业发展的介绍重在突出葡萄酒这一饮品主题，旨在向观众传达葡萄酒产业的发展在促进地区经济发展繁荣上的作用，以及具有中国特色的葡萄酒文化在提升国家影响力、提升国家文化软实力方面的意义。节目带领观众全面了解了国内葡萄酒企业及葡萄酒文化发展现状，在增加观众对葡萄酒的深层次了解、丰富观众业余生活的同时，也为在"一带一路"建设中已经或即将从事葡萄酒行业的企业或个人提供了重要的行业讯息和科学发展建议，对刺激国内葡萄酒消费、带动葡萄酒产业投资热潮有重要的引导作用。

第五节　"五通"促深化

　　"一带一路"倡议提出以来，至今已取得了许多成果和亮眼的成绩。"一带一路"倡议中提出了以"五通"即政策沟通、设施联通、贸易畅通、资金融通、民心相通为主要内容的合作重点。专题片《直通"一带一路"》从"五通"建设角度，对"一带一路"建设进程中取得的重大成果以及存在的机遇等进行了报道和讨论。

一、政策沟通

在"一带一路"建设中，政策沟通是一切政治经济文化活动的重要保障。专题片《直通"一带一路"》对"一带一路"建设中有关政策方面的合作内容进行了讨论与报道。例如：

（21）为了吸引外资，加快印度中国工业园建设，古吉拉特邦政府专门制定了<u>一系列的税收优惠政策、招商引资政策以及其他的配套支持政策</u>，为中国工业园以及园区企业建设提供了很多便利与支持。（2017年6月26日《投资印度的新机遇》）

（22）当前，……近一半中东欧国家已与中国签署"一带一路"合作<u>备忘录</u>，并且朋友圈还在不断扩大。……去年，<u>《中国-中东欧国家合作苏州纲要》</u>确定的50多项措施已经基本落实……（2016年11月27日《站上"16+1合作"新起点》）

例（21）、（22）中，"一系列税收优惠政策、招商引资政策以及其他的配套支持政策""'一带一路'合作备忘录""《中国-中东欧国家合作苏州纲要》"等解说报道是"一带一路"沿线国家和地区为促进本国或本地区的经济发展，与中国在政策上进行沟通交流合作的结果。这些解说报道向观众传递出中国与其他"一带一路"沿线国家和地区在政策合作上已经取得重大成就的信息。节目对"一带一路"倡议政策的解读，有利于让广大群众对"一带一路"建设发展进程中的相关政策有深入的了解。

二、设施联通

设施联通是"一带一路"建设中的优先领域。通过对所转写语料的分析发现，专题片《直通"一带一路"》用大量篇幅报道了"一带一路"倡议"五通"建设中设施联通领域的发展成果。如：

（23）自2013年提出倡议至今，中国与中东欧国家已实施一系列合作项目，取得了包括<u>匈塞铁路</u>、<u>贝尔格莱德跨多瑙河大桥</u>、<u>中欧班列</u>等早期收获。（2016年11月27日《站上"16+1合作"新起点》）

例（23）中提到了基础设施建设领域中的道路建设、桥梁建设等的发展成果。通过对"匈塞铁路""贝尔格莱德跨多瑙河大桥""中欧班列"等热点词语的报道凸显出中国在"一带一路"建设中取得的重大发展成果，这不仅让观众看到"一带一路"建设的巨大发展潜能，而且增加了观众对"一带一路"建设发展的信心。

三、贸易畅通

贸易畅通也是"一带一路"建设中的重要内容，关涉全球经济的发展。专题片《直通"一带一路"》对这个领域的建设成果进行了重点报道。

（24）印度中国工业园是由中国中小企业协会牵头组织的"一带一路"重点项目，也是为中小企业走出去转移优势产能而搭建的国际投资平台，已经正式落户印度古吉拉特艾哈迈达巴德市。（2017 年 6 月 26 日《投资印度的新机遇》）

（25）周鑫宇（北京外国语大学国际关系学院副教授、公共外交研究中心高级研究员）：比如说连云港，那个地方有中国和哈萨克斯坦联合成立的国际物流基地。在这个地方上船以后来到东南亚的市场，这个时间只需要 20 天，比以前大大缩短。这是我们"一带一路"为哈萨克斯坦的小麦出口提供的福利。（2017 年 6 月 26 日《投资印度的新机遇》）

（26）记者：值得一提的是在去年中澳签订的自贸协定中，中医服务也取得了不少成果。包括现在澳方给予中方每年 1800 名包括中医师在内的特色职业人员入境配额，同意以协定条款的形式明确鼓励澳方相关机构与中方就中医的资格互认开展合作。（2016 年 10 月 2 日《中医药走向世界正当时》）

例（24）至例（26）中，出现了"国际投资平台""国际物流基地""特色职业人员入境配额""中医的资格互认"等热点词语，说明在"一带一路"倡议下，贸易畅通领域的建设不仅仅体现在贸易投资、物流合作等方面，而且在人员往来便利化等方面也有进展。

通过以上分析可以看出，"一带一路"建设是全方位、多方面发展的贸易之路，而电视媒体的报道也让观众看到了"一带一路"建设中贸易畅通展示出的巨大发展前景。

四、资金融通

在"五通"建设中，资金融通是重要的支撑。但由于地方台的局限，专题片《直通"一带一路"》中对资金融通的报道较少。在已有的报道内容中，资金融通建设方面的成果仅有以下一例。

（27）许钦铎（墨尔本大学访问学者、资深时事评论员）：接下来我向大家报告的是第十七届蓝厅论坛，中国-亚欧博览会。王毅说，随着"一带一路"的开展，很多项目也有了一个好的发展。比如说亚洲基础设施投资银行已经开业运营。丝路基金出资投资的项目也已经展开。（2016 年 8 月 21 日《埃及——"一带一路"上的丝路纽带》）

例（27）中的"亚洲基础设施投资银行""丝路基金"都是报道的热点词语。

五、民心相通

民心相通是"一带一路"倡议中"五通"建设的社会根基。民心相通主要表现在我国与"一带一路"沿线国家之间的人文交流、旅游合作等方面。报道中也提及了民心相通的事例。例如：

（28）借"一带一路"倡议①实施契机，甘肃正在全面推动中医药海外合作。目前甘肃已与 20 多个国家开展中医药交流、服务贸易、陇药产品器械及医疗卫生人才培养等领域的合作。……中医药疗效在"丝绸之路"沿线国家逐渐得到认可。中医药产品注册推广方面也取得了新的进展。……甘肃省卫生计生委还成功协调乌克兰代理商，与本地企业签订了500 万元中药保健饮料的销售合同。（2016 年 10 月 2 日《中医药走向世界正当时》）

例（28）主要讲述中医药走出国门，在促进疾病预防和治疗方面取得的成果以及使沿线国家民众受惠的民心相通方面的内容。节目中"中医药交流、服务贸易、陇药产品器械及医疗卫生人才培养""中医药疗效""中医药产品注册推广""500 万元中药保健饮料销售合同"等热点词语是民心

---

① 鉴于国家媒体报道中统一用"'一带一路'倡议"的说法，现将早期报道中的部分说法改为"'一带一路'倡议"。

相通建设在医学领域合作交流取得成就的具体体现。

（29）许钦铎：说到旅游，我们把目光转向国内的旅游城市敦煌。那么在"一带一路"的倡议下，来敦煌进行旅游的国内外游客，人数正在大幅增加。比如说每天应对的游客达到了四千人次，那就是说敦煌车站是非常非常地繁忙。为了解决这个压力，那么甘肃省政府也采取了一些应对的措施。比如说开出了四列旅游专列：北京到敦煌、宁夏到敦煌、天水到敦煌等。同时敦煌车站还设置了两台额外购票机，这样的话给中外游客购票、取票带来了很大的便利，减轻了压力。（2016 年 8 月 28 日《漫游不一样的北欧》）

例（29）中使用了"国内外游客""四千人次""四列旅游专列""两台额外购票机"等热点词语，主要介绍甘肃地区积极将旅游产业对接"一带一路"建设所取得的成果以及采取的惠民措施。从这些热点词语可以看出，在"一带一路"倡议下，甘肃敦煌具有发展旅游业的巨大潜力，对带动甘肃地区经济发展、提升甘肃地区国际国内影响力具有重要作用，同时也可促进国家间的文化交流，促进民心相通。

专题片《直通"一带一路"》中报道了很多与民生服务有关的新闻，主要集中于我国与"一带一路"沿线国家之间的学术合作、人才交流、旅游开发合作等互学互鉴的活动上，同时努力将甘肃省自身优势对接到"一带一路"民心相通建设中。

第六节　语言布局助力报道热点

《直通"一带一路"》的三个环节依次是"睿报告""深访谈""微商讯"。"睿报告"从时事新闻的视角出发，从告知言语行为的角度在栏目中选取报告人角色，并通过报告人对当下发生的与"一带一路"倡议有关的时事新闻和评论进行梳理与阐释；"深访谈"重在从新闻热点的角度切入，以主持人与嘉宾对话的形式对"一带一路"建设中与企业经营活动和百姓生活密切关联的大事件进行探讨分析，同时宣讲和解释与"一带一路"倡议有关的政策;"微商讯"主要向观众提供留学、境外经商、国际旅游等方面的实用信息,很大程度上增加了节目的服务性。在 2017 年的节目中,《直通"一带一路"》的环节有所增删。其中的"微商讯"环节在 2017 年的节目中没有再出现,整档节目由原来的"睿报告""深访谈""微商讯"三个环节改为"睿报告"和"深访谈"两个环节,但是节目的热点仍然是展现"一带一路"倡议实施过程中取得的巨大成就,向观众展示我国"一带一路"建设中存在的机遇与挑战,重在报道我国与"一带一路"沿线国家之间日益增强的文化交流和政治互信。同时,《直通"一带一路"》通过接地气的方式,传递与"一带一路"相关的最新信息,讲述"一带一路"建设中的生动故事,突出表现了甘肃省抢抓时代发展机遇,深化社会各领域改革,主动融入"一带一路"建设,积极为推动西部大开发、大发展贡献力量的举措。在该栏目中,报道语言的精巧布局起到了画龙点睛的作用,有助于"一带一路"热点话题的深入展开。

一、文本语言的布局

(一)互动对话模式的运用

对话指两个或更多的人之间的谈话,这种方式也包括主持人与被采访人面对面进行交流的对话。这种交谈双方在谈话过程中使用的语言叫作对话性语言。电视新闻专题片《直通"一带一路"》的"深访谈"环节中,主持人和 2～4 位嘉宾以问答讨论的方式展开访谈,两者之间的谈话是对话性语言的体现。如:

(30)主持人:好的,我想再问得细一些。我们知道,一般旅游我们去一个地点,我们要去看它最经典的景点,去品尝最经典的美食。比如说到了北京一定要去长城,一定要去故宫,一定要吃北京烤鸭,或者说加上一个涮羊肉。那么去北欧有没有类似的这种特别经典的地方,我们到那儿一定不能错过的呢,雷先生?

雷涛:北欧其实我认为它是一个美食文化非常有名的地方。尤其北欧的米其林餐厅都非常多。当我们到了比如说丹麦这样的一个地方,它有一个叫开放式三明治的东西。我们知道三明治其实是几层面包夹在一起,但它那边只是一层面包,然后上面你想放什么东西自己来。所以这样一个非常经典的食物现在已经成为他们的一个国菜了。

主持人：那北京我们知道有臭豆腐，据说北欧这边也有这种以"臭"闻名的美食。是这样吗，李女士？

李春梅：可能现在网上比较火的就是网红，是瑞典臭鲱鱼罐头。实际上有一个误区，并不是说很多瑞典人都有吃这个东西。因为吃这个臭鲱鱼实际上是瑞典北方人的一个饮食习惯，不是说所有瑞典人都有胆量尝试这个，因为它的味道的确是特别特别地呛，闻起来很臭但是吃起来很香。但是我想再正一下名给瑞典的美食。实际上瑞典也是有很多，就是像雷涛说的，有很多的海鲜的美食，我个人比较喜欢的一种体验，就是在瑞典的西海岸，每年我们都可以去那边，有一种体验是出海捕捞，和当地的渔民出去捕捞，比如说有海虹，然后9月份有大龙虾，平时也可以捕捞小龙虾，直接用清水煮了以后食用，味道特别鲜美。（2016年8月28日《漫游不一样的北欧》）

例（30）中，主持人和嘉宾通过一问一答的模式形成对话，主持人以北京的美景美食为例，引出嘉宾对北欧美食的介绍。在问答对话的过程中，通过点出北京的名胜古迹和特色饮食，如故宫、长城、烤鸭、涮羊肉、臭豆腐等，引出了对北欧地区美食的介绍，让大家了解到北欧丹麦开放式三明治，瑞典臭鲱鱼罐头、海虹、大龙虾，等等，通过这些互动对话式语言表达，传递了北欧的美食信息，达到了吸引大家到北欧旅游的目的，同时也使观众对北欧地区的了解有所加深。这种互动对话式语言的运用，有利于在新闻报道中聚焦热点话题，也有利于推进节目深度报道的进程。

（二）独白主持式的述评

新闻述评通过对那些紧密配合当前形势的有现实意义的客观事实和广大群众最关心的社会问题、社会现象的分析、叙述及评论，来揭示事物的本质特征，预测它的方向，引导观众，做出科学结论，从而指导实践，以实现舆论导向作用。（郑保章，2007）这种对当下热点事件进行评述的语言是新闻述评性语言。

专题片《直通"一带一路"》的"睿报告"环节是由一个主持人以独白的形式对当下国内外发生的热点事件进行解读。这种独白式报告的主要互动交流对象是电视机前的观众。如：

（31）主持人：今天我要报告的第一条新闻是关于科技创新的国际研讨会在北京召开，这是11月7号的事情……"一带一路"有很多个国家的科技人员来到了北京，一起探讨"一带一路"上的科技合作，那么我们今天在科技上跟"一带一路"国家已经有哪些合作了呢？我看了一组统计数字，就光中国科学院这个系统，一年已经有两万人次的人才往来，都是我们的科技专家们。那么他们在海外已经设立了7个科教中心。这些科教中心为当地国家起到什么作用没有？比如说在尼泊尔大地震的时候，尼泊尔的科教中心就为当地的救灾，包括它后来灾后的一些重建都提供了非常大的帮助。……所以说科技真的是第一生产力。它不但能推动发展，而且实际上也在带动"一带一路"国家，它整个国家的社会、教育整体水平的提高。这是我们想要做到的一个多层次、丰富的一个发展体系。……第二条新闻我们来看看中欧班列……下一条新闻我们看看，一个让我们平时听起来好像在新闻里面让我们挺纠结的一个国家，这个国家就是我们南边的邻国越南……最后一条新闻还是看我们甘肃，随着"一带一路"建设的突飞猛进，我们甘肃的商品越来越多地走向了"一带一路"的国家……在国内我们再看，销往第三世界国家的商品……让"一带一路"上各个沿线国家的人民尝尝我们甘肃的小土豆，尝尝我们静宁的苹果。听起来我都渴了，我准备回去到网上看看甘肃静宁的苹果有没有卖的。今天的"睿报告"就到此结束，感谢大家。（2016年11月27日《站上"16+1合作"新起点》）

例（31）中，主持人的语言朴实真切。主持人首先叙述事件的发生和进展过程，然后分析事件的核心内容，最后阐述事件发生的意义及自己对事件的评论。在这个例子中，主持人通过设问的方式，自问自答，推进报告进程。从表面上看这是主持人一个人在说话，实际上是主持人通过设问这一方式实现与电视机前观众的互动交流。在这期报告的结尾处，主持人提到甘肃的土豆和苹果，这又是一种独白式主持评述中的语言插入叙述手段的运用，以此插入新话题，向观众推介了甘肃特产，起到引导观众消费的作用。

另外，通过对所转写的语料分析发现，专题片《直通"一带一路"》的"睿报告"环节中，主持人每期都会以插入式语言手段播报一条甘肃新闻来结尾，突出了地域性色彩。

二、图像语言的布局

图像是指具有视觉效果的画面，纸介质上的，底片或照片上的，电视、投影仪或计算机屏幕上的画面都是图像。电视节目中的图像是用摄像机连续拍摄下来的一个个的镜头画面。这种一个一个镜头画面连续组接起来产生含义，通常称之为图像语言。

专题片《直通"一带一路"》在播出时运用了大量的图像语言，这些图像语言在节目中起到了解释说明、承上启下、吸引观众注意力的作用。节目中的图像语言可根据话题内容大致分为三类，分别是人物采访类、项目建设类、美食美景类。以下进行简要分析。

（一）人物采访类

《直通"一带一路"》中的人物采访可分为国际和国内两种。对国际人物的采访主要对象是各国的驻华大使、官员、专家等国际知名人士以及海外中资企业的外籍员工等。举例分析如下。

（32）说明[①]：在2017年9月25日的《中国港口联通世界》节目中，记者对海外中资企业的外籍员工进行了采访。见图2-1。

图2-1　希腊比雷埃夫斯港二号码头

---

① 本节中的"说明"都是本书作者对例子中的图像背景所做的解释，而非节目中的话。

例（32）采访中，外籍员工介绍自己在海外中资企业中的工作感受，认为海外中资企业为员工提供的条件、待遇优厚，很多码头工人愿意在海外中资企业上班。节目通过展示外籍员工的采访图像，让观众了解到中国港口企业在"走出去"的过程中对于解决当地人民的就业问题以及提升当地人民生活水平等方面的重要意义。短暂的几十秒采访传递出大量信息，是图像语言作为电视新闻传播信息的基本手段的体现。

（33）说明：在 2017 年 9 月 18 日《丝路建设　硕果遍东盟》节目中，记者对印尼和老挝驻华大使进行了采访。①

例（33）采访中的图像语言一方面向观众传达了印尼和老挝是"一带一路"沿线国家等信息，另一方面向观众展示了印尼和老挝等国家对"一带一路"倡议的看法。

节目运用人物采访图像语言，向观众简单明确地传达出"一带一路"倡议巨大的国际影响力，对于增加观众对中资企业走出国门的了解，以及增加观众对"一带一路"倡议的信心具有重要意义。

（二）项目建设类

《直通"一带一路"》对工业建设领域进行了重点报道。在对工业建设领域进行报道时，节目通过大量的图像语言来展示建设的成果、建设施工的现场情况等。举例分析如下。

（34）说明：在 2017 年 4 月 3 日《油气引擎助建能源丝路》中，节目用图像语言展示了中亚天然气管道建设情况。②

（35）说明：在 2017 年 12 月 18 日《丝路上的金砖碰撞》中，节目通过图像语言介绍了中国核电技术的最新成果——"华龙一号"。③

例（34）通过建设成果类图像语言的展示，使观众能够快速捕捉到我国"一带一路"建设在油气等领域取得的重大成就，以及油气建设项目对沿线国家和地区的重大意义所在。例（35）通过施工建设类图像语言的展示，可以增加观众对正在走出国门的中国项目建设进程的了解，让观众看到我国在核电领域取得的成果及其巨大发展潜力。

①②③ 图像略。

（三）美食美景类

"一带一路"倡议涉及一百多个沿线国家和地区，不同的国家有不同的美食与美景。节目通过图像语言来展示这些国家的美食美景，可以瞬间吸引住观众的注意力。举例分析如下。

（36）说明：在 2016 年 8 月 28 日《漫游不一样的北欧》中，节目对北欧的美食以及丰富的旅游资源进行了图像语言介绍。见图 2-2 和图 2-3。

图 2-2　丹麦三明治　　　　图 2-3　芬兰景色

（37）说明：在 2016 年 8 月 21 日《埃及——"一带一路"上的神秘纽带》中，节目用图像语言介绍了埃及著名的旅游景点。见图 2-4 和图 2-5。

图 2-4　埃及金字塔　　　　图 2-5　埃及地中海海岸

我们发现，专题片《直通"一带一路"》在介绍美食美景时，多采用"一带一路"沿线国家和地区的美食美景图像，对于我国国内的美食美景提及较少，体现了节目的国际化视野。节目通过用图像语言介绍这些美食美景，增加了趣味性，有利于吸引观众的注意力，还可刺激国人出境游的需求，促进"一带一路"沿线国家和地区旅游业的交流与发展。

附录：

表1 2016年2月—2017年12月甘肃卫视新闻专题栏目

《直通"一带一路"》部分专题名称表

时间	专题名称
2016年2月28日	中资企业入缅启示录
2016年3月6日	丝路行走正当时
2016年3月13日	万众创新的以色列经验
2016年3月27日	新丝路上再遇波斯
2016年4月10日	小茶叶 大舞台
2016年4月17日	走进鼹鼠的故乡——捷克
2016年4月24日	尼泊尔谱写"一带一路"发展新篇章
2016年5月1日	欧亚中枢土耳其的丝路梦
2016年5月8日	与金色孟加拉国来次亲密接触
2016年5月15日	展会中的新丝路印记
2016年5月22日	海外安全保护知多少
2016年5月29日	德国制造是怎样炼成的
2016年6月5日	中韩FTA周年 百姓受益几何
2016年6月12日	揭秘波兰经济奇迹和田园魅力
2016年6月19日	中亚古丝路碰撞现代自驾游
2016年6月26日	龙象共舞丝绸之路
2016年7月3日	意大利与丝绸之路的特殊情缘
2016年7月10日	"欧洲十字路口"一路向西
2016年7月17日	海上丝绸路 澳大利亚新机遇
2016年7月24日	中国元素邂逅英国创意产业
2016年7月31日	中国离海洋强国有多远
2016年8月7日	微笑柬埔寨 丝路新机遇
2016年8月14日	山水相连的中蒙好邻居
2016年8月21日	埃及——"一带一路"上的神秘纽带
2016年9月4日	G20的中国烙印
2016年9月11日	中国葡萄酒业的机遇与前景
2016年9月18日	敦煌风采世界观
2016年9月25日	中医药走向世界正当时
2016年10月9日	丝绸之路的古今传承

续表

时间	专题名称
2016 年 10 月 16 日	辅建"舌尖上的丝路"
2016 年 10 月 23 日	打造互利共赢的中蒙俄经济走廊
2016 年 10 月 30 日	孟中印缅经济走廊建设再发力
2016 年 11 月 6 日	走近"蓝色伙伴"葡萄牙
2016 年 11 月 13 日	"一带一路"上的金融血脉
2016 年 11 月 27 日	站上"16+1 合作"的新起点
2016 年 12 月 11 日	山海难隔中拉情
2016 年 12 月 18 日	南南合作　科技"带路"
2016 年 12 月 25 日	"一带一路"上的留学新选择
2017 年 1 月 2 日	"一带一路"上的中国建设者
2017 年 1 月 9 日	"海丝"新伙伴　活力菲律宾
2017 年 1 月 16 日	创新时代　看瑞士的工匠精神
2017 年 1 月 23 日	"一带一路"上的汽车产业新机遇
2017 年 2 月 6 日	沟通中外的赤子心
2017 年 2 月 20 日	环保企业踏上"绿色之旅"
2017 年 3 月 6 日	"一带一路"农业合作方兴未艾
2017 年 3 月 13 日	打造中越命运共同体
2017 年 3 月 20 日	健康丝路　中国担当
2017 年 3 月 27 日	中国卫星服务"一带一路"
2017 年 4 月 3 日	油气引擎助建能源丝路
2017 年 4 月 10 日	文化产业助力丝路合作
2017 年 4 月 17 日	丝路合作　法律护航
2017 年 4 月 24 日	中新合作期待更多第一
2017 年 5 月 8 日	中国高铁出海记
2017 年 5 月 15 日	邂逅冰与火的故乡
2017 年 5 月 22 日	"一带一路"　北京再出发
2017 年 5 月 29 日	中以创新合作再迈新台阶
2017 年 6 月 5 日	丝路上的中东生意经
2017 年 6 月 12 日	抱团走丝路　园区优先行
2017 年 6 月 19 日	世纪铁路的非洲愿景
2017 年 6 月 26 日	投资印度的新机遇
2017 年 7 月 3 日	两大文明的激情碰撞
2017 年 7 月 10 日	在"云端"架起数字丝路

时间	专题名称
2017 年 7 月 31 日	路通才能万事通
2017 年 8 月 14 日	中美洲——在那遥远的地方
2017 年 8 月 21 日	中美“一带一路”合作前景可期
2017 年 8 月 28 日	中国钢企出海记
2017 年 9 月 4 日	超级工程筑牢海上丝路支点
2017 年 9 月 11 日	“一带一路”防震减灾国际合作在行动
2017 年 9 月 18 日	丝路建设 硕果遍东盟
2017 年 9 月 25 日	中国港口连通世界
2017 年 10 月 30 日	移动支付改变生活
2017 年 11 月 6 日	共享单车 骑行天下
2017 年 11 月 13 日	中国建材的绿色丝路畅想曲
2017 年 12 月 4 日	“世外桃源”里的中国脉动
2017 年 12 月 11 日	打造“一带一路”空中大通道
2017 年 12 月 18 日	丝路上的金砖碰撞
2017 年 12 月 25 日	为丝路建设注入中国动力

表 2 《直通“一带一路”》栏目视频语料转录的 14 期专题名称

时间	专题名称
2106 年 8 月 14 日	山水相连的中蒙好邻居
2016 年 8 月 21 日	埃及——“一带一路”上的神秘纽带
2016 年 8 月 28 日	漫游不一样的北欧
2016 年 9 月 11 日	中国葡萄酒的机遇与前景
2016 年 9 月 18 日	敦煌风采世界观
2016 年 9 月 25 日	来自敦煌的请柬
2016 年 10 月 2 日	中医药走向世界正当时
2016 年 11 月 27 日	站上“16+1 合作”新起点
2017 年 4 月 3 日	油气引擎助建能源丝路
2017 年 6 月 26 日	投资印度的新机遇
2017 年 7 月 3 日	两大文明的激烈碰撞
2017 年 9 月 11 日	“一带一路”防震减灾在行动
2017 年 9 月 18 日	丝路建设 硕果遍东盟
2017 年 9 月 25 日	中国港口连通世界

第三章

财经类纪录片中的语言热点

近几年来，"一带一路"建设完成了顶层设计，中国作为首倡者积极与沿线各国展开合作，不断促进世界各国的共同发展。对影响力极大的"一带一路"倡议，报刊、网络、广播电视等众多媒体都进行了大量宣传与报道。在广播电视中，"一带一路"的相关信息多以纪录片、新闻类节目为载体进行传播，例如纪录片《"一带一路"》（2016，原中央电视台综合频道）、《一本书一座城（第二季）》（2017，浙江卫视），新闻类节目《数说命运共同体》（2015，原中央电视台综合频道）等都是专题报道"一带一路"的节目。各大电视台的新闻节目也都对"一带一路"建设的进展进行滚动式播报，在这些报道中呈现出"一带一路"的热点。

"丝绸之路经济带"是"一带一路"倡议的重要组成部分，它以古丝绸之路为蓝本，在此基础上形成了一个新的经济发展区域。"丝绸之路经济带"在推动各国发展上起着重要的作用，它所涉及的国家与地区范围极为广泛，东至亚太经济圈，西达欧洲经济圈，被认为是"世界上最长、最具有发展潜力的经济大走廊"。"丝绸之路经济带"倡议提出后得到了社会各界的广泛关注。电视新闻媒体领域也及时推出了向大众传播相关信息的纪录片、专题片等，如《丝绸之路经济带》（2017，原中央电视台财经频道）、《对望——丝路新旅程》（2015，原中央电视台纪录频道）、《途观·丝绸之路》（2015，旅游卫视）等。我们正是基于这一背景，以纪录片《丝绸之路经济带》为研究对象，找寻报道语言中的热点。

纪录片《丝绸之路经济带》是由原中央电视台财经频道承制并于2017年5月6日至13日播出的大型纪录片，该纪录片以国际的视野和财经的视角，从政策沟通、贸易畅通、设施联通、资金融通和民心相通这"五通"内容出发，对"丝绸之路经济带"上的沿线各国在"五通"上的建树进行了详细的报道。依据"五通"，该纪录片分为八集，每集名称分别为：《丝路·命运》《丝路·贸易》《丝路·交通》《丝路·货币》《丝路·商道》《丝路·战争》《丝路·文明》《丝路·复兴》。纪录片着重讲述了古今丝绸之路上各国各地区政府间及民间的贸易往来与文化交流，对当今我国提出的"丝绸之路经济带"倡议做出了积极的评价。

我们将八集纪录片中的全部解说词、人物同期声与字幕转成了近6万字的文本语料，然后对这些文本语料进行了穷尽式分析，以此来探讨该纪录片的报道热点,发掘纪录片的报道语言价值。我们选取纪录片《丝绸之路经济带》为研究对象,不仅仅是基于纪录片本身独特的语言特点,更关注的是这一纪录片的文本价值。相较于其他内容类别的纪录片以及其他有关"一带一路"的纪录片,《丝绸之路经济带》在解读"一带一路"这一国家顶层设计方面具有独到之处。

首先,该纪录片以国际视野和财经视角来看待"丝绸之路经济带"的建设成果,从历史与现实出发记录丝路上的故事。其次,虽然是经济类纪录片,但是《丝绸之路经济带》并不是单纯地讲述经济建设成果,也不是单调地用统计数据等来构成纪录片的内容,它将社会、历史事件、人文故事等多个因素融合起来,综合故事性语言、数据语言等手段来共同为经济服务。再次,除了解说词,在人物语言方面,该纪录片只选取了采访嘉宾与演讲者语言来构成文本的一部分,不设主持人与嘉宾的互动。最后,《丝绸之路经济带》以政策沟通、贸易畅通、设施联通、资金融通和民心相通为出发点,从不同角度来讲述"五通"的服务功能。基于以上的分析可以看出,纪录片在服务社会、服务大众等方面起着重要的作用,尤其是在"一带一路"的时代背景下应运而生的纪录片,其社会意义更为突出。

第一节 财经类纪录片研究简介

一、纪录片语言研究现状

纪录片的语言系统主要由画面语言、声音语言和声画结合的综合语言构成。声音语言主要包括解说词、人物同期声、音响和音乐等。解说词是指为了帮助观众理解画面、表达作者情感理念而由专门的解说员播讲的语言。人物同期声,即人物语言,指的是纪录片中出现的人物(如采访者、受访者等)的同步语言。纪录片中的音响语言主要包括自然音响和效果音响,如鸟叫虫鸣、海浪咆哮等,这是自然音响,是由自然界各事物产生的声音;而效果音响是经由人类加工而形成的音响(欧阳宏生,2004)。由于纪录片类型及叙述方式的差异，并不是所有纪录片中都会有人物同期声，多数的纪录片仍以解说词为主要信息传播手段。因此，对纪录片中的人物同期声展开专门论述的文章也相对较少，不少文章甚至直接将将人物同期声归到了解说词这一类中。截至目前，从语言学的角度对纪录片语言的研究主要集中于对纪录片解说词的研究。多数学者主要从语篇角度、修辞角度、认知角度以及语用角度等对特定纪录片的解说词展开讨论。在语篇方面，刘艳红（2005）分析了电视纪录片解说语言的篇章特点。她指出，纪录片解说语言相比于普通文字作品，在结构上具有不完整性，在功能上具有对画面、意境、情感等的配合性。另外，还有人基于系统功能语言学中的多模态理论来分析纪录片的语篇特征，例如刘雅（2016）以我国优秀国产纪录片为研究对象，对纪录片中会话与旁白、口语与书面语、语言符号与非语言符号等进行了多模态语篇的整体性考察，对纪录片的语言学特征、语用机制与意义构建方面进行了研究。从修辞学的角度出发，柯娟娟（2014）以纪录片《美丽中国》为研究对象，从语音、词汇、句子、语篇等方面分析了解说词的修辞特色以及解说词与语境的关系，指出修辞与语境之间存在适应、依存、利用、创造等关系。李瀚铭（2012）则从西方修辞学的视角分析了某部自然类纪录片采用的修辞策略。也有从认知角度来分析的，如张传会（2014）以《美丽中国之西藏篇》为研究对象，分析了纪录片中的多模态隐喻和转喻的类型以及意义的构建方式。李海珍、曾亚平（2015）对灾难事故类纪录片中出现的多模态隐喻和转喻进行了分析和研究。从语用学角度，周龙（2015）对纪录片解说词的语用预设使用策略、叙事的语用策略以及语篇建构的策略进行了分析，揭示了纪录片解说词是如何通过语用学中的这些策略来展开叙事、推动情节发展，以及巧妙地向观众传递潜在的信息，从而达到理想的传播效果的。另外，也有不少学者从微观角度对纪录片解说词中的某一语言现象展开研究。如蒋成峰（2015）以语言学的视角对纪录片解说词中时点词语、时段词语以及时间句进行了统计与描写，对纪录片时间表达方面的特征和规律展开了研究。姚银燕（2011）统计了某环保纪录片中的态度资源词汇，从功能语言学的角度，运用评价理论考察了这些词汇所具有的劝说功能。

二、"一带一路"相关纪录片语言研究现状

随着"一带一路"倡议的提出，围绕"丝绸之路经济带"和"21世纪海上丝绸之路"的广播电视节目层出不穷。其中，纪录片在传播"一带一路"政策思想方面起着重要作用，越来越多的纪录片开始着眼于"一带一路"进行相关创作，如《"一带一路"》、《一本书一座城（第二季）》、《远方的家·"一带一路"》（2016至2017，原中央电视台中文国际频道）等。也有许多纪录片分别以"丝绸之路经济带"和"21世纪海上丝绸之路"为话题展开创作，如上文提到的《丝绸之路经济带》《对望——丝路新旅程》《途观·丝绸之路》等。另外还有针对"21世纪海上丝绸之路"拍摄的纪录片，如《穿越海上丝绸之路》（2016，原中央电视台中文国际频道）、《海上丝绸之路》（2016，原中央电视台综合频道、纪录频道）等。

在上述背景下，越来越多的学者开始关注"一带一路"相关纪录片的研究。大量的研究着重从传播学、广播电视新闻学的角度来探讨纪录片的内容、叙事风格、传播作用以及未来发展趋势等。如连丽敏（2017）以纪录片《"一带一路"》和《穿越海上丝绸之路》为研究对象，以跨文化的视角分析了这两部纪录片的叙事策略。金震茅（2015）探究了"一带一路"题材纪录片的内涵与未来创作走向，指出该类型的纪录片在制作过程中应该注重回溯历史以带出当今的"一带一路"，同时注重与海外合作，从而争取在国际舞台上塑造我国纪录片的新品牌。

有的研究着眼于"丝绸之路经济带"相关的纪录片。段永华（2017）基于克瑞斯（Kress）和勒文（Van Leeuwen）的视觉语法、奥哈洛伦（O'Halloran）的电影语篇多模态话语分析系统以及张德禄提出的多模态话语分析综合理论框架，对纪录片《敦煌》中第一集的视觉意向、视觉过程以及基于视觉语法的元功能解释进行了多模态话语分析。高凯珅（2016）对纪录片《新丝绸之路》的中、日文版本的视听语言进行了研究，分别从视觉、听觉以及蒙太奇语言三个方面对其中的多种构成元素和表现特点进行详尽的阐述，通过分析和比较，指出了中、日文版本各自的优点与不足。夏天（2016）以《河西走廊》为研究对象，以德国功能主义目的论为理论依据，对纪录片汉英同传过程中遇到的词汇、句型等问题提出了自己的见

解。张语洋、周星（2015）分析了"一带一路"背景下丝绸之路电视纪录片在跨文化传播下面临的问题与相应的解决策略，指出丝绸之路电视纪录片应该致力于进一步挖掘文化内涵、推陈出新，重视东西方文化差异以实现纪录片在国际市场的突围。包雪瑞（2015）以中日合拍的《丝绸之路》《新丝绸之路》以及原中央电视台独立制作的《丝路，重新开始的旅程》这三部纪录片为研究对象，对这三部纪录片的叙事视角、结构及手段进行了对比分析。

从以上分析中我们可以看到，对于"丝绸之路经济带"相关纪录片的研究，从语言学角度进行分析的较少。大多数学者着重从传播学、广播电视新闻学以及翻译理论等方面着手，对"丝绸之路经济带"相关纪录片进行分析；同时，大多数人将研究集中在纪录片本身，对于纪录片如何体现"一带一路"相关政策，如何发挥社会服务的功能等方面论述较少。

第二节　财经类纪录片数据中的热点

我们通过统计纪录片《丝绸之路经济带》文本语料中的各类数据，梳理出该纪录片对"一带一路"报道的热点。纪录片《丝绸之路经济带》共有八集，我们将这八集片子中的语言全部转录为文本，所得到的文本共计近六万字。基于这文本语料，统计了该纪录片中的地区分布、采访对象特征等，通过这些数据，揭示出财经类纪录片对"一带一路"报道的热点。

一、地区分布统计分析

作为世界上最长的经济大走廊，从东部的亚太经济圈到西部的欧洲经济圈，"丝绸之路经济带"的范围包括了众多的国家和地区，并且随着"一带一路"建设深入推进，这一区域一直处于动态的发展过程中。我们统计了八集纪录片《丝绸之路经济带》中涉及的地区，通过对统计数据的定量分析，描述该纪录片在为观众呈现"丝绸之路经济带"建设时的侧重点。

纪录片《丝绸之路经济带》的拍摄历时近一年半的时间，从亚洲到欧洲，拍摄了沿线 13 个国家不同地区的商贸及文化活动。我们对文本语料中涉及的地区①进行了定量分析，统计数据如表 3-1 所示。

表 3-1　纪录片《丝绸之路经济带》涉及的国内及国外地区频次表

地区	出现频次	占比/%
国内地区	109	12.5
国外地区	760	87.5
总频次	869	100.0

从表 3-1 的数据中可以看到，纪录片《丝绸之路经济带》中涉及的国内和国外的地区总计出现 869 频次，数量庞大，但是国内和国外地区在频次数量上较为悬殊。其中，国内地区出现 109 频次，占比 12.5%；国外地区出现频次达 760 次，占比 87.5%。由此可见，该纪录片侧重点在以国际的视角来看待"丝绸之路经济带"的发展情况上。

（一）国内地区频次统计

具体来说，纪录片《丝绸之路经济带》所提到的国内地区涉及了新疆、陕西、重庆、四川、江苏、甘肃、北京、河南和黑龙江等 9 个省级行政区域，出现频次共计 109 次，具体统计如表 3-2 所示。

表 3-2　纪录片《丝绸之路经济带》中的国内地区频次表

地区	出现频次	占比/%
新疆	31	28.4
陕西	30	27.5
重庆	15	13.8
四川	11	10.1
江苏	8	7.4
甘肃	6	5.5
北京	5	4.6
河南	2	1.8
黑龙江	1	0.9
频次总计	109	100.0

---

① 该处统计的地区不含历史上存在但现在已经消亡的地区。

从表 3-2 统计数据中可以看到，纪录片选取的国内地区所占比重有所差别。其中，纪录片提到的新疆维吾尔自治区的地区（如喀什、吐鲁番等）出现频次最高，共计 31 次，占整体的 28.4%；陕西省内地区（如西安、汉中等）次之，共计 30 次，占整体的 27.5%；重庆居第三位，出现了 15 次，占整体的 13.8%；四川省内地区（成都）居第四位，出现了 11 次，占 10.1%；江苏省内地区（如南京、吴江等）居第五位，出现了 8 次，占 7.4%；甘肃省内地区（如张掖、酒泉等）居第六位，出现了 6 次，占 5.5%；北京居第七位，出现了 5 次，占 4.6%；河南省内地区（洛阳）居第八位，出现了 2 次，占 1.8%；黑龙江省内地区（大庆）提到的频次最少，只出现了 1 次，占整体的 0.9%。

从以上数据来看，新疆和陕西在纪录片中所提到的频次最多，由此我们可以推断出以上两省区在"丝绸之路经济带"国内地区中的重要性。之所以会产生这样的差距，与该地区在丝绸之路上的地缘优势与历史地位有关。在"丝绸之路经济带"中，新疆由于其地缘与资源优势而被确定为"丝绸之路经济带"核心区；陕西由于是古丝绸之路的起点，在历史上有着特殊的地位。纪录片《丝绸之路经济带》着重讲述发生在这些地区的古今故事，利用故事性的语言向观众传递了有关"丝绸之路经济带"的信息。

（二）国外地区

相比国内地区的出现频次，纪录片提到国外地区的次数更为频繁，共计 603 次。国外地区按洲来划分，《丝绸之路经济带》中主要涉及了亚洲、欧洲、非洲、美洲和大洋洲的国家和地区，出现频次具体统计如表 3-3 所示。

表 3-3　纪录片《丝绸之路经济带》中的国外地区频次表

地区	出现频次	占比/%
亚洲	307	50.9
欧洲	283	46.9
非洲	6	1.0
美洲	6	1.0
大洋洲	1	0.2
频次总计	603	100.0

从表 3-3 可以看出，在地域上，纪录片涉及的亚洲地区最多，共出现 307 次，约占整体的 50.9%；欧洲地区次之，约占整体的 46.9%；之后为非洲和美洲地区，各自约占整体的 1.0%；大洋洲地区最少，约占整体的 0.2%。

另外，"丝绸之路经济带"是在"古丝绸之路"概念基础上形成的一个新的经济发展区域，纪录片《丝绸之路经济带》正是从历史的角度切入，以古带今，通过叙述大量的与"丝绸之路经济带"相关的历史事件和历史故事来引发人们对"丝绸之路经济带"现实与未来的思考。因此，在纪录片中出现了大量的历史上曾出现的地区专名，如波斯、君士坦丁堡、梅尔夫城等，共计 167 次。

通过上面的定量分析可以看出，纪录片《丝绸之路经济带》中国家或地区的出现频次有着显著的特点，不同国家或地区的出现频次有较大的差异：在地区选取上，纪录片偏重于国外地区；国内地区中纪录片较多地涉及了新疆和陕西的地区；国外地区中，较多地涉及了亚洲其他地区和欧洲地区，其他地区所占比例较小。除此之外，由于纪录片讲述了大量的历史故事，因此片中也较多地提到了一些历史上曾出现的地区专名。综上我们可以看出，该纪录片着重于从国际以及历史的视角来对"丝绸之路经济带"展开叙述和热点追踪。

二、采访对象统计分析

除了旁白解说外，纪录片《丝绸之路经济带》通过大量的演讲者或采访对象的语言来向观众传递了多样的信息。通过这些相关人物，既为观众呈现了相应的知识，也增强了信息的可靠性与可信度。我们定量统计了这些人物在纪录片中出现的频次，通过这些统计数据可看出该纪录片在人物选取时的倾向性。

据统计，该纪录片中的演讲者和采访对象包括各国官员政要、各领域专家学者、各机构工作人员、企业人员、各行业商人以及其他人员等，共计出现 164 次，具体统计见表 3-4。

表 3-4　纪录片《丝绸之路经济带》中的人物构成分类表

角色分类	出现次数	角色示例	占比/%
官员政要	52	中国国家主席习近平 巴基斯坦总统马姆努恩·侯赛因 土耳其文化旅游部部长马希尔·余纳尔	31.7
专家学者	40	复旦大学教授葛剑雄 日本东京大学教授黑田明伸 诺贝尔经济学奖得主罗伯特·恩格尔	24.4
机构人员	28	中国戏剧家协会副主席魏明伦 英国英格兰银行前行长莫文金 比利时安特卫普市政厅工作人员安娜	17.1
企业人员	17	烟台万华实业集团总裁丁建生 联合能源巴基斯坦公司总裁塔瑞奇·卡米萨尼 瑞典中欧汽车技术中心工程师克雷·哈马松	10.3
各行业商人	11	中国茶商纪晓明 西安红堡餐厅老板德福 德黑兰大巴扎地毯商人赛义德·阿里·伊斯法罕	6.7
其他人员	16	吐鲁番村民巴哈尔 伊朗导游孟雅琪 意大利丝绸设计师伊内斯	9.8
总计	164		100.0

通过表 3-4 可以看出，在这些人物语言中，纪录片较多地引用了各国官员政要和各领域学者的话语，各机构人员的话语次之，引用的企业人员和各行商人的话语较少。纪录片《丝绸之路经济带》的解说词由大量发生在古今丝绸之路上的商贸往来和文化交流事件和故事构成，这些事件的领域性较强，需要由与之对应的专业领域人士来辅助阐释，从而增强其可信度和权威性；另外，"丝绸之路经济带"倡议涉及了沿线众多国家的建设，纪录片通过引用大量与"丝绸之路经济带"建设相关的国家的政要和官员的观点看法，能够凸显"丝绸之路经济带"建设的重大意义，同时也呈现出该纪录片的特点。

另外，从人物的国别来看，在纪录片众多的人物语言中，中方人员和外方人员话语都有所涉及，具体所占比例如表 3-5 所示。

表 3-5　纪录片《丝绸之路经济带》中对中方与外方人员话语引用情况

类别	中方人员		外方人员	
	引用次数	占比/%	引用次数	占比/%
官员政要	17	10.4	35	21.3
专家学者	17	10.4	23	14.1
机构人员	8	4.9	20	12.2
企业人员	7	4.2	10	6.1
各行业商人	3	1.8	8	4.9
其他人员	2	1.2	14	8.5
合计	54	32.9	110	67.1

引用总次数：164 次

从表 3-5 中可以看出，在"官员政要"这一类中，外方官员政要所占比例较大，具体来看，外方官员政要话语引用次数为 35 次，占比 21.3%；中方为 17 次，占比 10.4%。在"专家学者"这一类中，中外方专家学者所占比例接近，其中，外方专家学者话语引用次数为 23 次，占比 14.1%；中方为 17 次，占比 10.4%。在"机构人员"这一类中，外方机构人员所占比例较大，其中，外方机构人员话语引用次数为 20 次，占比 12.2%；中方为 8 次，占比 4.9%。在"企业人员"这一类中，中外方基本持平，外方企业人员话语引用次数为 10 次，占比 6.1%；中方为 7 次，占比 4.2%。在"各行业商人"这一类中，外方高于中方，其中，外方各行商人话语引用次数为 8 次，占比 4.9%；中方为 3 次，占比 1.8%。在"其他人员"这一类中，同样外方高于中方，其中，外方其他人员话语引用次数为 14 次，占比 8.5%；中方为 2 次，占比 1.2%。

由以上统计数据可以看到，在纪录片的各类人物语言中，外方人员的语言引用在同类中都占有相对优势。这是由于纪录片着重从国际的视角出发，重点阐述"一带一路"倡议的国际影响，从而在采访对象选取上具有倾向性。

第三节　"五通"尽在词语中

纪录片不仅仅是用来纪录历史与现实事件的一种手段，而且也通过语言表述在服务社会方面起着积极的作用。随着"一带一路"倡议的提出，各大电视台都制作了相关的节目来为这一倡议服务。我们可以看到，在"一带一路"建设背景下，纪录片在解读政策、普及相关知识、传播中央精神等方面有着重要的社会意义。作为原中央电视台财经频道制作的一部纪录片，《丝绸之路经济带》在制作定位上，正是以财经的视角，从政策沟通、贸易畅通、设施联通、资金融通和民心相通这五个方面着手，重点向观众阐释"丝绸之路经济带"沿线各国在各领域的"五通"建设情况的。我们通过对该纪录片"五通"报道中的词语分析，整理出财经类纪录片中的热点内容。

一、政策沟通报道词语中的热点

国际经贸交流的顺利进行离不开各国之间政策上的沟通与相互支持，"一带一路"建设涉及地域广、国家多，因此更需要政策沟通做保障。在《推动共建丝绸之路经济带和 21 世纪海上丝绸之路的愿景与行动》这一文件中，政策沟通的内涵具体是指"加强政府间合作，积极构建多层次政府间宏观政策沟通交流机制，深化利益融合，促进政治互信，达成合作新共识。沿线各国可以就经济发展战略和对策进行充分交流对接，共同制定推进区域合作的规划和措施，协商解决合作中的问题，共同为务实合作及大型项目实施提供政策支持"。文件中明确提出了加强政策沟通的方式和途径，为各国之间贸易的顺利进行提出了可行性建议。

在为政策沟通服务的报道语言方面，首先，纪录片中直接引用了"丝绸之路经济带"建设过程中的相关具体政策。据统计，在纪录片中，涉及政策的热点词语有 11 个，共出现了 22 次，具体政策、出现频次、所在剧集以及涉及的国家地区如表 3-6 所示。

表 3-6　纪录片《丝绸之路经济带》中的政策词语频次表

政策	出现频次	涉及国家及历史区域中的人和机构	剧集
弘扬人民友谊 共创美好未来	5	中国	《丝路·命运》
			《丝路·贸易》
			《丝路·战争》
			《丝路·文明》
携手共创丝绸之路新辉煌	3	中国	《丝路·命运》
			《丝路·战争》
			《丝路·文明》
"未来之路"项目	3	哈萨克斯坦	《丝路·命运》
			《丝路·交通》
和亲政策	3	中国（汉朝）	《丝路·战争》
高昌文书	2	中国（粟特人）	《丝路·复兴》
粟特人商业结盟协议	1	中国（粟特人）	《丝路·商道》
构建中巴命运共同体 开辟合作共赢新征程	1	中国	《丝路·交通》
土耳其劳工法	1	土耳其	《丝路·交通》
布尔萨丝路客栈通用规则	1	土耳其	《丝路·商道》
"光明大道"计划	1	哈萨克斯坦	《丝路·交通》
国际货币通行规则	1	亚投行（总部：中国）	《丝路·货币》

　　表 3-6 中的政策词语虽然在将近 6 万字的文本中出现频次较低，但是仍然可以看出纪录片对古今中外的国家和地区的政策都有所涉及，并且在纪录片的每一集里都提到了。在"五通"建设中，交通、贸易、金融等几个方面均离不开政策沟通，"五通"中的设施联通、贸易畅通、资金融通、民心相通也均需要政策沟通做保障。

　　为了更为详细地阐释政策沟通在"丝绸之路经济带"沿线各国贸易交流中的重要地位，除了为观众直观地呈现相关的政策法规之外，纪录片《丝绸之路经济带》引用了一些相关事例来为观众呈现政策沟通在其中所起的作用，通过"相关事例+相关政策"来体现政策沟通的必要性。例如：

　　（1）伊斯坦布尔到首都安卡拉的高铁于 2014 年 7 月 25 日全线建成通车，其中二期工程由中国铁建牵头组建的合包集团与土耳其两家公司联合体承建，这是中国企业在海外兴建完成的第一条高铁。坐在自己修建的高铁上，徐铁生对于列车高速运行时的任何一个细节都了如指掌。（中国土木工程集团有限公司高级工程师徐铁生）"土耳其劳工法，它有一个保护，就是我们作为中国企业，我们不能全用中国人去实施这个项目，它有一个1：5的要求，也就是说你用1个中国人，你必须有5个当地的员工，共同干这个工作才可以。"随着时速250公里的安伊高铁开通，在土耳其最重要的两个城市之间往来，现在只需要3个多小时。（土耳其安卡拉外务处主任拉马赞·阿巴沙卡尔）"丝绸之路经济带将在未来的一个世纪里，重新复苏，创造新的历史。"（第三集《丝路·交通》）

（2）打开亚洲基础设施投资银行的规则，全世界在字里行间中真实感受到了中国人的诚意，中国政府占有亚投行 26.06%的投票权，但作为认缴股本最多的国家，投资的最终权利被分享给了所有的参与者，同时，作为一家多边开发性金融机构，亚投行确定的是"美元首选、货币兼容、本币拓展"的国际通行规则。倡议筹建了亚投行的中国并没有借此将人民币作为亚投行的主导货币。（第四集《丝路·货币》）

"在差异中寻求互补，在尊重中寻求合作"是丝路精神的要求。作为"丝绸之路经济带"上的命运共同体，彼此间的政策沟通是合作共赢的前提。从例（1）、（2）中我们可以看到，"丝绸之路经济带"上的道路联通、资金融通离不开政策沟通，制度政策上的交流对接是实现发展的重要保障。

总体来看，纪录片中所提到的政策内容对纪录片解说词具有解答补充、突出主题、总结升华的作用。例如：

（3）1991 年，随着苏联宣告解体，欧亚腹地被分割得更为分散，为了整合这部分丝路上的资源，一些国家相继推出了自己的计划，但由于种种原因，这一区域的经济发展艰难的现状并没有改变。数十年间，丝绸之路沉默地等待着自己新的命运之旅。进入新世纪的今天，古老商道的命运又将会填充哪些新的故事呢？

纳扎尔巴耶夫大学，哈萨克斯坦的最高学府，2013 年 9 月 7 日，一个来自东方大国的声音在丝绸之路的古道上第一次提出了一个事关几十亿民众福祉的倡议："我的家乡中国陕西省，就位于古丝绸之路的起点。站在这里，回顾历史，我仿佛听到了山间回荡的声声驼铃，看到了大漠飘飞的袅袅孤烟。这一切，让我感到十分的亲切。当前，中国同中亚国家关系发展面临难得机遇。我们希望同中亚国家一道，不断增进互信、巩固友好、加强合作，促进共同发展、繁荣，为各国人民谋福祉。我们可以用创新的合作模式，共同建设'丝绸之路经济带'。"（《丝路·命运》）

（4）习近平（中国国家主席）：<u>中国坚持正确义利观，帮助巴基斯坦就是帮助我们自己。中巴经济走廊是中巴实现共同发展的重要抓手。我们要发挥走廊建设对两国务实合作的引领作用，以走廊建设为中心，以瓜达尔港、能源、基础设施建设、产业合作为重点，形成"1+4"合作布局。走廊规划和布局要兼顾巴基斯坦各地区，让发展成果惠及巴基斯坦全体人民，进而惠及本地区各国人民。</u>（《丝路·交通》）

例（3）画线部分引自习近平主席2013年9月7日《弘扬人民友谊 共创美好未来——在纳扎尔巴耶夫大学的演讲》①，解答了上一段最后一句的疑问，为前文所讲的"一带一路"沿线国家艰难的发展现状提出了解决方法。例（4）引自习近平主席2015年4月21日在巴基斯坦议会发表的演讲《构建中巴命运共同体 开辟合作共赢新征程》，其上文首先讲到了巴基斯坦以瓜达尔为代表的基础设施建设的困境以及中巴如何通过合作来帮助解决巴基斯坦当下的交通建设问题。在电视纪录片语言中，用政策结尾，总结了本集所要突出的主题，也凸显了政策沟通在设施建设方面所发挥的重要作用。其次，如例（1）、（2）所示，对于观众而言，政策沟通的内涵较为抽象。为了向观众直接呈现政策沟通在各国商贸往来中的重要性，为了向观众说明政策沟通在"丝绸之路经济带"上所起的作用，纪录片通过"具体政策+具体事例"来传递政策沟通的相关内涵。这样既能够对政策沟通本身加以解读，也能发挥为大众服务的功能。

综上，在纪录片《丝绸之路经济带》中，为了实现为政策沟通服务的目的，一方面，列举了一些"丝绸之路经济带"国家间合作时所遵循的政策条例；另一方面，为观众呈现了11条相关政策的具体事例，向观众传达了政策沟通的部分内涵及重要意义。

---

① 例子中语料以纪录片视频中的表述为准，下同。

二、贸易畅通报道中的词语热点

《推动共建丝绸之路经济带和 21 世纪海上丝绸之路的愿景与行动》文件指出，贸易畅通是"一带一路"建设的重点内容之一。贸易畅通建设包括消除各国贸易和投资壁垒、拓宽贸易与相互投资领域、推动新兴产业合作等内容。

（一）贸易物品词语

在贸易畅通报道语言中，纪录片《丝绸之路经济带》中使用了众多古今丝绸之路上的贸易物品词语，具体分析见表 3-7。

表 3-7　纪录片《丝绸之路经济带》中贸易物品词语使用分类表

类别	频次	示例
饮食	63	茶叶（红茶、砖茶等）、印度菜、香料
能源材料	42	石油，沥青
纺织品	31	丝织品、伊朗地毯、布尔萨头巾
动物	25	汗血宝马、牛、骆驼
植物	17	西瓜、小麦、棉花
器物	13	那林古堡陶器、玉石、火药
交通工具	12	汽车

通过 3-7 所提到的这些贸易物品词语，观众可以大致了解到古代丝绸之路和当代丝绸之路经济带沿线国家在经济往来过程中的主要贸易商品。正是在贸易畅通下，沿线国家才实现了商品的互通有无。为了更好地向观众阐释贸易畅通的内涵，该纪录片为贸易畅通设置了专门的一集——第二集《丝路·贸易》。在第二集《丝路·贸易》中，纪录片通过梳理古往今来典型的贸易活动事例来为观众阐释畅通的贸易活动给各国生活、经济、文化风俗等方面带来的影响。

以历史或现实事件来叙述内容，为观众传递相应的信息，是纪录片《丝绸之路经济带》的一大特色，通过叙述诸多相关事件或故事，为观众通俗直观地呈现了贸易畅通的内涵精神。在第二集《丝路·贸易》中，该纪录片讲述了古往今来丝绸之路贸易畅通下的商贸往来活动以及由此促成的物种迁徙、文化交流、设施建设等的事例。具体如图 3-1 所示。

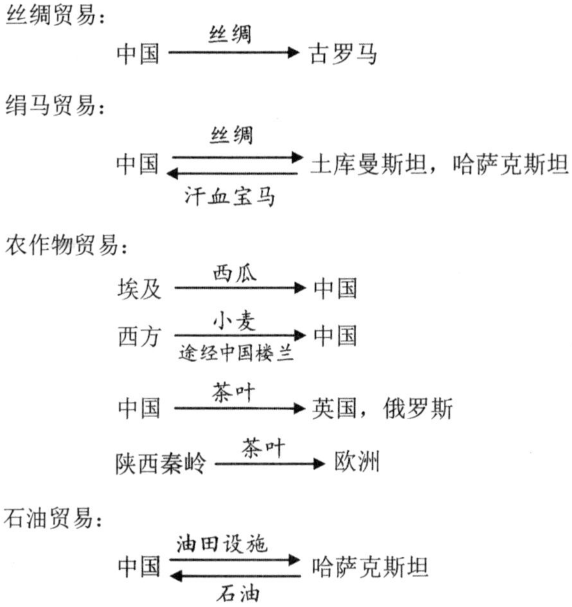

丝绸贸易：

$$中国 \xrightarrow{\text{丝绸}} 古罗马$$

绢马贸易：

$$中国 \overset{\text{丝绸}}{\underset{\text{汗血宝马}}{\rightleftharpoons}} 土库曼斯坦，哈萨克斯坦$$

农作物贸易：

$$埃及 \xrightarrow{\text{西瓜}} 中国$$

$$西方 \xrightarrow[\text{途经中国楼兰}]{\text{小麦}} 中国$$

$$中国 \xrightarrow{\text{茶叶}} 英国，俄罗斯$$

$$陕西秦岭 \xrightarrow{\text{茶叶}} 欧洲$$

石油贸易：

$$中国 \overset{\text{油田设施}}{\underset{\text{石油}}{\rightleftharpoons}} 哈萨克斯坦$$

图 3-1　纪录片《丝绸之路经济带》中进出口贸易示意图

以上纪录片中提到的贸易活动既涉及了进口贸易，也涉及了出口贸易，通过画面和解说，这些词语更加直观地为观众呈现出各国之间互通有无的历史与现实意义。从历史上丝绸与马匹的物物交换，到后来因贸易携带入境并落地生根的西瓜与小麦等农作物，再到以货币为中介销往英国、俄罗斯的茶叶，最后到现在"丝绸之路经济带"建设中中国企业在哈萨克斯坦油田的项目投资，纪录片第二集《丝路·贸易》以时间为轴线，将古往今来丝绸之路上的贸易活动进行了梳理，让观众从这些事例中了解到畅通的贸易对各国经济、生活与文化风俗带来的积极影响。以具体的事例、生动的故事向观众传递"贸易畅通"的必要性，这是该纪录片用语言阐释"贸易畅通"的主要途径之一。

（二）数字词语

纪录片《丝绸之路经济带》力求以财经的视角为人们阐述古往今来各国人民在这条古老商道上的交流活动，在这一语境下，第二集《丝路·贸易》在多处使用了数字词语来向人们传递丝绸之路上相关的贸易信息，统计如表 3-8 所示。

表 3-8 纪录片用以反映贸易活动数字词语使用示例

贸易活动	数字词语示例
丝绸贸易	（古）罗马作家普林尼在《博物志》中记载，为了获得中国的丝绸，罗马每年的花费不下一亿罗马金币，相当于整个罗马每年国库的四分之一。
绢马贸易	从汉朝到宋王朝的一千多年间，马匹的买卖都集中在边境的集市上进行，贸易实行的是物物交易的规则，遵循的价格标准则是一匹马交换若干匹丝绸。
农作物贸易	英国人获得茶叶的第一次记载是在 1664 年，东印度公司的一位董事用了四英镑五先令购买了两磅二盎司的茶叶送给了英国的国王。
石油贸易	目前哈萨克斯坦的 25% 的石油资源是由中国公司开采的，许多中国企业已经在哈萨克斯坦运营，包括建筑、教育、基础设施建设，您看一下，通过哈萨克斯坦铺设了大型的输气管道，从中亚土库曼斯坦到哈萨克斯坦再到中国，我们建成了每年可向中国输送两千万吨原油的输油管道。

用数字词语表述是反映财经活动最直接、最直观、最有说服力的方式，在叙述不同的贸易活动时，该集纪录片使用相关的数字来反映贸易细节，更精确地向观众传递信息。另外，在本集结尾处，纪录片连续多处使用了数字词语来反映自"丝绸之路经济带"倡议提出以来我国与一些沿线国家的贸易成果。例如：

（5）截止到 2016 年 11 月份的数据统计，2016 年中英贸易额突破 1000 亿美元，自 2010 年以来，英国对华出口总体增长了 108%，中国已经成为英国的第七大出口国和第二大进口国。2016 年，中德贸易额为 1512.9 亿美元，同比增长 258.6%。2016 年，哈萨克斯坦与中国双边货物进出口额为 78.8 亿美元。2016 年，中国和巴基斯坦双边贸易额达到 124 亿美元，中国对巴直接投资大幅增长 130%。商务部最新数据显示，今年一季度，我国与"一带一路"沿线国家双边货物贸易总额超过 16553 亿元人民币，同比增长 26.2%，其中，我国对沿线国家出口 9376 亿元，同比增长 15.8%；我国自沿线国家进口 7177 亿元，同比增长 42.9%。从 2013 年中国发出建设"丝绸之路经济带"的倡议到今天，光阴只是短短地流转了三年，但欧亚大陆上实实在在的贸易数据却真实地诉说着这条全新经济带上所诞生的新的贸易繁荣，数千年间流转在丝绸之路上的古老贸易行为，今天已经开始在中国方案的倡导下，以更高速、更融合、更公平的方式惠及着丝绸之路上的每一个人、每一个国家、每一个民族。

如例（5）所示，量化的数据结果可以具体有力地展现叙述对象的发展现状，正是因为"丝绸之路经济带"这一倡议提出以来沿线各国的贸易合作，贸易双方的经济增长呈良好势头。连续运用一系列数字词语，明显增强了语势，更加具体直观地展示了双边贸易成果，从这些量化的数据中我们可以看到在贸易畅通背景下，"丝绸之路经济带"沿线国家在经贸往来上的增长势头。

综上，为了发挥为贸易畅通服务的功能，纪录片用古今具体的贸易事例来体现贸易畅通这一原则的内涵；在这些具体的事例中，纪录片运用了大量的贸易物品词语和数字词语来向观众生动、直观、准确地呈现在"一带一路"倡议下各国贸易往来的成果。

三、设施联通报道中的词语热点

设施联通即"五通"中的基础设施互联互通。设施联通不仅包含道路联通，还涉及了能源、网络等基础设施的联通。纪录片《丝绸之路经济带》主要从道路联通着手，其中第三集以《丝路·交通》为题，专门对交通基础设施建设的历史和现状展开了叙述。除了交通基础设施，纪录片也提到能源等基础设施。据统计，在系列纪录片中，有关基础设施的词语出现了 174 次，具体基础设施、出现频次、所在剧集以及涉及的国家和地区如表 3-9 所示。

表 3-9　纪录片《丝绸之路经济带》中的基础设施分类频次表

基础设施		频次	出现剧集	涉及的国家和地区
交通基础设施	铁路	30	《丝路·贸易》 《丝路·交通》 《丝路·商道》 《丝路·战争》 《丝路·复兴》	中国（阿拉山口、重庆、成都） 德国（杜伊斯堡） 巴基斯坦 哈萨克斯坦 波兰（罗兹） 俄罗斯 比利时（安特卫普）
	中欧班列	18	《丝路·交通》 《丝路·战争》 《丝路·复兴》	中国（成都、重庆、新疆） 德国（杜伊斯堡） 波兰（罗兹） 俄罗斯 白俄罗斯 哈萨克斯坦 比利时（安特卫普）
	港口	16	《丝路·命运》 《丝路·交通》 《丝路·复兴》	中国 巴基斯坦（瓜达尔） 土耳其（伊斯坦布尔） 哈萨克斯坦（阿克套） 瑞典（哥德堡） 比利时（安特卫普） 荷兰（鹿特丹） 法国
	渝新欧班列	12	《丝路·交通》 《丝路·战争》 《丝路·复兴》	欧洲 中国（重庆） 比利时（安特卫普）
	火车	11	《丝路·命运》 《丝路·交通》 《丝路·战争》	中国（重庆） 德国（杜伊斯堡） 法国
	列车	10	《丝路·交通》 《丝路·复兴》	中国（新疆、重庆） 土耳其 哈萨克斯坦 俄罗斯 白俄罗斯 德国（杜伊斯堡） 比利时（安特卫普）

基础设施		频次	出现剧集	涉及的国家和地区
交通基础设施	瓜达尔港	9	《丝路·交通》	巴基斯坦（瓜达尔）
	火车站	7	《丝路·战争》《丝路·复兴》	德国（杜伊斯堡）比利时（安特卫普）
	口岸	6	《丝路·贸易》《丝路·交通》	中国（重庆、红其拉甫）俄罗斯（恰克图）
	高铁	6	《丝路·交通》	中国土耳其（安卡拉、伊斯坦布尔）
	高速公路	5	《丝路·交通》《丝路·货币》《丝路·复兴》	哈萨克斯坦（阿克套）巴基斯坦（瓜达尔）比利时（根特）
	机场	4	《丝路·命运》《丝路·交通》	土耳其
	码头	4	《丝路·交通》《丝路·战争》	中国（重庆）德国（杜伊斯堡）
	中巴公路	3	《丝路·交通》	中国（喀什）巴基斯坦（塔科特）
	海运	3	《丝路·交通》《丝路·战争》	
	（跨海）大桥	2	《丝路·贸易》《丝路·交通》	哈萨克斯坦土耳其
	国际列车	2	《丝路·交通》	中国（重庆）
	货运	2	《丝路·交通》《丝路·复兴》	中国
	航空运输	2	《丝路·交通》《丝路·战争》	中国欧洲
	中铁	1	《丝路·战争》	中国
	海底隧道	1	《丝路·交通》	土耳其
	俄铁	1	《丝路·战争》	俄罗斯
	哈铁	1	《丝路·战争》	哈萨克斯坦
	德铁	1	《丝路·战争》	德国

基础设施		频次	出现剧集	涉及的国家和地区
能源基础设施	油田	6	《丝路·贸易》《丝路·交通》《丝路·商道》《丝路·复兴》	哈萨克斯坦（曼格斯套）巴基斯坦
	电力设施	3	《丝路·货币》《丝路·复兴》	巴基斯坦孟加拉国
	炼油基地	1	《丝路·贸易》	哈萨克斯坦（阿特劳）
	输油管道	1	《丝路·贸易》	哈萨克斯坦
	输气管道	1	《丝路·贸易》	哈萨克斯坦
	天然气厂	1	《丝路·商道》	中国巴基斯坦
生活服务设施	援建学校	3	《丝路·商道》《丝路·复兴》	中国巴基斯坦
	贫民窟升级项目	1	《丝路·货币》	印度尼西亚

从表 3-9 中我们可以看到，纪录片《丝绸之路经济带》大量提到了有关设施联通的词语，在纪录片的每一集均有涉及。总体来说，在设施联通方面，纪录片以交通基础设施为主，如铁路、公路、高铁、海运等交通运输方式或手段；同时，提到了一些能源基础设施，如油田、天然气厂等。另外，也涉及个别生活服务设施，如中国在巴基斯坦援建的学校、亚投行在印度尼西亚所支持的贫民窟升级项目。通过这些有关设施联通的词语，我们可以了解到"丝绸之路经济带"沿线各国之间在设施联通建设方面的目标与着力点，也可以看出纪录片《丝绸之路经济带》在叙述设施联通时对交通基础设施建设的侧重。

除了基础设施类词语，纪录片《丝绸之路经济带》中也运用了数字词语来介绍设施联通的成果，例如：

（6）截至 2017 年 5 月，中欧班列累计开行总数超过了 4000 列次，其中 2017 年一季度开行 593 列，同比增长 175%；回程班列 198 列，同比增长 187%，受到沿线各国的欢迎和支持。目前中欧班列国内开行城市已达 27 个，覆盖 21 个省、区、市，到达欧洲 11 个国家的 28 个城市。(《丝路·交通》)

（7）渝新欧公司的标志并不张扬地挂在这栋大厦的外墙上。但就是这个看似普通的企业，却掌管着 4 个国家的铁路，10000 多公里的运输路程，以及近 900 亿美元的资源。这是 2012 年 4 月中国、哈萨克斯坦、俄罗斯、德国共同合资组建的铁路物流企业，这也是丝绸之路历史上第一个由沿途多个国家组建的经营实体。（《丝路·战争》）

交通基础设施建设是设施联通中重要的一环，2014 年 11 月 8 日，习近平主席在"加强互联互通伙伴关系"东道主伙伴对话会上的讲话中指出："丝绸之路首先得要有路，有路才能人畅其行、物畅其流。"纪录片以数据来说明"丝绸之路经济带"建设在交通基础设施联通方面取得的阶段性成果，清晰明了，具有说服力。

综上，纪录片《丝绸之路经济带》侧重讲述设施联通中的交通基础设施建设。纪录片提到了大量的有关交通基础设施、能源基础设施和生活服务设施的词汇，同时用相关建设事例来阐释设施联通的内涵。另外，纪录片也运用了数字词语来直观地为观众呈现"丝绸之路经济带"上设施联通的建设热点。

四、资金融通报道中的词语热点

资金融通也是"五通"之一，最初叫货币流通。这一倡议鼓励各国在经常项目与资本项目下实现本币兑换与结算，以降低货币流通成本，增强各国抵御金融风险的能力，提高各地区经济的国际竞争力。在《推动共建丝绸之路经济带和 21 世纪海上丝绸之路的愿景与行动》中，货币流通改为资金融通，其内涵也有所丰富。除了倡导扩大"丝绸之路经济带"沿线国家双边本币互换和结算的规模外，在深化金融合作，推进亚洲货币稳定体系、投资体系和信用体系建设方面也提出了具体的建议。

纪录片《丝绸之路经济带》为货币流通设置了专门的一集——第四集《丝路·货币》。该集提到了大量古丝绸之路上曾经存在过的、在有关国家与地区贸易中起过重要作用的货币币种，如希腊银币、汉朝五铢铜钱、宋代交子、贵霜钱币等；也提到了现代货币，如人民币、美元和哈萨克斯坦的坚戈等。据统计，纪录片中有关货币的词语出现达 112 次，其中，"货币"这一关键词出现 39 次，"纸币"这一关键词出现 19 次。各币种出现频次具体统计见表 3-10。

表3-10　纪录片《丝绸之路经济带》中提到的古今货币频次表

币种	出现频次
美元	19
交子	12
铁钱	6
希腊银币	4
坚戈	4
五铢铜钱	3
西方金银币	1
贵霜钱币	1
开元通宝	1
交钞	1
卢布	1
罗马金币	1

通过表 3-10 的统计数据可以看到，该纪录片较多地涉及了古代各国的货币种类。由此可见，该纪录片在讲述"丝绸之路经济带"上的货币流通时着重从历史的角度来展开。

在这一集中，为了说明货币在沿线各国贸易往来中的作用，该集纪录片也通过比较的手段来向观众传递货币流通的重要性。例如：

（8）如果有交易双方互相都认可的货币，交易量就会上升。没有的话，双方的商品必须是对方想要的，这样一来，贸易量就少很多。

例（8）主要是将物物交换与以货币为中介的商品交换做对比，重点突出货币在交易中所起的关键性作用。再如：

（9）单枚铁钱价值低，但分量很重，大宗商品贸易时，铁钱使用极为不便。据史料记载，当时成都市场上买一匹布需要铁钱两万，这些钱总重量达到了约250公斤，付一次账，商家需要用马车来拉运铁钱。……聪明的成都商人最终拿出了解决的方案，一种叫作交子铺户的货币兑换机构，出现在了成都的街头，这种商铺专门为不便携带巨款的商人提供现金保管业务。商人存放在商铺里的钱，被写明在一张纸上，这张标注了铁钱数量的纸，代替了笨重的铁钱，商户之间支付货币，变得轻盈而又方便。

例（9）将笨重的铁钱与轻便的交子做对比，突出了在贸易往来中，货币形式的不同对贸易畅通所带来的影响。再如：

（10）但哈萨克斯坦走在复兴的道路上，依旧面临着来自最深层次的障碍，发展经济所需要的资金，就是这个国家眼下需要面对的难题。……在亚洲开发银行预测的数据里，2010 年至 2020 年间，包括中国在内的亚洲地区，所需要的基建投资将超过 80000 亿美元，国家之间互联互通所需要的投资，将达到 3000 亿美元，而亚洲开发银行和世界银行两个最大的金融机构现在每年在亚洲地区基础设施的投资总和，只有 300 亿美元左右，巨大的资金缺口让丝绸之路的破茧重生必然寻求着新的途径和帮助。……（巴基斯坦商人阿扎姆）"巴基斯坦现在就缺电，我们每天有 3 个小时，不同的时间停电，早上 6 点到 7 点，中午好像是 2 点到 3 点，还有晚上有时 6 点到 7 点这样。"每天停三次电，对这个城市的市民来说已经是家常便饭了。巴基斯坦伊斯兰共和国盛产优质棉花，也拥有丰富的矿产，但这个国家的电力极为短缺。这样的短板一直制约着国家的经济生产。让电灯照亮巴基斯坦的黑夜是巴基斯坦人的一个梦想。……2016 年 1 月 16 日，中国国家主席习近平在北京宣布中国政府将展开一个拓展丝绸之路的重大决定，建立一家注册资本金为 1000 亿美元的亚洲基础设施投资银行，这家银行将集中全球 57 个创始成员国的议员，重点对亚洲地区的能源、交通、农村发展、城市发展和物流等五个方面的基础设施提供资金支持。

例（10）以货币数字来突出资金在现代社会建设中的制约作用。同时，此例也说明了中国是推进亚洲基础设施投资银行（亚投行）成立的重要推手，成立亚投行也是资金融通中的重要举措之一。纪录片在叙述完历史上金融货币的更迭之后，又列举了哈萨克斯坦、巴基斯坦等地在基础设施建设方面因货币资金问题而形成的一系列现实问题。在面对这些问题时，由日本和美国主导的亚洲开发银行、由联合国主导的世界银行都未能够提供有效帮助。相较之下，由中国倡议筹建的亚洲基础设施投资银行在促进货币流通、促进"丝绸之路经济带"沿线国家基础设施建设方面意义重大。

综上，纪录片《丝绸之路经济带》主要通过比较的手段来为观众揭示资金融通的部分内涵。从纵向上来说，通过对古往今来不同种类货币的对比，让观众了解到了不同国家间贸易往来过程中低流通成本的货币的重要性；从横向上来说，不同国家为经济贸易、基础设施建设等选取了不同的货币政策。通过这样的对比，更加凸显了在"一带一路"背景下推行的货币政策对深化"丝绸之路经济带"上国家间的金融合作、推进资金融通方面的重要作用。

五、民心相通报道词语中的热点

作为"一带一路"建设的社会根基，民心相通的内涵十分广泛，涉及了文化交流、学术来往、人才交流合作、旅游合作、医药领域合作、科技合作等方面。八集纪录片《丝绸之路经济带》虽然没有为民心相通设置专题，但是在不同的剧集中，纪录片在许多方面都体现了民心相通的内涵，如表 3-11 所示。

表 3-11　纪录片《丝绸之路经济带》中的民心相通内容分类表

民心相通内涵	片中事例	出现剧集
推进沿线国家就业	筹建瓜达尔港为巴基斯坦人民带来就业机会	《丝路·交通》
	中国东方集团联合能源巴基斯坦公司为当地青年创造就业机会	《丝路·商道》
面向基层群众开展教育活动	中国东方集团联合能源巴基斯坦公司援建当地学校	《丝路·商道》
促进沿线贫困地区生产生活条件改善	印度尼西亚贫民窟升级项目	《丝路·货币》
促进人才交流合作	瑞典中欧汽车技术中心人才交流	《丝路·复兴》
加强科技合作	土耳其安伊高铁	《丝路·交通》
	中哈里海沥青厂实验室	

习近平主席在阐释民心相通时强调，要搞好政策沟通、设施联通、贸易畅通、资金融通各领域的合作，必须得到各国人民支持，必须加强人民友好往来。除了在上述事例中体现民心相通的内涵外，纪录片在叙述政策沟通、设施联通、贸易畅通、资金融通时也将各国各行业的人员对这些建设的看法与评价融入不同的剧集专题中，从他们的话语中，观众可以直观地看到"丝绸之路经济带"建设中的民心相通。例如：

（11）马克·凡·皮尔（比利时安特卫普市副市长兼港务局主席）：三

年前，当中国开始宣传'一带一路'倡议①时，我们就率先进行了分析研究。我们意识到，作为一个重要港口，我们要为此做准备，我们也必须计划如何在'一带一路'倡议②中发挥更为重要的作用。（《丝路·复兴》）

（12）赛义德·阿里·伊斯法罕（德黑兰大巴扎地毯商人）：我希望发生这样的事情（'丝绸之路经济带'的建设），因为人嘛，总是向往生存的，如果你说的事情变成现实，地毯领域也会重新繁荣。（《丝路·战争》）

（13）金立群（亚洲基础设施投资银行行长）：当你推动自己国家利益，同时又给其他周边国家带来好处，你不仅得到自己国家人民的拥护，你还能得到世界上很多很多国家人民的拥护，这样的事情难道不好吗？（《丝路·货币》）

从以上所引的例（11）至例（13）中可以看出，在"丝绸之路经济带"的交通、贸易、货币等建设领域，"一带一路"倡议受到了沿线各国人民的重视与支持，纪录片通过引入沿线国家人民对"一带一路"建设的积极态度与正面评价，向观众直观地传递了民心相通的内涵。

第四节　影像语言凸显报道热点

纪录片作为一种影视形式，不仅限于用声音来传递信息，同时还结合了画面影像来表达意义。纪录片中的语言表达呈现出影像语言的形式，即结合声音和画面的语言形式。这种将听觉符号和视觉符号结合起来的艺术形式，对人们理解新信息有着积极的效果。欧阳宏生（2004）认为，纪录片的声音语言主要包括解说词、人物同期声、自然音响、效果音响和音乐等。按照这种解释，人物同期声指的是纪录片画面上出现的人物（如主持人、采访者、被采访者等）的同步语言，即人物语言。画面语言则主要由字幕、动态画面组成。本节着重讨论纪录片中人物语言与视觉语言的特点，通过分析这些语言的特点与作用，我们可以了解纪录片是如何通过这些语

---

①② 鉴于国家媒体报道中统一用"'一带一路'倡议"的说法，现将早期报道中的部分说法改为"'一带一路'倡议"。

言来为相关主题服务、呈现报道热点的。

一、人物语言表达

本纪录片中所呈现的人物为演讲者与受访者，纪录片画面中隐去了采访者。这样一来，一方面，演讲者与受访者的话语直接承接相应的解说词，加强了纪录片的整体性，也保证了观众观影的顺畅性；另一方面，从互动语言学的角度来看，观众不再以旁观者的视角来观看纪录片中的人物对话，而是直接去理解以上人物语言要传递给自己的信息，演讲者与受访者在这种情景下直接与观众形成了一种互动。

（一）演讲者语言特点

纪录片《丝绸之路经济带》中的主要演讲者之一为习近平主席，该纪录片截取了习近平主席在"丝绸之路经济带"沿线国家的一些重要会议上的演讲内容。纪录片中的受访者则身份多样，涉及了各行各业的人物，如政府官员、公司职员，等等。

就演讲者而言，据统计，该纪录片中出现的习近平主席的演讲有 11 处。由于是中国最高领导人在重要会议上的讲话，演讲者的语言具有书面性、规范性和官方性的特点，这是由政治性演讲本身的属性所决定的。例如：

（14）习近平（中国国家主席）：中国坚持正确义利观，帮助巴基斯坦就是帮助我们自己。中巴经济走廊是中巴实现共同发展的重要抓手。我们要发挥走廊建设对两国务实合作的引领作用，以走廊建设为中心，以瓜达尔港、能源、基础设施建设、产业合作为重点，形成'1+4'合作布局。走廊规划和布局要兼顾巴基斯坦各地区，让发展成果惠及巴基斯坦全体人民，进而惠及本地区各国人民。（《丝路·交通》）

例（14）是习近平主席 2015 年 4 月 21 日在巴基斯坦议会发表的题为《构建中巴命运共同体　开辟合作共赢新征程》的重要演讲。从内容上来说，纪录片所选取的习近平主席的演讲话语既有建议类的内容，也有阐述类或断言类的内容。例如：

（15）习近平（中国国家主席）："丝绸之路经济带"总人口 30 亿，市场规模和潜力独一无二。各国在贸易和投资领域合作潜力巨大。各方应该就贸易和投资便利化问题进行探讨并做出适当安排，消除贸易壁垒，降低贸易和投资成本，提高区域经济循环速度和质量，实现互利共赢。(《丝路·贸易》)

(16)习近平(中国国家主席)：千百年来，在这条古老的丝绸之路上，各国人民共同谱写千古传诵的友好篇章。两千多年的交往历史证明，只要坚持团结互信、平等互利、包容互鉴、合作共赢，不同种族、不同信仰、不同文化背景的国家完全可以共享和平，共同发展。这是古丝绸之路留给我们的宝贵启示。(《丝路·文明》)

例(15)、(16)是习近平主席 2013 年 9 月 7 日在哈萨克斯坦纳扎尔巴耶夫大学发表的题为《弘扬人民友谊 共创美好未来》的重要演讲。其中例(15)为建议类的内容，习近平主席针对"丝绸之路经济带"上的贸易和投资便利化提出了自己的看法和建议。例(16)为阐述类或断言类的内容，着重阐释了古丝绸之路留给后人的宝贵启示。

除了以上在内容方面的特点，从词汇角度来看，纪录片所选取的演讲话语中使用了一些政治公文及外交演讲中常见的词汇，如"抓手""致力于""共赢""合作"等。同时，由于受语境的影响，在这些语句中包含了大量与"丝绸之路经济带"相关的词汇，如"亚投行""一带一路""贸易壁垒""设施联通"等。

纪录片选取的习近平主席的演讲话语，是对纪录片解说词部分的高屋建瓴的指导。例如：

(17)当历史的年轮定格在 2013 年 9 月 7 日这一天，世界的目光都聚焦在中亚的这个大学礼堂里。这位东方大国的领导人向全世界提出了一份来自东方的倡议。(习近平主席)"我们可以用创新的合作模式，共同建设'丝绸之路经济带'"。(《丝路·命运》)

例(17)中选取习近平主席演讲中的话语对前一句句末所提出的"东方的倡议"做了生动的解说和总方向的引领。从习近平主席的话语中，观众感受到了"丝绸之路经济带"的魅力，从而对纪录片要讲述的内容有了进一步的认识。

此外，纪录片每一集的结尾处都会引用习近平主席的演讲话语来阐释"一带一路"的思想内涵或建设意义。借助习近平主席的演讲话语，能够有效地深化节目的主题，使得纪录片观众更直观地了解"一带一路"这一大政方针的现实意义。

（二）受访者语言特点

在该纪录片中，受访者的语言在所有的人物语言中占了较大比例。纪录片采访的人物类型众多，包含了中方人员和外方人员。纪录片中的中方受访者主要有特定领域的专家学者、一些相关机构人员、企事业单位人员和商人等。相较于演讲者以及一些受访的政界首脑，这些人的话语比较通俗直白，口语化、个性化特点明显。在受访人的话语中，较多地使用了语气词和叹词"呢""啊"，以及话语标记词"这个"等。例如：

（18）宫玉振（北京大学国家发展研究院教授）：亚历山大之前呢，这个欧洲和中亚地区，是并没有直接的联系的。（《丝路·命运》）

（19）葛剑雄（复旦大学教授）：所以这样一种他们从来没有见过的，而且的确这个感觉非常好的，啊，外观也漂亮，穿着又舒服，那么一时就成为时尚，甚至罗马的丝绸曾经是财富、地位、身份这样一种象征。（《丝路·贸易》）

例（18）、（19）中，两位学者分别用语气词"呢"和叹词"啊"表示对话题的补充；用了话语标记"这个"表示说话人对话题的提示。

不同于规范的演讲书面语，在现实的交际场合中，处于互动环境下的采访者与受访者总是在不断地进行着话轮的转换。在即兴回答的语境下，说话人往往由于各种原因而思维中断，表现在语言上就是语言停顿现象的发生。这时，说话人就需要借助某些策略和语言手段来占据当下的话轮，以此来维持对话轮的支配权，同时也给自己提供思考或修正的机会。除此之外，受访者在强调某一要素时，也会借助特定的语言手段来实现强调。在纪录片中，语气词"呢"、叹词"啊"，以及话语标记词"这个"的大量使用，正是由于停顿或者为了突出话题、引起观众的注意而采用的语言衔接手段。

在为观众讲述"丝绸之路经济带"的内涵时，纪录片涉及了很多对于一般观众而言不太熟悉的信息，如有关"丝绸之路经济带"的某些地名、事件、人物等。为了使观众能够更为深入地理解纪录片所要传递的内容，纪录片通过相关领域的权威人物的话语，向观众提供了特定的背景知识。

例如：

（20）威廉·戈兹曼（美国耶鲁大学教授）：最初的纸币被称为"交子"，这是一项伟大的发明。中国的纸币是由桑树的树皮制成的，桑树的叶子则被用作蚕的饲料，桑树里面的树皮是很漂亮的，用这种树皮制成的纸是紫灰色的，如果你用这种树皮制作东西，就可以留存很长时间，你可以反复折叠这种纸，即使经过很多人的手，这种纸仍然可以很好用。（《丝路·货币》）

例（20）引用的受访者的话语为观众提供了有关"交子"的信息。由于"交子"是中国历史上继"铁币"后通行的货币，所以对于很多观众而言这是一个未知的信息，大多数人不了解货币更替的缘由。此处受访者语言中对"交子"的详细介绍使观众了解了中国特定历史时期货币更替的背景知识。

在阐释"一带一路"的重要意义方面，受访者的语言同样起到了重要的作用。相比于通过解说词来向观众阐释"一带一路"的意义，采用演讲者和受访者，尤其是权威学者或"丝绸之路经济带"沿线国家政要的话语来阐释意义，将会增加其可信度与说服力。纪录片中的一些受访者直接面对镜头来表达自己对"一带一路"倡议及建设成果的认识，与观众形成正面的互动，使观众能更加直观地从受访者的话语中了解"一带一路"倡议的价值和意义。例如：

（21）金立群（亚洲基础设施投资银行行长）：当你推动自己国家利益，同时又给其他周边国家带来好处，你不仅得到自己国家人民的拥护，你还能得到世界上很多很多国家人民的拥护，这样的事情难道不好吗？这是中国外交上的重大胜利，也是57个创始成员国的重大的外交胜利，这是我们共同的胜利。（《丝路·货币》）

（22）克维里卡什维利（格鲁吉亚总理）①："丝绸之路经济带"的建设对所有国家来说都是一个发展良机，不仅仅是格鲁吉亚所在的南高加索地区，也包括沿线的所有国家。（《丝路·复兴》）

例（21）借助亚投行行长的话语来说明"丝绸之路经济带"的货币政策对基础设施建设的重要意义；例（22）引用格鲁吉亚国家政要话语中对

---

① 格鲁吉亚总理克维里卡什维利为前总理，下同。

"丝绸之路经济带"的积极评价来说明"一带一路"倡议的国际意义。除此之外，纪录片引用的一系列相关话语，为"一带一路"倡议的传播提供了更为高效、更具说服力的渠道，拉近了与观众的距离，与观众产生了更为有效的互动。

二、视觉语言表达

随着媒体技术的不断发展，人们获取信息的手段不再仅限于语言符号形式，图像、音乐、手势等视听语言符号在信息传递过程中的作用愈加显著。人们将这些话语或事件中涉及的符号资源统称为"模态（mode）"。在韩礼德的系统功能语言学理论下，社会符号学研究者开始将语言学理论应用于这些语言符号的分析，由此诞生了"多模态符号学"（胡壮麟 等，2017）。多模态研究领域广泛，主要涉及图像、声音、动作和识图能力等几个方面（李华兵，2013），尤其是随着当今以互联网为代表的新媒体的蓬勃发展，对新媒体中多模态符号的研究有着更为重要的意义。

纪录片作为一种声像结合的电影电视艺术形式，它将语言、图像、音响音乐等多种符号资源结合起来，突破了只用语言传递信息和表达意义的做法。在纪录片《丝绸之路经济带》中，多模态语言的运用为解说"一带一路"热点提供了更多的途径。

（一）视觉模态的提示作用

纪录片往往由声音、连续的图像与字幕这三部分构成。其中，声音主要包括解说词、人物同期声（人物语言）、音响和音乐等。这些声音资源共同构成了纪录片的听觉模态，而连续的图像与字幕则是纪录片中的视觉模态部分。听觉模态与视觉模态大部分时候并不是孤立的存在，两者之间必须协同来完成信息的传递。这是因为，一方面，视觉模态中的图像本身的意义有时模糊不清，受众无法单从图像本身获得有效信息，这时就需要借助听觉模态，尤其是语言来明确意义。另一方面，在各类媒体形式中，为了立体形象地向观众传达信息，使语言描述的对象具象化，有必要借助多种视觉符号来为观众提供信息。

在纪录片《丝绸之路经济带》中，以连续的图像和字幕为代表的视觉符号起到了良好的提示作用。该纪录片以我国政府倡导的政策沟通、道路联通（后为设施联通）、贸易畅通、货币流通（后为资金融通）、民心相通这"五通"原则来拍摄制作。在纪录片的语言模态部分，也就是解说词部分，并没有向观众明确阐释这一信息，因此，为了向观众传递这一创作思路，在片头部分，纪录片以图像的形式呈现出了这一信息，起到了提示作用。如图 3-2 至 3-6 所示。

图 3-2　政策沟通　　　　图 3-3　道路联通　　　　图 3-4　贸易畅通

图 3-5　货币流通　　　　　　　图 3-6　民心相通

以上图片均截取自该纪录片的片头部分，该部分由视觉模态和听觉模态构成。其中，视觉模态包含了字幕语言与背景图片，听觉模态则是片头曲。在这两种模态中，听觉模态片头曲为纯音乐，表达不出清晰的意义，纪录片在这部分主要呈现的是图片和字幕信息，因此，该部分中视觉模态是主模态。视觉模态中的主体部分是"五通"的字幕语言及其背景图片，对纪录片起到了补充解释作用。具体来说，例如图 3-5 的视觉模态中，字幕语言是"货币流通"，背景图片是亚洲基础设施投资银行的大楼。亚洲基础设施投资银行是"货币流通"的重要金融机构之一，所以无论是视觉模态中的字幕语言"货币流通"，还是图片中的亚洲基础设施投资银行，都对本纪录片将要讲述的内容起到了提示作用。

（二）视觉与听觉模式的互补强化作用

在纪录片或是其他广播电视中，听觉模态所承载的信息都较为抽象，而视觉模态由于其自身属性，往往能够更为直观立体地向观众传递信息。听觉模态与视觉模态的配合可以起到对热点问题的补充和强化作用。

视觉模态与听觉模态是纪录片向观众传递信息的主要手段，观众通过看与听，通过调动自己的视觉与听觉，能够全方位地了解纪录片所要表达的内容。纪录片中能够传递有效信息的视觉模态主要以连续的图像与字幕形式为主，听觉模态主要以解说词、人物语言为主，这两者之间的关系往往是互补关系。有时，在纪录片中，视觉模态能够起到补充说明作用，例如：

（23）当历史的年轮定格在 2013 年 9 月 7 日这一天，世界的目光都聚焦在中亚的这个大学礼堂里。这位东方大国的领导人向全世界提出了一份来自东方的倡议。（《丝路·命运》）

图 3-7、3-8 为纪录片画面。

图 3-7　纳扎尔巴耶夫大学　　　　图 3-8　纳扎尔巴耶夫大学礼堂

在例（23）解说词这一小段话中，听觉模态中的解说词并没有向观众明确地传达地点信息，如果观众抛开影像信息，只听解说词的话，单从"中亚的这个大学礼堂"无法获取准确信息。因此视觉模态在这里就起到了补充说明报道热点的作用。从截取的图片中我们可以看到，图 3-7 显示了"中亚的这个大学"这一信息，即哈萨克斯坦首都努尔苏丹市的纳扎尔巴耶夫大学（Nazarbayev University）。图 3-8 则更为具体，不但明确了"中亚的这个大学礼堂"的具体信息，也明确了"这位东方大国的领导人"（即习近平主席）这一信息。在例（23）里，在视觉模态与听觉模态的关系中，视觉模态是主模态，它为作为听觉模态的解说词提供了更为详细的解释，使得观众在观看纪录片时能够准确地把握纪录片所要传递的信息。

在纪录片中，视觉模态对听觉模态有补充说明的作用，同样，听觉模态对视觉模态也能够起到解释说明的作用。例如：

　　（24）伊内斯居住的小镇科莫，位于意大利北部，从 16 世纪以来，这里就是整个意大利，乃至整个欧洲丝绸交易的中心。不足 9 万人的小镇，今天集中了 800 多家丝绸制品设计和生产企业。（《丝路·商道》）

　　图 3-9 为纪录片画面。

图 3-9　意大利科莫街道

　　例（24）中，纪录片旨在为观众介绍意大利科莫这个丝绸交易中心。视觉模态中，画面显示的是意大利科莫这个城市的部分街景，但是这座城市的具体细节，如地理位置、贸易地位、人口以及企业信息等是无法从视觉模态中获取的，于是在这里，听觉模态弥补了视觉模态的不足，用解说词的形式来对动态画面加以解释说明，起到了很好的补充作用。

　　纪录片中的视觉模态与听觉模态之间除了互为补充这一层关系，还有协同强化的作用，当视觉模态与听觉模态所呈现的信息对等时，观众从视觉和听觉上都能够接收同样的信息，这时，这两种模态就可以共同产生一种强化作用。例如：

　　（25）从高空俯瞰，古丝绸之路的南线是由葱岭西行，越兴都库什山，至阿富汗喀布尔后分成两路，西行至赫拉特，与经兰氏城而来的中道相汇，再西行穿巴格达、大马士革抵地中海东岸西顿或贝鲁特，由海路转至罗马；另一线从白沙瓦南下抵达南亚。丝绸之路的中线是翻越葱岭至兰氏城后向西北方向前行分成两条道路：一条与南线汇合，一条抵达今天的伊朗德黑兰市。丝绸之路的北线也分为两条线路：一条经过钹汗，就是今天乌兹别克斯坦东部城市费尔干那，到达木鹿后与中线丝绸之路汇合，继续西行；一条经过怛罗斯，沿锡尔河西北行，绕过咸海、里海北岸至亚速海东岸的塔纳，由水路转刻赤抵达君士坦丁堡，也就是今天土耳其第一大城市伊斯坦布尔。(《丝路·交通》)

与此相应的纪录片画面是用地图示意的古丝绸之路线路图，为观众展示了古代丝绸之路南线、中线和北线这三条线路所经过的地区的路线图。在例（25）里，纪录片的视觉模态与听觉模态呈现的信息是对等的。该集纪录片在近两分钟的画面里向观众展示了古代丝绸之路的详细路线地图，相应地，该处的解说词也重复向观众说明了这一路线的基本信息，视觉模态与听觉模态在这里无所谓主次关系，它们协同向观众传递所要讲述的内容，起到了强化的作用。通过强化，加深了特定信息在观众心目中的印象，较好地实现了信息传递的有效性。

纪录片《丝绸之路经济带》中人物语言与视觉语言的融合使用达到了向观众传递热点信息、为纪录片主题服务的效果。在"一带一路"的相关热点报道中，善于利用人物语言以及多模态语言，就能够极大地提高信息传递的有效性与信息接收的全面性。

第五节　叙事框架搭建语言热点

纪录片作为一种独特的电视艺术形式，和其他广播电视类节目有明显的不同。纪录片《丝绸之路经济带》共八集，每一集的叙事框架由片头、正文和下集预告三部分组成①。每一部分在信息编排上都围绕中心热点展开。

一、点明主题的片头语

各类电视节目常常用简洁而且具有总括性的片头来引出本集要讲述

---

① 第八集无"下集预告"。

的内容。片头语在提领节目要旨、吸引观众注意、提高收视率上具有重要的作用。一般而言，电视节目片头内容主要由片头语、片头画面、片头音效构成（沈玲，2013）。

同其他广播电视类节目的片头语一样，纪录片《丝绸之路经济带》的片头同样是有目的地在为观众提供有效的内容信息。总体而言，该纪录片的片头总时长控制在两分钟内，约占每集整体时长的4.4%。在这么短的时间内，这些片头语着重对本集将要讲述的主要内容进行简要介绍，为观众点明了接下来将要讲述的话题。例如：

（26）在今天英国伦敦的金融城，有着300多年历史的英格兰银行为了纪念世界上最早的纸币，在自己的后花园种植了两棵桑树。一千多年前的丝绸之路上，宋朝的中国人用桑树皮和叶子制作了世界上第一种纸币，为了便捷地完成物资交易，人们在丝绸之路上创造着各种商品交易载体，这种包含着信用约定的载体，演化到今天，就是我们熟知的货币。今天，承载着东方大国所倡导的丝路精神，古老商道上的金融力量不仅担负着几十亿欧亚大陆民众的福祉，更是对世界经济振兴做出的一份约定。（《丝路·货币》）

《丝绸之路经济带》的第四集首先讲述了历史上丝绸之路沿线一些国家的货币在贸易中所起到的重要媒介作用，尤其是中国古代纸币的发明在其中所起到的重要作用，然后讲述了面对当下"丝绸之路经济带"上的一些国家在基础设施建设中由于资金短缺而产生的困难，中国提出筹建了亚洲基础设施投资银行的倡议，旨在促进亚洲区域建设的互联互通。这一集的片头语导出该集所讲的主要话题。从片头语的介绍中，我们大致能够了解到接下来要讲述的内容。

从内容上来看，各集的片头语起到了点明主旨的作用，而在信息编排上或者前后次序上，在引出本集所要描述的对象或是所要谈论的话题时，片头语中的热点词语大部分都出现在片头语的结尾处。例如：

（27）它们是丝绸之路上的商贸驿站，拥抱着东来西往的商队，漫长的岁月中，它们坚守着独有的商业法则，在万里长路上倔强地屹立着。今天的人们把这类区域称为自由贸易区。

他们是历史记载中最具商业天赋的一个人群，在万里长路上，他们创造了解决贸易纠纷的方法，协商出利益分配的原则。今天的人们将这份智慧写进法典，称为国际贸易准则。

　　在斗转星移间，在财富跌宕流转的人间游戏中，人类在丝路上，艰难锤炼出了一份能包容彼此、能共鸣心灵的商业价值理念。坚守和传承这份理念，在今天建设"丝绸之路经济带"的倡议中，已经成为构筑丝路贸易最根本的基础。这就是今天已经行走在丝绸之路上的商道。（《丝路·商道》）

　　在例（27）第五集《丝路·商道》的片头语中，解说词先引入了"自由贸易区"和"国际贸易准则"这两个热点次话题词语，然后引出本集的主要热点话题词语——"商道"。无论是次要话题还是主要话题，它们都在这集的片头语的结尾处出现。这种悬念式呈现话题热点的方式可以吸引观众的注意力。另外，这种最后点明热点话题词语的布局方式，在一定程度上也是受纪录片布局结构的制约使然。在纪录片中，每一集的标题都会以图片的方式呈现于片头语之后。如图3-10的片头语在结尾处将热点话题词语明确展现出来，这样可以和该集标题产生顺势衔接，同时凸显本集热点话题。

图3-10　纪录片《丝绸之路经济带》第五集标题

　　除了第五集的片头语以这样的信息编排方式呈现热点话题，其他各集的片头语也均采用了同样的方式来引出本集将要讨论的话题。

二、叙述事件的正文

（一）缀连叙事的时间地点词语

不同题材的纪录片在叙事布局上有不同的倾向性。在正文部分，《丝绸之路经济带》主要从历史、现代、未来三个时间层面来对这条商贸道路上的经贸活动、文化交流、文明冲突等展开详细叙述。每一集都由几个故事或事件来组织文本，这些独立的故事与事件往往通过地点词语或时间词语相结合的方式连接起来，突出正文热点内容。

纪录片《丝绸之路经济带》中提到众多的国家和地区，这些地点词语在内容上突出了纪录片在讲述"丝绸之路经济带"时的倾向性。在叙事框架上，这些地点词也成为该纪录片推动情节发展的最重要的连贯手段。除了地点词语，时间也是叙事中表示衔接的另一手段。纪录片运用了大量表时间的词语来组织正文，以此清晰地梳理各类事件。表 3-12 以第二集《丝路·贸易》为例来看地点或时间词语在各个贸易活动事件中作为衔接手段的运用。

表 3-12　纪录片第二集《丝绸·贸易》时间地点热点词语举例表

贸易主题	具体事件	时间地点热点词语示例
绢马贸易（丝绸与马匹贸易）	中国丝绸史	按照中国的农历，每年四月十四就是节气小满的日子，这是夏季的第二个节气，在江苏吴江的盛泽，这里的人们在这一天都要开锣唱戏，纪念的是蚕神的生日。
	欧洲丝绸需求	公元前 47 年，鼎盛时期的罗马帝国面积已经横跨了欧亚非大陆，恺撒大帝在刚刚兴建起来的大剧场第一次向欧洲展示了丝绸的温顺和华贵。
	古代东方马匹需求	从长安出发沿着丝绸之路北向西行三千多公里就能找到这片兴都库什山脉与卡拉库姆沙漠交界的区域。这块面积达到上千平方公里的土地在中国历代帝王的心里占据着重要的位置。这里就是诞生世界上血统最为纯正的汗血宝马的所在地。
	绢马贸易	历史上中原王朝与西域各国的绢马贸易最鼎盛的时期是在公元十八世纪的清朝，在现存的有关乾隆时期与哈萨克商业贸易的档案材料中，有一份乾隆二十四年七月份的贸易清单。

续表

贸易主题	具体事件	时间地点热点词语示例
农作物迁移	西瓜的迁移	从中国的西安出发，西行一千四百公里，在丝绸之路的古道上一个盛产西瓜的小城是今天研究贸易带来物种迁移必须要关注的地点，它就是甘肃酒泉市的瓜州县。
	小麦的迁移	在瑞典首都斯德哥尔摩的市中心，有一个特殊的建筑，建筑门前安置了两个石狮子，这里是瑞典的民族博物馆。
	茶叶的迁移	这是英国人最熟悉的休闲场所，也代表了最具英国气质的生活方式。
		这是今天俄罗斯一个普通的边疆小镇，但在丝绸之路上的茶叶贸易历史中它却极为重要，它的名字叫恰克图，在俄语里，恰克图的意思是"有茶的地方"。
		今天，再次回到丝绸之路东方起点的陕西，秦岭深处的茶园依旧青葱茂密，三千多年来的茶叶种植加工历史在这里依然被传承和延续。
石油贸易	中哈石油贸易	这里是哈萨克斯坦的阿特劳，在几千年的岁月里，这座诞生于十七世纪的城市从来都没有登上过丝绸之路繁忙的舞台。
		然而今天的这个城市，依靠石油，强势地占据着丝绸之路的核心位置。

注：这里画线部分实线表示时间词语，虚线表示地点词语。

在表 3-12 中，实线部分的时间词语和虚线部分的地点词语将"绢马贸易""农作物迁移"和"石油贸易"几个大事件中的时间发展历史阶段醒目地表示出来，凸显了纪录片报道热点发生的时间和地点。

从语用功能来看，地点与时间均具有指称作用与定位作用，这使得它们具有强话题性，同时起到引出新信息的作用，是纪录片解说词篇章连贯的重要手段。《丝绸之路经济带》在叙事时，采用从古至今的方式为观众展示丝绸之路上各国之间的交往史，大量地使用地点与时间的相关词汇短语，让事件能够清晰地在地点与时间轴上定位，推动了故事情节的发展，从而有利于新信息的呈现，使得观众易于接受新信息。

（二）强调重要性的结尾语

纪录片《丝绸之路经济带》的每一集都由多个与主题相关的故事或者事件来构成其内容。在叙述完这些故事或事件后，纪录片会在最后向观众讲述这些有关"丝绸之路经济带"建设的意义。那么，在讲述事件意义时，如何运用语言来达到特定的表达效果，如何让内容主旨得到升华，如何让观众信服，这是纪录片结尾所要关注的问题。

我们注意到，《丝绸之路经济带》纪录片中每一集都会以习近平主席在相关会议上的讲话或沿线国家政要的话语作为结尾。从内容上看，纪录片在结尾处借用大量政要的语言实录是为了阐释本集所叙述的有关"丝绸之路经济带"建设话题的现实意义；从表达效果来看，用各国政要的话语结尾，更为直接、客观、真实地向观众介绍"丝绸之路经济带"的重大意义。这增加了纪录片的现场感和真实感，拉近了纪录片与观众的心理距离，更具说服力和感染力；同时也升华了主题，涉及了众多有关"丝绸之路经济带"或是"一带一路"倡议的实施意义。例如最后一集《丝路·复兴》的结尾语中摘引了多国领导人讲话和习近平主席的演讲。

（28）努尔苏丹·纳扎尔巴耶夫（哈萨克斯坦总统）[①]：中国渴望在成立一百周年之际，即 2049 年将自己建成一个高技术、现代化的国家，我们在 2050 年的计划是进入世界上前三十最发达国家行列，这与中国的发展计划，正如我所说，是一致的。我们将共同发展。

（29）阿尔马兹别克·阿塔姆巴耶夫（吉尔吉斯斯坦总统）[②]：丝绸之路经过的所有地区都在努力维护和平，这不是一个简单的经济概念，而是一个能够带来和平与稳定的伟大构想。

（30）阿莱克西斯·齐普拉斯（希腊总理）[③]：中国和希腊位于"一带一路"上，既是海上丝绸之路，也是陆上丝绸之路的必经之地，而"一带一路"又正好是古代丝绸之路的延续。中国的投资对于复苏希腊的经济是非常重要的。

（31）克维里卡什维利（格鲁吉亚总理）："丝绸之路经济带"的建设对所有国家来说都是一个发展良机，不仅仅是格鲁吉亚所在的南高加索地区，也包括沿线的所有国家。

（32）多米尼克·加卢佐·德维尔潘（法国前总理）：我们需要一些积

---

① 哈萨克斯坦总统努尔苏丹·纳扎尔巴耶夫为首任总统。
② 吉尔吉斯斯坦总统阿尔马兹别克·阿塔姆巴耶夫为前总统。
③ 希腊总理阿莱克西斯·齐普拉斯为前总理。

极的项目，我认为"一带一路"项目很好，为世界重要地域带来希望和建设性愿景。

（33）罗马诺·普罗迪（意大利前总理）：这不仅是贸易的问题，还是发展的问题、政治变革的问题，这就是丝绸之路的意义。

（34）肖卡特·阿齐兹（巴基斯坦前总理）：所有国家，包括巴基斯坦，必须就就业业而且开诚布公地实施，从而最大程度地享受这个非常重要的计划所带来的福祉。我认为，对世界和未来而言，"一带一路"项目是一个能够改变游戏规则的项目。

（35）习近平（中国国家主席）：三年来，"一带一路"建设在探索中前进，在发展中完善，在合作中成长。我们以共商、共建、共享为"一带一路"建设的原则，以和平合作、开放包容、互学互鉴、互利共赢的丝绸之路精神为指引，以打造命运共同体和利益共同体为合作目标，得到沿线国家的广泛认同。三年来，沿线各国聚焦政策沟通、设施联通、贸易畅通、资金融通、民心相通，不断地深化合作。亚洲基础设施投资银行正式地运营，57 个国家积极参与其中；丝路基金、中国-欧亚经济合作基金等顺利地组建。"一带一路"建设已经初步完成规划和布局，正在向落地生根、深耕细作、持久发展的阶段迈进。

作为本系列纪录片最后一集的结尾，例（28）至例（35）中连用了八个国家领导人关于"一带一路"或"丝绸之路经济带"建设意义的话语。从这些话语中可以看出，几乎每一位领导人都反复提到了与"一带一路"相关的关键词。如"共同发展""丝绸之路""一带一路""海上丝绸之路""陆上丝绸之路""丝绸之路经济带""政策沟通""设施联通""贸易畅通""资金融通""民心相通"等。这样结尾有效地增强了纪录片的语势，也增加了所要表达的主题的说服力与感染力。

三、承上启下的下集预告

为了对节目进行引导性的介绍，从而使观众对该节目产生认同和期待心理，进而提高收视率（曾学远，1994），广播电视类节目都会采用下集预告的形式来达到这一目的。作为一个结构完整的连续性纪录片，《丝绸之路经济带》为了将各集内容连接起来，采用了"下集预告"作为各个剧集之间的衔接手段。下集预告是各类电视节目中常有的部分，目的在于介绍下集所讲内容，引起观众对未来节目的期待与持续的关注，下集预告对未来节目的收视率具有重要的作用，如何编排信息内容以达到最佳预告效果是值得关注的方面。

与纪录片的片头语时长相比，下集预告更为简短，大致控制在 1 分钟左右，时长约占整体剧集的 2.2%。在平均时长为 1 分钟左右的下集预告里，《丝绸之路经济带》主要采用了"介绍+发问"的方式来引出下集话题。具体来说，每一集的下集预告首先会介绍下集将要讲述的主要或者典型内容，然后对相关话题进行发问。例如：

（36）巴基斯坦北部的小城吉尔吉特为 88 名中国修路工人特别修建了一座陵园，中巴两国在帕米尔高原上修建的喀喇昆仑公路让世代封闭的南亚由此可以顺畅地进入亚洲的腹地。交通网络畅通，文明前行的脚步富足而轻盈；交通闭塞，历史呈现的则是贫瘠和荒凉。当东方大国发出振兴古老丝路的倡议之后，欧亚大陆上几十亿民众再次感受到了脚下这条道路即将喷薄而出的动力与希望。<u>但如何定位自身在这张巨大道路网络中的位置，怎样才能搭乘上奔驰在欧亚大陆两端的财富列车呢？</u>明天请继续收看《丝绸之路经济带》第三集《丝路·交通》。

例（36）《丝绸之路经济带》第二集的下集预告中，纪录片首先介绍了中巴共建的公路及其意义，同时正反两方面说明了交通建设的重要性，这也是下集中将要讲述的故事以及相关的主题。介绍之后，纪录片用画线部分"但如何定位自身在这张巨大道路网络中的位置，怎样才能搭乘上奔驰在欧亚大陆两端的财富列车呢？"来进一步地发问，发问的目的一方面是为了引出下集将要讨论的话题，使观众在正式接触下一集节目之前了解相关信息；另一方面，通过发问，设置悬念，进而吸引观众的注意，引发观众的思考，使得观众产生继续了解下集纪录片的欲望，从而有效地起到提高收视率的作用。

综上所述，纪录片《丝绸之路经济带》的叙事框架由片头语、正文和下集预告三部分组成，其中片头语在篇末点明话题，以此来与相应的标题顺势衔接，增强纪录片叙事的连贯性。正文部分在引出新话题时，大量地使用地点和时间词语，以此来将各类故事或事件按地点或时间逻辑连贯起来，推动了情节的发展。在正文的结尾，各集纪录片以各国领导人或政要对"一带一路"的讲话结束，体现了纪录片时效性和权威性的特点，同时增强了相关内容的说服力。纪录片的下集预告先介绍再设疑，这样可以与观众之间产生一种互动，能够引导观众思考，让观众产生对下一集内容的兴趣。

第四章
综合类纪录片中的语言热点

　　"一带一路"倡议提出之后，原中央电视台科教频道倾力打造的首部以全面解读"一带一路"倡议为主题的六集大型纪录片《一带一路》于2016年9月5日在原中央电视台综合频道播出。全片共分六集，分别是《共同命运》《互通之路》《光明纽带》《财富通途》《金融互联》《筑梦丝路》。纪录片《"一带一路"》全片以宽广的视野、多维度的视角对"一带一路"沿线50个国家进行了拍摄，涉及几十项重点合作项目以及多个国家的历史人文内容，反映了中国与沿线国家推动基础设施互联互通、加强经贸金融产业合作、增进人文交流生态合作等方面的重要进展。同时，摄制组对新疆、福建等20多个省级行政区域的"一带一路"建设工作进行了实地拍摄。记录了国内外60多个普通人物与"一带一路"的故事，用事实和事例印证"一带一路""不是中国一家的独奏，而是沿线国家的合唱"的宏大主题。该纪录片从共时和历时两个角度着眼，把古丝绸之路和今"一带一路"相互联系、相互比较，对政策沟通、设施联通、贸易畅通、资金融通和民心相通等"五通"倡议为百姓带来的变化进行全方位的展示。其中以讲述故事为手段，通过以小见大的方式来展示"一带一路"倡议提出以来取得的成果。鉴于此，对纪录片《"一带一路"》的报道语言热点研究不仅有助于媒体在"一带一路"倡议新闻报道和专题综合报道领域的纵深发展，而且有助于新闻报道语言的深入发展。

　　从语言角度来看，电视语言与网络新闻语言和报刊语言在受众、语体和用词方面都有很大的不同，在报道"一带一路"的视角上也有很大的差别。纪录片语言作为电视语言的一种，是在画面的基础上产生的，依据出现的画面配上相应的文字，达到一种画面与解说词"图文并茂"的效果，从而使观众身临其境。纪录片解说词是广播电视语言研究的一部分，同时也是社会语言学研究的新热点所在。同一个画面有多种不同的解说方式，选择最佳的表达方式方能达到最佳效果。从电视影像语言角度研究纪录片《"一带一路"》的热点，对今后同类型的纪录片有一定的借鉴意义，也有助于深入探讨"一带一路"的热点话题。

第一节　综合类纪录片相关研究简介

一、纪录片语言研究现状

电视纪实语言包括：画面语言、有声语言、文字语言、音乐与音响语言、造型语言等。目前学界对画面语言的研究居多，有声语言研究相对较少。解说词是有声语言的一种，是以一种客观的角度进行的叙述，它一方面可以丰富镜头语言的表现力，另一方面可以节省不必要的画面语言。通过检索，我们发现国内目前对纪录片解说词的研究虽然数量较少，但研究范围很广，涉及了对不同类型纪录片的研究。如生态类纪录片（吴涛，2012）、人文地理类纪录片（王秀红，2013）、财经类纪录片（王天，2013）、新时期历史文献类纪录片（王思洋，2015），等等。在解说词的文本内容方面，有学者从纪录片解说词的文化功能角度进行了研究（石屹，2000）。

对纪录片文本语言的研究，尤其是中国纪录片文本语言的研究相对较少。主要集中在解说词的翻译、创作和作用等方面。王益乐、张衡（2009）认为解说词对纪录片来说起着重要的作用，一个好的片子，解说词要为内容服务，为风格服务，同时和电视片其他元素还要合理搭配。李立婷（2015）从时代背景的维度，李春朋（2015）从消费文化时代的角度来研究纪录片的有声语言创作。有的学者认为要在纪录片的创作中加入数字特效（夏德崇，2014）。近几年，还有学者研究纪录片解说词的表达内涵（彭晶，2013）、创作理念（佟延秋，2012）等等。

从语言学角度出发来对解说词进行的探究相对较少，主要集中在语用学、语篇理论、修辞方面。早期，刘艳红（2005）从篇章的角度研究电视纪录片解说语言，认为其有不完整的特点和营造意境、抒发感情、转场过渡、提升画面意义的作用。柯娟娟（2014）从语境构成的核心因素来探究纪录片的解说词，开辟了解说词研究的一个全新视角。她认为解说词修辞语境构成的核心因素包括画面、目的、接受者、超时空、上下文五个方面，五个因素共同作用才能达到解说词的修辞效果。周龙（2015）从语用学的角度出发，研究纪录片在故事情节展开过程中的语用策略。

二、有关"一带一路"题材纪录片的研究现状

对于"一带一路"题材的纪录片研究，多数学者从新闻学的角度出发，将注意力放到了"一带一路"纪录片的传播方面。如在这一背景下的跨文化传播（张语洋 等，2015）、国际传播策略（刘亭，2015）、云南少数民族文化与影视传播（翟建东，2016），等等。除此之外，金震茅（2015）分析了"一带一路"题材纪录片的内涵和走向，认为和平发展、国家经略、文化复兴、旅游名片是这一题材的主要内涵，将来的走向是追溯历史、激发活力、寻梦丝路、合作海外的趋势。刘亭（2015）以纪录片《河西走廊》为例，研究了如何将"讲好中国故事"的意识理念贯穿于"一带一路"的电视节目中，更好地为"一带一路"的传播助力。寇颖、郭忠庆（2015）认为要挖掘有关丝绸之路的纪录片的文化价值、历史价值和经济价值，才能更好地为"一带一路"倡议服务。

从语言学角度的研究主要在翻译领域，高凯坤（2016）从视觉语言、听觉语言、蒙太奇语言三个方面对《新丝绸之路》的中、日文版本进行对比。他认为要加强"一带一路"的品牌特色，这样才更有利于"一带一路"倡议的传播。夏天（2016）在目的论的指导下，研究了《河西走廊》的汉英同传策略。

第二节　综合类纪录片数据中的热点

纪录片《"一带一路"》共有六集，在这六集专题片中，涉及的国家50个，跨越亚、非、欧、美四大洲；涉及的国内省级行政区域20多个，包括"丝绸之路经济带"和"21世纪海上丝绸之路"两个核心区新疆、福建。片中记录了国内外60多个普通人物与"一带一路"的生动故事，采访了50余位具有国际影响力的各界人士，如联合国教科文组织前总干事博科

娃、白俄罗斯总统卢卡申科、美国前国务卿基辛格、阿里巴巴前董事长马云，等等。从具体统计的各集数据来看，热点涉及以下几个方面。

一、《"一带一路"》中的沿线国家

在纪录片《"一带一路"》中涉及了 50 个"一带一路"沿线国家，这些国家遍布世界各大洲。根据统计，涉及的地区和国家如表 4-1 所示。

表 4-1 《"一带一路"》涉及的地区和国家数量表

地区及数量	国家
欧洲 12	匈牙利　塞尔维亚　德国　卢森堡　西班牙　意大利　英国　希腊　法国 俄罗斯　乌克兰　白俄罗斯
亚洲 28	蒙古　朝鲜　韩国　日本 印度尼西亚　越南　缅甸　新加坡　马来西亚　老挝　泰国　文莱 伊朗　也门　沙特　阿曼　阿联酋　卡塔尔　格鲁吉亚 印度　孟加拉国　巴基斯坦　斯里兰卡 哈萨克斯坦　塔吉克斯坦　土库曼斯坦　吉尔吉斯斯坦　乌兹别克斯坦
非洲 7	肯尼亚　埃塞俄比亚　几内亚　吉布提　南非共和国　阿尔及利亚　埃及
大洋洲 1	澳大利亚
美洲 2	美国　巴西

从表 4-1 中提及的国家数量上来看，亚洲地区最多，有 28 个；其次是欧洲，有 12 个；非洲有 7 个；美洲和大洋洲共 3 个。从这个统计数据中可以看出，跟"一带一路"关系最密切的是亚洲国家，其次欧洲国家也是"一带一路"建设的重点。

我们统计了表中国家名称在纪录片中出现的频次。表 4-2 至 4-5 分别列出了以亚洲国家为例，东南亚、西亚、南亚、中亚国家的出现频次情况。

表 4-2 纪录片《"一带一路"》中提及的东南亚国家及频次统计表

国家名	出现次数	国家名	出现次数
印度尼西亚	6	马来西亚	5
越南	4	老挝	31
缅甸	8	泰国	2
新加坡	7	文莱	5

由表 4-2 可以看出，在东南亚国家中老挝在报道中出现的次数最多，达到了 31 次。随后是缅甸，出现 8 次。之后依次是新加坡，出现 7 次；印度尼西亚，出现 6 次；马来西亚，出现 5 次；文莱，出现 5 次；越南，出现 4 次；泰国，出现 2 次。这些国家都是东盟国家，报道中涵盖了除柬埔寨和菲律宾外的所有东盟国家。

在纪录片《"一带一路"》中，报道提及了西亚地区的 6 个国家。具体统计结果如表 4-3 所示。

表 4-3　纪录片《"一带一路"》中提及的西亚国家及频次统计表

国家名	出现次数	国家名	出现次数
伊朗	7	阿曼	1
也门	3	阿联酋	1
沙特	1	卡塔尔	2

由表 4-3 可以看出，伊朗出现 7 次，也门出现 3 次，卡塔尔出现 2 次，阿联酋出现 1 次，沙特出现 1 次，阿曼出现 1 次。

在纪录片《"一带一路"》中，报道涉及了地处南亚的 4 个国家，具体统计结果如表 4-4 所示。

表 4-4　纪录片《"一带一路"》中提及的南亚国家及频次统计表

国家名	出现次数	国家名	出现次数
印度	10	巴基斯坦	39
孟加拉国	1	斯里兰卡	12

由表 4-4 可知，报道中涉及巴基斯坦的次数最多，达到了 39 次；其次是斯里兰卡，出现 12 次；接下来是印度，出现 10 次；最后是孟加拉国，出现 1 次。

在纪录片《"一带一路"》中，报道涉及了中亚地区的 5 个国家，具体统计结果如表 4-5 所示。

表 4-5　纪录片《"一带一路"》中提及的中亚国家及频次统计表

国家名	出现次数	国家名	出现次数
哈萨克斯坦	23	吉尔吉斯斯坦	5
塔吉克斯坦	9	乌兹别克斯坦	2
土库曼斯坦	1		

由表 4-5 可知，报道中涉及最多的是哈萨克斯坦，出现 23 次；其次是塔吉克斯坦，出现 9 次；接着是吉尔吉斯斯坦，出现 5 次；乌兹别克斯坦出现 2 次；最后是土库曼斯坦，出现 1 次。

二、《"一带一路"》中的国内地区

在纪录片《"一带一路"》报道中，涉及的国内地区较多，我们针对这些地区做了具体统计，如表 4-6 所示。

表 4-6　纪录片《"一带一路"》涉及的国内地区统计表

涉及地区	具体省级行政区域
西北地区	新疆　陕西　内蒙古①
东北地区	辽宁
西南地区	云南　重庆
华东地区	上海　福建　浙江　台湾
华南地区	广西　广东　海南　香港　澳门

我们还针对纪录片《"一带一路"》报道中涉及的国内地区出现频次做了具体统计，如表 4-7 所示。

表 4-7　《"一带一路"》提及的国内省级行政区域出现频次统计表

省级行政区域	频次	省级行政区域	频次	省级行政区域	频次
新疆	19	台湾	7	浙江	2
香港	11	广东	6	海南	2
上海	8	云南	3	辽宁	1
福建	7	内蒙古	2	广西	1
重庆	7	陕西	2	澳门	1

---

① 内蒙古地跨西北、华北和东北三个地区，本书暂将其列入西北地区。

表 4-7 中，作为"丝绸之路经济带"核心区的新疆，被提及频次最高，有 19 次；其次，港澳台地区也被多次提及，香港有 11 次，台湾有 7 次，澳门有 1 次。作为"21 世纪海上丝绸之路"的核心区，福建的出现频次也较多，共有 7 次。

三、《"一带一路"》中的项目

"一带一路"倡议中重要的内容之一就是跟经济发展息息相关的工程项目建设。在纪录片《"一带一路"》中，涉及的主要有港口建设、口岸情况、产业园和工程项目等。以下是具体统计分析。

（一）港口

1. 国内港口

"一带一路"倡议规划的国内重点沿海城市港口共 15 个，即上海、天津、宁波-舟山、广州、深圳、湛江、汕头、青岛、烟台、大连、福州、厦门、泉州、海口、三亚。《"一带一路"》中除上海、青岛、海口、湛江和汕头外，对其他 10 个港口均有提及，广州港和福建泉州港被提及次数最多，分别为 12 次和 10 次，说明南方沿海地区是"一带一路"的重点港口发展区域，具体见表 4-8。

表 4-8　《"一带一路"》涉及国内港口及频次表

沿海城市港口	出现频次	沿海城市港口	出现频次
广州	12	大连	1
泉州	10	三亚	1
深圳	8	烟台	1
天津	2	福州	1
厦门	1	宁波-舟山	1

2. 国外港口

《"一带一路"》涉及的国外港口共 14 个，主要集中在亚洲和非洲，而对欧洲和美洲的港口提及较少。由此可以看出"一带一路"建设的热点在亚洲港口和非洲港口上。具体见表 4-9。

表4-9 《"一带一路"》涉及的国外港口统计表

地区	国家	港口
非洲	埃及	苏哈那港　亚历山大港
	肯尼亚	蒙巴萨港
	几内亚	科纳克里港
亚洲	巴基斯坦	卡西姆港　瓜达尔港
	马来西亚	关丹港
	斯里兰卡	科伦坡港
	吉尔吉斯斯坦	卡拉廓尔港
	阿曼	苏尔港
	沙特	吉达港
欧洲	希腊	比雷埃夫斯港
美洲	巴西	福塔莱萨港

（二）口岸

《"一带一路"》共涉及 9 个口岸，其中陆路口岸 8 个，海路口岸 1 个。新疆是"一带一路"核心区之一，与 8 个国家接壤，所以片中提及的主要是新疆口岸，而南方口岸的重点放到了云南和广东两省。具体见表 4-10。

表4-10 《"一带一路"》涉及的口岸统计表

口岸	名称
陆路口岸	阿勒买　霍尔果斯　红其拉甫　阿拉山口 巴克图（哈萨克斯坦境内称巴克特）　塔克什肯　苏斯特　瑞丽
海路口岸	广州南沙

（三）产业园

《"一带一路"》共涉及产业园 12 个。从产业园的性质来看，国外设置的产业园是在中国提议并合作下建立的，基本属于中方和外方合建，共提及 3 个。在国内建的产业园有两种，一种是中外合作建的，共 2 个；另一种是中国建的，共 7 个。从纪录片报道来看，还是以中国国内的产业园为主。详情见表 4-11。

表4-11　《"一带一路"》涉及的产业园统计表

所属区域及性质		名称
国外（中外合作）		中白工业园　马中关丹产业园　苏伊士经贸合作区
国内	中外合作	中马钦州产业园　霍尔果斯中哈商贸合作区
	中国自设	苏州工业园　杭州电子商务产业园 福建自由贸易试验区　平潭综合试验区 广州自由贸易试验区 前海深港现代服务业合作区 福建核心区

（四）工程项目

　　《"一带一路"》围绕"五通"开展，内容偏重中国与沿线各国的工程项目。工程项目中，交通运输占比较大，其次是电力和能源。从所提及的工程项目名称来看，总计23项，涉及交通运输、电力、能源、水利四个领域。交通运输项目共12项，涉及了铁路建设、隧道建设和公路建设三类。其中铁路占一半，有6项，隧道2项，公路4项。电力项目共6项。能源项目3项，主要是石油和天然气项目。水利项目2项。详情见表4-12。

4-12　《"一带一路"》涉及的工程项目分类数据表

工程领域及数量		项目名称
交通运输 12	铁路6	麦加轻轨　莫喀高铁 麦麦高铁　蒙内铁路 中欧海陆快线　中欧班列
	隧道2	沙赫里斯坦隧道　哈特隆隧道
	公路4	塔中公路　塔乌公路　双西公路　喀喇昆仑公路
电力 6		几内亚凯乐塔水电站 巴基斯坦卡洛特水电站 巴基斯坦尼鲁姆-杰卢姆水电站 巴基斯坦卡西姆港燃煤电站 斯里兰卡普特拉姆燃煤电站 蒙古科布多省输电工程
能源3		霍尔果斯天然气管道　雅达瓦兰油田　华龙一号
水利2		阿尔及尔球形水塔　蒙古扎门乌德市政项目

第三节 故事中的"一带一路"热点

六集纪录片《"一带一路"》主要围绕"一带一路"的历史背景和"五通"建设的内容进行拍摄,展现了"和平合作、开放包容、互学互鉴、互利共赢"的丝路精神,既有总览全局的宏观视野,又有细节见大的微观视角,通过增强语言表达的故事性来提升纪录片的感染力,达到突出"一带一路"热点的效果。该片回顾了古丝绸之路上的传统友谊故事,记录了"一带一路"倡议实施中正在发生的生动故事,讲述了中外共商、共建、共享"一带一路"的合作故事。其始终贯穿"一带一路"建设的时代背景、框架思路、共建原则,以一种平铺直叙的语言举例子、摆事实,用以小见大的方式讲述中国故事,体现了中国作为"一带一路"倡导者和实践者的大国风貌,用事实和事例印证"一带一路"不是中国一家的独奏,而是沿线国家的合唱。通过对该纪录片的解说词进行文本转写,我们发现纪录片《"一带一路"》最显著的特点就是用小故事阐述大目标,以小故事带出大方略,从而呈现出正面形象和"一带一路"报道热点。

一、影像语言中的故事

纪录片《"一带一路"》采用以镜头记录画面,再配合解说词的报道方式,使得片中的故事声情并茂。在画面、声音与解说词的配合下,达到网络新闻语言、平面媒体语言等达不到的效果。纪录片《"一带一路"》采用多个故事从不同角度展示"一带一路"的主旨,最终聚集到一个主题。《"一带一路"》中的故事主要围绕"五通",即政策沟通、设施联通、贸易畅通、资金融通和民心相通展开。

第一集《共同命运》在讲述政策沟通的同时还要照顾到整个纪录片的大布局,因而讲述了很多历史上的丝路故事。政策沟通牵涉到"一带一路""五通"其他方面的顺利进行问题,是其他几通的保障,所以每集都会提到。第二集《互通之路》和第三集《光明纽带》主要讲设施联通中的故事,第四集《财富通途》讲述贸易畅通中的故事，第五集《金融互联》讲述资金融通中的故事，第六集《筑梦丝路》讲述民心相通的故事。每集故事的内容见表 4-13。

表 4-13　《"一带一路"》所涉故事统计表

内容	序号	故事
政策沟通	1	埃拉托斯特尼绘制第一幅世界地图，托勒密根据地图测算出从欧洲到亚洲的距离，哥伦布开始向亚洲远航。
	2	西安博物馆文物——鎏金铜蚕，汉代时奖给养蚕大户，表明汉代缫丝业发达。公元前 12 世纪的甲骨文文献出现"蚕""桑""丝"字样。
	3	张骞通西域引出西班牙是欧洲最早掌握造纸术的国家，西班牙掌握手工造纸技艺的老人最后一次造纸。
	4	"丝绸之路"名称由来。后又形成"草原丝绸之路"和"西南丝绸之路"。海路开辟，马可·波罗来到泉州。
	5	苏尔港昔日繁华，海上贸易催生许多港口。"海上丝绸之路"命名由来。
	6	唐朝长安作为当时世界上最大的都城居住着留学生。宋代开始发行纸币"交子"，促进商业繁荣。
	7	《混一疆理历代国都之图》表明非洲第一次被标注在地图上，制作地图的同时，郑和到达非洲，与 30 个国家进行贸易。
	8	蒸汽机改良引发技术革新，产品销往全球。殖民时代开始。第二次世界大战后，殖民体系崩溃，亚非人民开始发展。
	9	万隆会议"南南合作"开端，和平与发展成为世界主题，各国提出各自的丝绸之路计划。
	10	古丝绸之路重镇撒马尔罕。汉王朝派使者从首都出发，陆路开辟至地中海。唐王朝派使者从广州出发，海路开辟至巴格达。
	11	郑和 7 次下西洋，大宗商品贸易从陆路转向海洋。
	12	韩国全罗南道博物馆的古铜钱，是 1323 年从中国宁波出发前往日本的古沉船上的。
	13	西安博物馆的金银币，是古丝绸之路上用于跨境结算的货币。
	14	第二次世界大战后，"布雷顿森林体系"导致美元地位提高。但由于美国国内通货膨胀，政府宣布美元与黄金脱钩。世界经济严重衰退。

续表

内容	序号	故事
政策沟通	15	马可·波罗来中国,走完陆路和海上丝绸之路。杜环去大食,同样走过海、陆丝绸之路,著有《经行记》,记录阿拉伯的医药和民俗。
	16	北宋时期的泉州清净寺承载宗教传播和文化交汇融合。
设施联通(交通)	1	中国企业修筑麦加轻轨,缓解朝觐人流压力。
	2	杨红的工作是给笔记本电脑封箱,电脑通过中欧班列运到欧洲能节省一半的时间。
	3	老挝不通火车,因而火车被当作景点,是拍摄婚纱照最受欢迎的背景。
	4	吉尔吉斯斯坦六年级的小学生卡米拉不曾坐过火车,因为该国交通不发达,改造公路缺乏资金和技术。
	5	中国企业修建从安纳托利亚高原到地中海沿岸的高速铁路中最难路段的一段,欧麦尔乘坐火车从伊斯坦布尔到安卡拉和同学聚会,时间大大缩短,交通十分便捷。
	6	阿拉伯人阿哈迈德就职于一家中国企业,该企业帮助沙特修筑麦麦高铁。完工的这一天用烧烤庆祝。
	7	塔吉克斯坦苦盏博物馆的中国筑路工人工作服背后的现代丝绸之路故事——中国路桥公司经历6年贯通沙赫里斯坦隧道,实现塔吉克斯坦南北真正的统一。栾桂涛等人打通哈特隆隧道,建造"塔中公路",该条公路是连接中塔两国的大通道。
	8	中国路桥企业的工人帮助塔吉克斯坦修筑公路(塔中公路、塔乌公路),丹加拉的司机卡米尔兴奋满意,感慨铁路带来的便利。
	9	中国修筑"双西公路",也是哈萨克斯坦的"光明大道"的一部分。
	10	蒙古"草原之路"构筑连接中国和俄罗斯的高速铁路和通向境外的油气管道。
	11	斜拉跨海大桥,连接印尼泗水和马都拉经济的大动脉,构筑"海上高速公路"。火车司机苏加纳享受到巨大的便利。
	12	改建后的喀喇昆仑公路将延伸至巴基斯坦的瓜达尔港,中国企业援助建设小学、医院、供水设施、燃煤电厂和输电线路。
	13	斯里兰卡桥吊司机萨普马杜供职于一家中资企业的科伦坡南港码头,在中国深圳接受培训后已成为吊装高手。南港码头运营后,斯里兰卡航运能力重现光彩。
	14	中国远洋运输集团与希腊比雷埃夫斯港合作,使该港成为全球发展最快的远洋物流码头之一。中国、匈牙利、塞尔维亚共同打造"中欧陆海快线",中国商品直运中东欧。

续表

内容	序号	故事
设施联通（交通）	15	中国工程技术人员和当地人共同建设非洲蒙内铁路，建成后两地距离由十几个小时缩短至四个多小时。
	16	张雪才和同事们讨论莫喀高铁设计图，他所在的中国铁道第二勘察设计院与俄罗斯企业联合设计莫喀高铁。
	17	海南航空开通西安至罗马的国际航线，架起"一带一路"空中桥梁。
设施联通（能源）	1	上海长宁区黄阿姨做饭用的天然气来自中亚。哈萨克斯坦的海关专员艾尔瑟兰每逢月底来霍尔果斯核对天然气的输气量数据。
	2	中国企业为阿尔及利亚建造水利设施。
	3	中国南方电网公司承建老挝北部电网，琅勃拉邦电网不再孤立。
	4	中国承建的蒙古国科布多省输电工程使得两万多户居民用上"中国电"。阿由西与王从新分别为两国边境供电站工作人员，因为工作结为好友，蒙古国人民为表感谢，邀请他们来家里过圣诞节。
	5	巴基斯坦电价很高，经常停电，小学生曼娜扎的学校没有照明设施，要在天黑之前写完作业。
	6	几内亚电力极度短缺，其首都科纳克里城区入夜后一片漆黑，孩子们借助路灯的光亮学习。
	7	新疆维吾尔自治区生产发电站的重要装置巨型变压器，该设备将应用到巴基斯坦解决用电难题。
	8	巴基斯坦尼鲁姆-杰卢姆水电站于 2017 年建成，曼娜扎生活的乡村将迎来改变。
	9	卡西姆港燃煤电站由中国电力建设集团和卡塔尔王室共同投资开发，将解决巴基斯坦国内六分之一的电力缺口。工程师阿西夫和同事在测量锅炉定位，确保精确。
	10	斯里兰卡麦娜可冒雨回家第一件事是给手机充电。普特拉姆电站改变当地人的生活。中国机械设备工程公司承建的普特拉姆电站建成之后，政府下调电价。
	11	中石化集团在雅达瓦兰油田打下第一钻，帮助伊朗克服资金和技术困难，是中国石油企业走出国门进行特大油田开发、合作的里程碑。
	12	中国核电装备走出去，中国自主核电品牌"华龙一号"实现海外首次落地。
	13	巴基斯坦工程师扎黑德和中国同事爬到风力发电塔最高处清理沙粒。该风车由三峡集团投资建设，缓解巴基斯坦电力紧缺问题，减轻巴基斯坦对油气等资源的依赖。

续表

内容	序号	故事
贸易畅通	1	缅甸的比票茂每天通过口岸到云南瑞丽工厂工作。在重庆力帆集团兴建的工厂组装摩托车，销往缅甸、越南等国。
	2	莫斯科大学中文老师鲍威尔凭借语言优势成为中国三一重工的代理商，将带来的产品销售到了北极地区，中国制造的设备在北极经受住了低温考验。
	3	白俄罗斯副总理来到中白工业园施工现场，对工业园非常重视。参照苏州工业园区的经验，要把中白工业园建成"丝绸之路经济带"上的典范。
	4	埃及内斯玛在苏伊士经贸合作区上班，工资是过去的五倍。中国巨石集团入驻苏伊士经贸合作区。
	5	中马钦州产业园和马中关丹产业园实现产业园区与港口的良性对接。
	6	华盛顿美术馆油画《诸神的盛宴》，画中宴会的餐具有欧式中国瓷器。今天的美国仍然从中国进口瓷器，贸易无时不在。
	7	英国大英图书馆粟特语语料，语料记载交易的商品名称，提到许多中国商品和地名。丝绸之路是昔日世界上最大的跨境贸易通道。
	8	广东博物馆"南海一号"古沉船当年承载各类器物，其中瓷器最多，在前往东南亚进行海外贸易途中沉没。
	9	广州港梁海源驾驶"穿梭巴士"往返运送集装箱，将广州港与广阔的经济腹地紧密相连。
	10	新疆维吾尔自治区是西红柿最适宜的生长地，西红柿通过巴克图口岸农产品"绿色通道"大大缩短通关时间。
	11	中国海关与新加坡、韩国实施 AEO（Authorized Economic Operator，经认证的经营者）互认，享受便捷通关。
	12	水果公司报关员小陈通过南沙口岸"鲜急特"服务窗口，优先接单、优先审核、优先验放。
	13	毛燕伟将西班牙红酒销往中国，通过中欧班列缩短运输时间。
	14	巴基斯坦商人阿米尔把中国制造的小型水力发电设备销往巴基斯坦，喀什红其拉甫口岸充满机会。
	15	出生在广东的苏章茂在霍尔果斯附近经营商铺，迎接哈萨克斯坦的顾客。
	16	台湾人潘莲琴来到福建，在台湾商品免税市场销售台湾土特产，福建自由贸易试验区构筑福建全方位开放新格局。
	17	傅家豪往返深圳和香港，在前海深港合作区上班，享受相关政策带来的优惠。

内容	序号	故事
贸易畅通	18	福耀玻璃厂为丰田公司生产后挡玻璃天线，投入巨资建造天线暗室。汽车玻璃向智能型转变。
	19	上海浦东 C919，中国自主设计和研制的大型客机，将在"一带一路"沿线展开以技术服务为主要内容的贸易合作。
	20	中国向东盟国家出口的首颗通信卫星"老挝一号"发射升空，开始为东南亚国家提供服务。
	21	莫斯科柳芭网购中国唐装参加聚会，同事赞不绝口。
	22	福建王大伟传承祖上制茶、卖茶传统，儿子通过互联网将"铁观音"销往 50 多个国家和地区。
资金融通	1	苏斯特口岸，中国的五金产品即将运往巴基斯坦，巴基斯坦的松子即将运往中国。中国银联广泛用于国际贸易，结算更加便利。
	2	巴基斯坦卡拉奇，无论大小商店都可以使用中国银联结账。人民币地位提升。
	3	人民币国际地位提升，加入特别提款权。
	4	老挝老中银行成立，解决了中国商人携带现金出入国境的麻烦。
	5	中国香港离岸市场地位上升。人民币离岸业务已经延伸到了丝绸之路西端的欧洲核心国家。
	6	英国政府发行人民币计价主权债券，体现出人民币作为国际储备货币的潜力。
	7	波罗的海交易所正式发布"海上丝路指数"，标志中国航运指数走出国门。
	8	新加坡星科金朋的封装测试集成了大量的尖端科技。中国银行调动多方资源帮助中国长电科技收购星科金朋公司。金融机构在中国企业的跨国并购中发挥了重要作用。
	9	葫芦岛钢管工业公司看到文莱油气专用管材需进口的机遇，打算在文莱建厂。辽宁当地银行为其量身定制了融资方案。
	10	金砖国家新开发银行成立，对新兴市场和发展中国家的基础设施提供资金支持。中国注资近总额一半，表明中国是当今资金与资本市场中的重要力量。
	11	中国成立"丝路基金"，并将"丝路基金"第一笔投入巴基斯坦卡洛特水电站。
	12	习近平主席倡议成立"亚投行"支持基础设施建设，促进亚洲区域的互联互通和经济一体化进程。亚投行成立历程。
民心相通	1	四国演员演出《千回西域》《十二木卡姆》，传递丝路文化。
	2	缅甸小学生每天到中国边防小学上课，和中国孩子一样享受义务教育，课堂上用傈语和汉语双语教学。

内容	序号	故事
民心相通	3	哈萨克斯坦的库里奇拉去新疆参加侄女婚礼，中国政府对于需要经常跨境往来的哈萨克斯坦民众给予了通关、居留等诸多便利。
	4	阿利亚在中国石油大学留学时遇到现在的丈夫，现在她在中石化的阿拉木图分公司工作，让她觉得与中国有着极深的缘分，在新年晚会上她演唱中文歌曲《神话》。
	5	埃及跨国合作公司高管张洪有一个专业性很强的美国管理团队，三国员工通过合作，相互学习、借鉴，建立了深厚的友谊。
	6	米什科尔茨大学孔子学院教师为万华集团匈牙利员工上汉语课，通过培训，匈牙利员工和高管对中国文化有了更深层次的理解。
	7	新疆维吾尔自治区少年去西班牙学足球，是中国足球未来的新生力量。
	8	在西安交大学习气候与环境变化专业的印度留学生甘雅春，给访华的莫迪总理写信，邀请他来西安看大雁塔和兵马俑。众多异国学子在中国各大学学习。
	9	中国驻法国前任大使吴建民在法国做了有关"一带一路"的演讲，欧洲人意识到，应当充分把握机遇，制定发展路线。
	10	明斯克北京饭店成为中国与欧洲各国之间文化交流的重要平台，娜塔莉陪同饭店的中方高管迎接远道而来的贵客。
	11	老挝的吉萨娜在中资机构工作，每天通过广播节目学习汉语。老挝人和当地中国人通过这档节目获取有关中国的知识和资讯。
	12	中国帮助几内亚抗击埃博拉病毒，中国用行动诠释国际责任和人道主义精神，铸就"健康丝绸之路"。
	13	哈萨克斯坦阿斯塔纳用中国的树种和技术建立生态防护林体系，中国提供保障和支撑，铸就"绿色丝绸之路"。
	14	阿萨拉卡在埃及的小镇经营小商品公司，货品大部分通过电商从中国采购。
	15	埃及人爱德是一家电商网站创始人，他将总部设在迪拜。宁夏银川举办的中阿博览会为中国和阿拉伯世界构筑起一个合作共赢的平台。"一带一路"将各国联系更紧密。
	16	习近平主席考察伦敦国际移动卫星公司，该公司将为"一带一路"提供卫星通信服务。海南三亚遥感卫星地面站为"一带一路"沿线国家提供信息、环境现状等支持。
	17	"新疆天山"被列入世界自然遗产，"丝绸之路：长安—天山廊道的路网"被列入世界文化遗产。丝路遗产唤起人们对历史的记忆，对现实和未来的关注。

表 4-13 中提到了 97 个故事，纪录片《"一带一路"》用故事语言阐述了"五通"建设的实施和意义。

（一）政策沟通中的故事

政策沟通的故事以历史故事为主线，引到现代的丝绸之路，共有 16 个故事。这些发生在丝绸之路上、延续到今天的历史故事包括许多细节，如世界上第一张地图、中国的蚕丝与造纸、丝路名称的来历、港口、贸易货币、万隆会议的和平发展理念、古丝绸之路重镇、郑和下西洋、美元地位变化、马可·波罗、寺庙文化，等等。

纪录片通过镜头讲述着"一带一路"上发生的故事，把一个个小故事串联起来勾画出"一带一路"的宏伟蓝图。例如，第一集《共同命运》中，在介绍了张骞通西域的历史后又讲述了一位西班牙老人最后一次手工造纸的故事。解说词如下：

（1）桑托斯将沉淀的植物纤维搅拌均匀，然后抄出厚厚一层纸浆。他打算用这批手工纸为一位葡萄牙诗人制作诗集。由于年岁不饶人，这将是他最后一次造纸了。

图 4-1　搅动纸浆　　　　　　　图 4-2　抄出纸浆

镜头将老人搅拌植物纤维、抄纸浆、晾晒纸的过程完整记录下来，使得令人赞叹的造纸智慧完美呈现在人们的眼前。这种用影像语言来解说的方式不仅省去了大段的沉闷表述，而且也更加形象地展示了故事内容，这是网络语言和报刊语言无法达到的效果。

（二）设施联通的故事

设施联通的故事集中在第二集和第三集，共有 30 个故事。其中第二集《互通之路》讲述交通故事共 17 个，主要介绍了中国企业在"一带一路"沿线国家建设的铁路、高铁、隧道和公路造福所属国家，以及中欧班列的开通带来巨大经济效益的故事;第三集《光明纽带》讲述能源故事共 13 个,主要讲述了中国企业在沿线国家帮助当地发展电力的故事,以及在沿线国家开发能源的故事,如铺设管道天然气、将当地天然气输送到中国等,这样既促进当地经济繁荣,又解决了中国天然气短缺的问题。

第三集《光明纽带》中讲述了一个生活故事来体现中国企业在当地的作为。故事情节是:由于巴基斯坦电价很高,经常停电,导致当地用电十分紧张,小学生曼娜扎学校没有照明设施,要在天黑之前写完作业。解说词是这样表述的:

(2)屋内没有照明设施,整个学校仅有一只电灯泡,挂在室外。每天放学回家,曼娜扎都要走过一段蜿蜒的山路,而到家后,她做的第一件事情就是赶在太阳落山之前写完老师布置的作业。

图 4-3　曼娜扎写作业　　　　图 4-4　曼娜扎写作业

片中将曼娜扎上课的教室、照明设施、山路等用镜头记录下来,并用"蜿蜒"二字把山路的特点概括出来。这样的影像语言运用和生活中常态故事的表述直观具体地辅助了故事主题的呈现。

(三)贸易畅通的故事

贸易畅通的故事主要在第四集《财富通途》,讲述了 22 个故事。故事中谈到中国同世界的贸易往来已经遍布全球,中国贸易种类大到卫星服务、客机制造,小到小商品、食品、土特产等,贸易往来品种繁多;故事还涉及了工业园区、产业园、经济贸易区等。通过贸易畅通的这些故事细节,比如外国人穿唐装参加宴会、中国人向国外网售茶叶等反映出中国和世界经济贸易紧密相连,也说明中国的"一带一路"促进了世界的经济发展。

（四）资金融通的故事

第五集《金融互联》讲述资金融通中的故事，共有 12 个。故事用生动的事例说明了中国在金融领域为全球带来的实惠。故事描述了在习近平主席的倡议下成立亚投行的细节，涉及了中国的金融机构、银联卡、银行、丝路基金、人民币等在"一带一路"建设中的巨大作用。

（五）民心相通的故事

第六集《筑梦丝路》讲述民心相通的故事，共有 17 个。这一集里的故事非常感人，涉及了中国在国外所做的民心相通方面的努力和在当地产生的积极影响。其中包含了医疗援助、生态环境援助等多个领域的故事，还包含了中外文化交流的故事、孔子学院积极为中资企业培训汉语员工的故事、留学生来中国学习的故事，以及跨国婚姻中的感人故事等。这些故事通过影像语言将有血有肉的人物和具体生动的事例展示出来，用生动的画面和细致的语言描述和解读了"一带一路"的巨大影响力。

二、数字词语中的热点

《"一带一路"》历经一年的拍摄，累计行程约 20 万公里。片中共有 60 多位国内外知名人士出镜受访，其中不乏政界人士、商界人士，也有一些沿线国家的小人物，大到政策的制定者和执行者，小到政策的受益者，从不同角色的各自视角和各自评价来进行客观讲述。在讲述语言中，纪录片用了大量的数字词语来表述，为这些热点提供了直接的证据。片中共提到 50 个国家，15 个省级行政区域，10 个国内港口，13 个国外港口（4 个非洲港口、7 个亚洲港口、1 个欧洲港口、1 个美洲港口），9 个国内口岸（陆路口岸 8 个、海路口岸 1 个），12 个产业园（国外产业园 3 个、国内产业园 9 个），12 个交通设施（4 条公路、6 条铁路、2 条隧道），6 个电站，3 条能源管道，2 个水利工程。

"五通"中除政策沟通上没有明显的数据体现，其他几个方面的讲述中均使用了大量数字词语。具体举例如表 4-14 所示。

表 4-14　《"一带一路"》"五通"中的数字词语示例表

内容	示例
设施联通（交通）	从 1988 年 10 月建成第一条高速公路到 2015 年末，中国的高速公路通车里程已达 10.8 万公里。2015 年底，中国已有 25 个城市建成 112 条城市轨道交通线路，合计运营里程近 3300 公里。而 10 年前，中国内地仅有 7 条地铁线路，总里程 146 公里。
设施联通（电力）	2015 年 5 月 28 日，几内亚最大的水电工程凯乐塔水电站的首台机组并网发电。电流通过中国企业搭设的 225 千伏输变电线路，送往 150 多公里外的首都科纳克里，并补充周边 11 个省区的电力缺口。
	2017 年水电站建成后，每年将提供 5 亿千瓦·时电量，解决巴基斯坦全国 15%人口的用电紧缺问题，并带来 450 亿卢比，约合 27 亿元人民币的财政收入。在能源领域，中国已与巴基斯坦签订了 22 项合作协议。
设施联通（能源）	通过霍尔果斯的天然气管道是中国首条引进的天然气通道工程，干线全长近 9000 公里。截至 2014 年 11 月 13 日，输往中国国内的天然气已突破 1000 亿立方米。
贸易畅通	被称为"南海一号"的南宋古沉船，1987 年在广东阳江海域被发现，2007年被整体打捞出海。700 多年前，这艘长 41.8 米、宽 11 米、高约 4 米的巨型货船从中国沿海出发，前往东南亚进行海外贸易，结果中途沉没。
	以中国出口韩国的货物为例，普通海运货物平均查验率为 5.6%，通关时间为 2.3 小时，而享受 AEO（Authorized Economic Operator，经认证的经营者）互认优惠的海运货物平均查验率为 0.1%，通关时间为 1.5 小时，分别降低了 98.21%和 34.78%。
资金融通	环球银行金融电信协会发布的报告显示，过去 3 年，亚洲国家贸易支付的人民币使用比例已从不足 10%的低用户过渡到 10%～50%的中用户，其中 6 个国家的人民币使用比例超过 50%。
民心相通	和甘雅春一样，众多异国学子在中国的各个大学学习。数据显示，2014年全球共有 203 个国家和地区的近 38 万名各类留学人员在中国的 775 所高等学校、科研院所和其他教学机构学习，来华留学人数比 2013 年增加了两万多人。

在表 4-14 的语料中，有大量的数字词语出现，进一步说明数字词语的运用有助于热点的报道。该片的重点主要是展现"一带一路"中基础设施改造的成果，因而在设施联通方面的数字词语使用较多。在资金融通和贸易畅通方面因涉及较多经济内容，数字词语也占有一定比例。民心相通部分使用的数字词语较少，主要集中在有关文化交流和留学生学习的内容上。

　　数字词语的主要作用在于表达数据，而数据又为纪录片的内容提供了可靠的证据，所以数字词语的使用为纪录片增色不少。如在第一集《共同命运》中，对中国经济情况的阐述有这样一段话：

　　（3）1978 年，中国经济总量位居世界第十位，而 2008 年和 2010 年，先后超越德国和日本，成为仅次于美国的世界第二大经济体。1978 年中国经济总量占世界份额的 1.8%，2012 年这一比例提升到 11.5%，2015 年达到 13.5%。多年来，中国对全球经济增长的贡献率一直保持在 25% 以上。1978 年，中国外汇储备 1.67 亿美元，居世界第 38 位，至 2006 年首次突破 1 万亿美元，此后一直位居世界第一。

　　今天的中国是全球最大的货物贸易国，成为世界 126 个国家的最大贸易伙伴。今天的中国也是全世界唯一拥有联合国产业分类中全部工业门类的国家。39 个工业大类，191 个中类，525 个小类，使中国形成了全球最完备、最齐全的工业体系。借助 30 多年的改革开放，中国正在全面复兴自己的综合国力，而中国的探索与经验、道路与模式无疑为发展中国家树立了发展的范例。

　　例（3）中列举了多种数据，使用了大量数字词语。在经济总量上，提到 1978 年的排名情况，又介绍了 2008 年和 2010 年的排名情况。在经济总量占市场份额的比例上，提到 1978 年的比例，又提到了 2012 年和 2015 年的比例以及对全球经济增长的贡献率。在外汇储备排名上，提到了 1978 年的排名和 2006 年的排名，以及至今的地位。这些都是以改革开放为基点的数据比较。经济总量、经济总量占市场份额的比例、对全球经济增长的贡献率和外汇储备都是判断大国地位的主要参考标志。中国贸易伙伴国家的数量以及中国的工业门类数量也精确到个位数。这说明该纪录片对数据的使用非常严谨，也非常客观。数据材料之所以被人们信服，正是因为它是一种建立在调查基础上的客观材料。通过对数据和数字词语的运用，可以更好地说明客观事物的真实情况，增强表达的效果。

三、积极意义的描述

　　在《"一带一路"》纪录片中，表示最高程度意义或开始意义的词语较为常见，如"最""第一次""首次""首个""唯一"等等。这些表示积极意义或极限的词在纪录片中反复出现，增强了故事的积极色彩，突出了正面形象。根据转写的语料，我们统计了部分结构和词语的使用情况，发现表示积极意义的结构和词语使用频率很高。

（一）最+形容词

这一结构由表示最高程度的副词"最"加上形容词构成，现将片中词频较高的统计如下，见表4-15。

表4-15 "最+形容词"结构词频统计表

最+形容词	频次	最+形容词	频次
最大	36	最重要	8
最古老	5	最高	5
最早	4	最长	4
最多	4	最新	3

关于"最+形容词"结构在语段中的使用，举例如下：

（4）从2007年开始，电站建设历时七年，由中国工程机械设备工程公司承建，中国进出口银行提供贷款，贷款总额超过13亿美元，这是迄今中斯两国完成的最大的经济合作项目。

（5）霍尔果斯是中国最早向西开放的口岸，通关历史134年。它也是"丝绸之路经济带"沿线最年轻的城市之一。2014年9月升格为县级市。

从例（4）、（5）中可以看出，这种结构里的形容词基本都是具有积极意义的。这说明该纪录片所选取的内容以表现正面形象为主。

（二）首+量词

这一结构表示的是起始意义，在片中也都表示积极意义。词频较高的几个如表4-16所示。

表4-16 "首+量词"结构词频统计表

首+量词	频次	首+量词	频次
首次	7	首个	6
首位	2	首批	2

片中类似的结构还有"首家""首年""首颗""首条""首座""首台"等。

（三）第+数词（+量词）

这一结构在片中也出现较多，也表示积极意义。词频较高的见表 4-17。

表 4-17　"第+数词（+量词）"结构词频统计表

第+数词（+量词）	频次	第+数词（+量词）	频次
第一次	8	第二	3
第一	6	第二大	8
第一个	3	第一条	4
第一大	6		

第四节　小故事带出大方略

纪录片是围绕一定的主题拍摄的，在拍摄中往往有表现主题和关注点的各种布局。《"一带一路"》纪录片主题和热点是"一带一路"倡议中中国和沿线各国的发展状况，其主要布局是以小故事带出大方略。

《"一带一路"》纪录片讲述了近一百个小故事，故事的情节切入主要是从"小故事引发大格局"和"古丝绸之路带出今'一带一路'"两个角度进行。其中，"小故事引发大格局"分为"小事物中带出宏伟工程""小人物中带出国际贸易""小事件中带出沿线现状"三个方面。通过"以小见大"和"借古说今"的两种方法展现热点问题。这样的拍摄叙事手法也增强了纪录片的可看性和通俗性。

一、小故事引发大格局

在纪录片《"一带一路"》中，每集的主题往往不是单刀直入，直接亮出，而是要先讲一个故事或者介绍一段背景，从一个小的"点"开始，层层推进，直至热点的主题，即"以小见大"。这种手法在该纪录片主题的引入中大致占了 80% 以上，是引入主题最常用的方法。通过对该纪录片语料文本的研究，发现该纪录片的"小故事引发大格局"主要体现在三个方面。

（一）小事物中带出宏伟工程

小事物带出大工程的事例在该片中大致占有五分之一。如第二集《互通之路》中的故事：

（6）位于市区的博物馆珍藏着这座中亚古城的历史与文明，但在陈列古老文物的展厅内，却摆放着<u>一件中国筑路工人的工作服。而它的背后，则是一个有关现代丝绸之路的故事</u>。

塔吉克斯坦是一个多山的国家，93%的国土被连绵的群山覆盖，长达5公里的沙赫里斯坦隧道位于塔国南北大通道的咽喉地带。在它竣工通车之前，巨大的山体构成南北交通的一道屏障。

来自中国路桥公司的建设者历经6年艰苦努力，在2012年10月贯通了这条中亚最长的公路隧道。塔吉克斯坦总统拉赫蒙称赞这一工程打通了被高山阻隔的交通，实现了塔国"南北的真正统一"。他亲自为中国企业代表授予友谊勋章，以表彰他们的贡献，这是塔吉克斯坦国家元首第一次向外国企业授勋。

苦盏博物馆特意收藏了那件隧道建设者的工作服以铭记功勋、表达敬意。栾桂涛就珍藏着一枚友谊勋章，这是由拉赫蒙总统颁发的。

例（6）中，以博物馆展览"中国筑路工人的工作服"为引子，引出中国路桥公司帮助塔吉克斯坦打通隧道、实现塔吉克斯坦南北贯通的故事。这里用"工作服"这个小物件延伸出"一带一路"交通建设大工程；并讲述了中国筑路工人在海外的工作受到了当地人的极大肯定，中国的大工程让沿线国家人民享受到了工程成果带来的极大实惠。

再如第四集《财富通途》中的故事：

（7）又到了<u>西红柿</u>收获的季节，辽阔的土地一片火红。<u>西红柿</u>原产于南美洲，明代时沿着海上丝绸之路辗转传入中国，当它漂洋过海被引种到东亚大陆时，不曾有人想过遥远的新疆会是它最适宜的生长地。

……

<u>西红柿</u>跨境销售渠道的畅通得力于农产品出关"绿色通道"的设立。2013年12月，在<u>中国巴克图口岸</u>与哈萨克斯坦巴克特口岸之间开通了农产品快速通关"绿色通道"。两国在各自口岸第一时间对农产品的报关单据进行审核，让贴有"绿色通道"标志的车辆快速通过，以缩短通关时间。

例（7）以西红柿为引子，引出农产品销售的"绿色通道"。首先提到西红柿原产地和最适合生长的地区，这些内容看似和"绿色通道"毫不相关，但却带有科普的性质。片中介绍了西红柿的原产地以及西红柿传入中国的渠道，引发了观众的兴趣，进而巧妙地把话题转到"一带一路"上来，展示了西红柿加工企业如何将加工后的产品通过"绿色通道"销售到海外，并成为中亚的知名品牌。

再如这一集中的另一个故事：

（8）位于古丝绸之路最西段的西班牙，是世界上葡萄种植面积最多的国家，总计达 120 万公顷。大陆性气候和地中海式气候交汇下的伊比利亚孕育了最出色的葡萄品种。在西班牙，酒庄的历史大都有百年之久。被运到这里的葡萄通过最精致的工艺，酿造成举世闻名的佳酿。

毛燕伟，一名来自中国温州的商人，喜欢西班牙红酒丰富细腻口感的他，决定同供货商签订一个大单，将这些优质红酒运往中国，那里是一个正在迅速成长的庞大的红酒销售市场。

除了市场，毛燕伟的底气还来自一条刚刚打通的跨越欧亚大陆的贸易通道。2014 年 11 月，连接中国义乌和西班牙马德里的中欧班列开通，它从新疆阿拉山口口岸出境，途径 7 个国家，穿行了 1.3 万公里的长途。

义乌拥有全球最大的小商品市场。通过中欧班列，中国制造的小商品和各种电子产品被运抵欧洲，而西班牙的红酒和橄榄油也经由这条通道运往中国。国际货运班列从马德里启程，其中搭载着毛燕伟订购的 10 个标箱的西班牙红酒。它将在 20 天后到达中国浙江义乌。

例（8）中，由西班牙种植葡萄的地缘优势引出西班牙红酒，再由西班牙红酒的跨境运输引出中欧班列的开通。葡萄看似和中欧班列很难联系到一起，但是沿着"葡萄→葡萄酒→葡萄酒运输→中欧班列"的线索串联，这样的过渡就显得很自然了。

这样一来，一方面充实了纪录片的整体内容，另一方面利用观众熟知的事物与新事物创造关联，拉近该纪录片与观众的距离，更拉近了"一带一路"与观众的距离。

（二）小人物中带出国际贸易

以小人物见大事件的方法，在该片中大致占有三分之一的比重。在第二集《互通之路》中，有这样一段故事：

（9）杨红每天的工作就是将完成装配的笔记本电脑封装入箱，面对流水线上不断涌来的笔记本电脑，她并不知道，全世界每4台笔记本电脑中就有1台是重庆制造。

作为全球最大的笔记本电脑生产基地，2015年，重庆的产量是5575万台，这些笔记本电脑大多销往国外，其中欧洲市场占一半左右。以前，重庆出口货物只能东运上海，装船后，南下穿越马六甲海峡，再前往欧洲。一台笔记本电脑摆在欧洲消费者面前，最快也要30多天。现在差不多每天都有一趟货运班列从重庆开出，通过这条国际铁路大通道，重庆制造的笔记本电脑最快16天就能进入欧洲市场。

例（9）中提到的"杨红"是一名普通的笔记本电脑装箱工人，以她为切入点，形成"杨红→笔记本电脑→货运→中欧班列"的串联。这样做的目的是引出中欧班列加速了国家间贸易的流通。以小人物见大事件，更容易增加与观众的亲近感。

（三）小事件中带出沿线现状

该纪录片中，用小事件带出沿线国家现状的方法用得最多，占到了总数的一半。以下是第二集《互通之路》中的故事：

（10）每天都会有很多人专程从万象跑到塔纳楞来拍摄婚纱照。这里坐落着老挝国内唯一的一座火车站。从泰国廊开驶来的列车将在塔纳楞停留几个小时，于是列车便成了最受年轻人欢迎的婚纱照背景。人们并不把火车当作交通工具，而是作为景点看待，因为老挝几乎不通火车。从泰国廊开延伸出来的铁路在老挝境内只有3.5公里的长度。

例（10）通过人们在火车站列车旁拍婚纱照这一小事件，说明沿线国家的基础设施建设并不乐观的现状，进而讲述了一个有趣又罕见的现象：从泰国廊开开往老挝的火车被当地人当作景点看待，而不是当作交通工具来使用。这不仅激发了观众的好奇心，也暗含了对中国铁路建设的赞誉。

"以小见大"，从小处着眼来展现"一带一路"的大主题，该片用细节证明了"一带一路"不是中国的独奏，而是沿线国家的合唱，发展成果由大家共享的事实。

二、古丝绸之路带出今"一带一路"

今天的"一带一路"与古代的丝绸之路有着千丝万缕的联系，是在古丝绸之路上的又一次大繁荣。从古丝绸之路到今"一带一路"，千年的历史承载着厚重的文化，《"一带一路"》纪录片注意到了这一点，将古今结合在一起记录讲述，这种引入主题的方法大致占了 16%。如第五集《金融互联》中的故事：

（11）这是西安大唐西市博物馆陈列的金银币，他们来自十几个世纪前遥远的拜占庭帝国和萨珊王朝，依然闪烁着贵金属的光泽。作为古丝绸之路上用于跨境贸易计价和结算的货币，他们通过无数西亚和中亚商人之手，穿梭于草原和大漠，跋涉于高山与大川，从地中海沿岸、阿拉伯半岛和伊朗高原流入中国。

货币是所有者与市场关于购买权的契约，从古至今，它载动着商品的流动，缔造了贸易的兴旺、商业的繁荣。

……

频繁的贸易往来让中国银联的标志也现身于这个远离大都会的小镇。使用中国银联卡可以从 ATM 机中直接取出当地货币卢比。当各种来自中国的商品已经融入巴基斯坦人的生活，贸易正推动货币结算更加便利化。

例（11）以西安博物馆里的金银币为切入点，借古丝绸之路上使用的货币来引出货币为今天跨境交易带来的便利。

又如第四集《财富通途》中的故事：

（12）被称为"南海一号"的南宋古沉船，1987 年在广东阳江海域发现，2007 年被整体打捞出海。700 多年前，这艘长 41.8 米，宽 11 米，高约 4 米的巨型货船从中国沿海出发，前往东南亚进行海外贸易，结果中途沉没。

沉船承载着各类器物，以瓷器为最多，多达 6 万件。据估算，"南海一号"的最大载重量接近 425 吨，这是一艘令人吃惊的远洋贸易商船。

今天，海洋依然是中国对外贸易最重要的通道。中国外贸交易量的九成依赖于海洋运输。伴随着"一带一路"倡议的实施，中国沿海港口正在焕发新的活力。

例（12）讲述了"南海一号"古沉船在广东阳江海域的发掘，说明广州港在古代的繁荣，同时借古代广州港的重要作用，引出今天的广州港依然是中国对外贸易最重要的通道。这样一来，古今联系在了一起，把"一带一路"带来丝绸之路上的又一次繁荣体现出来。

第五节　衔接手段推进故事情节

在篇章中，衔接是构成语篇的手段，而照应是体现篇章衔接手段的重要方式之一。照应手段是篇章中一个语言成分与另一个语言成分之间的关联点。《"一带一路"》主要通过指示语、时间词、复现、对比和空间逻辑的手段来推进故事的情节发展。在指示语中主要依靠人称代词和指示代词；在时间词方面，主要依靠时间名词、表数字的时间词语和以"时"为标志的名词短语进行时间上的推进；依靠同一词语复现，同义词、上下义词的复现，以及主位推进模式来进行故事情节的衔接；还依靠数据和年份的对比来推进故事情节的发展。总之，在故事情节推进中，通过语言手段多样化，运用多种衔接手段承接话题或改变话题走向，以凸显纪录片的热点。

一、故事中的指示语推进

指示语就是完成篇章中照应的词语。指示语是指依赖语境才能确定其具体含义的词语。每个语言系统中都有一些本身不含有确定意义的词语，例如"我""你""这里""那里""现在"等等。这些词语意义的确定离不开具体语言环境。因为根据说话人和听话人所处的具体语境才能确定具体的所指对象。在电视报道语言中，指示语占有举足轻重的地位，因画面与声音同期出现，所以文字解说必须有指示性的词语，才能更好地将画面内容与解说内容关联起来，从而推进报道中故事情节向前发展。索振羽（2011）[42]指出，按照功能可以将指示语分为人称指示、时间指示、空间指示、话语指示、社交指示。在纪录片《"一带一路"》的报道中，主要依靠人称指示语、空间指示语等来推动报道中情节的发展。

（一）故事中的人称指示语

人称指示是指交际参加者之间表示相互称谓、相互之间人际关系的词语，这些词语的所指由交际参加者得以明确。（索振羽，2000）[42] 运用人称指示语进行串联，可以很好地将纪录片中零碎故事衔接到一起，减少碎片化，增强整体的主题性，让视频中的人物更接近观众。

在《"一带一路"》的解说词中，出现最多的是第三人称指示语，如"他"在解说词中出现了 148 次。例如：

（13）阿由西是蒙古国科布多省布尔根县供电公司经理，一大早他就等在中蒙边境的塔克什肯口岸迎接来自中国的老朋友。

王从新是新疆青河县塔克什肯镇供电所所长，由于工作关系，他经常要穿过口岸去布尔根县巡查和检修电力线路。就这样一来二去，他和同龄的阿由西结为好友。……家宴上，巴特尔特意准备了一套蒙古袍送给老王，祈福他来年吉祥平安。

例（13）第一段中的"他"指的是阿由西，第二段中的"他"指的是王从新。判断具体所指除了借助代词所指代的名词来确认，还要随着纪录片画面的呈现，结合解说词的内容和画面来判断。例（13）中短短两分钟的片段 5 次运用指示语来推进故事情节，一方面避免了多次重复人名显得累赘，是语言经济原则的体现；另一方面也通过采用推动故事情节发展最简便的方法，带出了故事中的热点。

在纪录片《"一带一路"》中，由于解说词往往以画外音出现，是以叙事者身份讲故事，而不是以角色语言讲故事，而该纪录片没有专门的记者和主持人出镜，因此第一人称的指示语"我""我们"等出现次数很少。根据转写语料，找到的只有以下几例：

（14）我们用镜头记录下瓜达尔的今天，是为了与瓜达尔的明天进行对话。

（15）经测算，截至 2015 年底，我国企业在境外建设的经贸合作园区共计 75 个，累计总产值 420.9 亿美元，上缴东道国税费 14.2 亿美元，为当地创造就业岗位超过 15 万个。

（16）相互开放、互融互通的贸易正以前所未有的效力提升人们的生活品质，改写<u>我们</u>的生活面貌。世界因贸易而联通，因贸易而改变。

例（14）中的"我们"是指纪录片叙事者，具有一些特指第一人称的指示意义。例（15）中的"我"不作为独立的第一人称的意义出现，而是语义泛化，不具体指代语境里的第一人称，成为跟"国"组合在一起的固定含义，特指"中国"。例（16）中的"我们"在句中语义虚化，不是特指的角色第一人称，而是指"大家"或"国人"等。

《"一带一路"》中第三人称指示语占大量篇幅，说明在故事叙述时往往是以第三者的客观身份来进行记录或讲述，这种做法体现了纪录片的本质即客观性，也体现了"一带一路"倡议实施过程中人物热点在于各国人士的广泛参与上。

（二）故事中的空间指示语

空间指示指一些表示相对地点意义和方位移动意义的副词、代词，以及表示方位移动意义的动词。（索振羽，2000）[43]在《"一带一路"》中，因纪录片的画面与解说词相互配合，联系紧密，要在画面的基础上配以解说词，因而近指指示语出现次数较多。如：

（17）<u>这</u>是位于白俄罗斯首都明斯克机场附近的中白工业园，它以 90 平方公里的占地面积、日益完善的配套设施，正在迎接精细化工、生物制药、机械制造和新材料研发等一批新技术产业入驻。

（18）<u>这个</u>喜欢驾驶摩托车的"追风青年"叫萨普马杜，是科伦坡南港码头的一名桥吊司机。

（19）<u>这些</u>照片曾经传遍整个几内亚，每当夜幕降临，孩子们就借助路灯的光亮温习功课。灯下苦读的学子带给几内亚人安慰和力量。但照片也反映了几内亚国内一个现实而窘迫的状况——电力极度短缺。

（20）<u>这张</u>被称为"老滇票"的纸钞是民国时期云南发行的地方性货币——滇币。

（21）<u>这种</u>形似唱片的半导体薄板是电子芯片的半成品，被称为晶圆。

（22）<u>这里</u>是新加坡星科金朋公司的封装测试车间。

例（17）至例（22）中的"这""这个""这些""这张""这种""这里"都是近指指示语，这些指示语都必须在依附画面的基础上才能确定其具体所指。如果没有画面出现，"这些""这张"的具体所指是无法确定的；而通过解说词中的"这些""这张"等指示语，可以准确认知画面中要表现的内容。因此，空间指示语在推动故事情节发展过程中起着很重要的作用。

《"一带一路"》中出现的远指，一般是指代地点等的词语。如：

（23）这家由重庆力帆集团投资兴建的工厂，专门生产面向缅甸、越南等东南亚国家的摩托车。而这种轻便摩托车不但质量好，价格也不贵，很受<u>那里</u>的老百姓欢迎。

（24）鲍威尔甚至将所代理的产品销售到了北极地区。在<u>那里</u>，中国制造的设备经受住了低温气候的严酷考验。

（25）采摘下来的西红柿将销往哈萨克斯坦和俄罗斯。不出三四天，新鲜的西红柿就将出现在<u>那里</u>的超市或蔬菜卖场。

例（23）至例（25）里的指示代词"那里"分别指前文提到的"东南亚国家""北极地区""哈萨克斯坦和俄罗斯"，表示处所和地点。这种指代的用法很常见，只要依靠上下文语境，不用借助画面也可以知道具体所指。这与上文提到的近指的指示语不同。

空间指示是《"一带一路"》中最常见的一种情节推进方式，片中许多工程项目、文物古迹等等呈现在观众面前时，第一件要做的事情就是向观众解释这是什么，这在哪里，为什么要说这个，这个和"一带一路"有什么关联。因而，"这个""这些"等等就将故事很好地连在一起，使其成为一个整体。

二、故事中的时间词语推进

时间词语是体现故事时间线索的标志。时间指示是指在传递话语信息时提到的时间。时间指示一般分为三个阶段：发话者说话的时间为现在，所用的指示语可以有"现在""此刻""眼下"等等。相对于现在的可以是过去，如"刚才""昨天""去年"等等，也可以是将来，如"明天""后天""明年"等等。（索振羽，2000）[44] 时间词语在《"一带一路"》故事的时间逻辑中是必有的衔接手段，在"一带一路"倡议实施的过程中，始终有着时间的推进过程，有着从倡议提出的时间点开始延续到未来的时间流程，所以时间词语也是衔接纪录片故事的重要手段。在《"一带一路"》中，用时间词语来推进故事情节的情况主要有三种。

（一）时间指示语

时间指示语的特点是依赖一定的上下文语境和画面语境来确定事件发生的时间。如：

（26）一台笔记本电脑摆在欧洲消费者面前，最快也要 30 多天。<u>现在</u>差不多每天都有一趟货运班列从重庆开出。

（27）立足<u>当前</u>，着眼长远的"一带一路"倡议，致力于亚、欧、非大陆及附近海洋的互联互通，建立和加强沿线各国互联互通伙伴关系，构建全方位、多层次、复合型的互联互通网络，实现沿线各国多元、自主、平衡、可持续的发展。

（28）<u>未来</u> 10 年，印尼将建造 3733 公里高速公路，以及 10 个机场，10 个港口，高速铁路也将连接首都雅加达和万隆、泗水这些大城市。

例（26）至例（28）中提到的"现在""当前""未来"都是时间指示语，指出纪录片所提到的时间概念。这些时间都要依靠纪录片当时的语境才能最终确定所指。

（二）表时间的数字词语

纪录片中常常用数字词语表述时间。如：

（29）<u>2013 年 10 月</u>，出访印尼的中国国家主席习近平提出一项重要倡议：筹建亚洲基础设施投资银行。亚洲基础设施投资银行简称"亚投行"。

....

<u>2014 年 10 月</u>，中国、印度、哈萨克斯坦、马来西亚、蒙古、越南等 22 个首批意向创始成员国在北京签署《筹建亚投行备忘录》，共同决定成立亚洲基础设施投资银行。

随着亚投行不断升温，<u>2015 年 3 月 12 日</u>，英国正式申请加入亚投行，成为首个申请加入亚投行的主要西方国家。

....

在历经 800 多天的筹备筹建之后，<u>2016 年 1 月 16 日</u>，亚投行开业仪式在北京举行，全球迎来首个由中国倡议设立的多边金融机构。

例（29）中围绕亚投行的成立，列举了以数字为线索的几个关键时间点。由"2013 年"提出亚投行倡议，到"2014 年"22 国决定正式成立亚投行，再到"2015 年"，英国申请加入亚投行，以及到"2016 年"亚投行开业仪式在北京举行，这样的数字词语的时间表述方式，将整个解说用数字时间词语衔接到一起，清晰地勾勒出"亚投行"的产生及发展过程。

（三）衔接时间词

这一类时间名词主要的作用是连接同一时间里出现的不同事件、状态、活动等，主要是起衔接作用，将同一时间、不同地区发生的事情通过这类时间词的衔接，巧妙自然地转折到下一个话题。这样一来，很好地将"一带一路"的故事串联了起来。这类词的时间含义只表示同一个时间段的意思，如"同时""之时"等。片中例句如下：

（30）就在陆路走廊被打通的<u>同时</u>，两千多年前，航行于惊涛骇浪中的海上通道也被逐渐开辟出来。

（31）贯穿欧亚大陆的贸易通道在将丝绸、瓷器、铁器等商品输入西方的<u>同时</u>，也为中国带来亚麻、胡椒、香料、葡萄、石榴等物产。

（32）而差不多就在绘制《混一疆理历代国都之图》的<u>同时</u>，郑和的团队已经到达了非洲。

例（30）至例（32）中的"同时"表示相同的时间维度，从时间的角度来记录相同的时间维度下，不同地区和不同人物在丝绸之路上的活动。如例（30）表示两个活动"陆路走廊被打通"和"海上通道被开辟"同时进行，例（31）也表示两个活动"中国物产传入西方"和"西方物产传入中国"在同一时间出现，例（32）表示两个事件"绘制《混一疆理历代国都之图》"和"郑和团队到达非洲"在同一时间发生。

再如以下纪录片里"之时"的例子：

（33）当白俄罗斯致力于推进产业转型升级<u>之时</u>，埃及也通过合作构建产业新城。

（34）当欧亚大陆腹地的内陆国家以各种计划推进互联互通<u>之时</u>，地处太平洋和印度洋之间的印度尼西亚也正在构筑"海上高速公路"。

（35）当中东欧国家联手打造"陆海快线"<u>之时</u>，远在非洲的肯尼亚也在建造自独立以来最大的铁路工程——蒙内铁路。

（36）就在人们打造陆路高速走廊<u>之时</u>，一条能源大通道已穿越数千公里将古老的丝路名城与中国最现代化的城市联系起来。

（37）当深圳打造前海深港现代服务业合作区<u>之时</u>，珠海正在建设横琴新区，使其成为粤港澳紧密合作的新载体。福建平潭、深圳前海、珠海横琴充分依托地缘优势，逐步构筑起内地与港澳台地区融合发展的新模式。

例（33）至例（37）里"俄罗斯推进产业转型升级——埃及构建产业新城""欧亚内陆国家构筑互联互通道路——印尼构筑'海上高速公路'""中东欧国家打造'陆海快线'——肯尼亚建造蒙内铁路""打造陆路高速走廊——能源通道建成""深圳打造前海深港现代服务业合作区——珠海建设横琴新区"都是以时间维度为视角，来讲述"一带一路"建设在同一时间里几个活动同时进行的盛况。

这种用时间词衔接的手段体现了"一带一路"是动态发展和长期延续的倡议，在发展和延续中各种活动正在同时、有序、深入地推进。

三、故事中的照应语推进

纪录片围绕着某一固定话题来叙述，这样与话题紧密联系的热点词就可能会反复出现，于是产生了纪录片中的照应。照应可以给纪录片带来很强的衔接性，更加强调了热点。照应手段包括同一个词的重复出现，同义词或语境中指代同一的不同词语的互相照应或者上下义词的互相照应。照应的依据是话题。因此不论是哪种照应，这种出现无疑都是对主题的进一步深化和对热点的进一步强调。

（一）同一词语的重复照应

在纪录片《"一带一路"》中，重复同一词语的照应衔接手段反映在名词上。如：

（38）在恒河之外，欧洲人之所以知道存在着一个此前不为人知的东方世界，是因为在托勒密生活的时代，一条连接东方与西方的<u>商道</u>，已经被开辟出来。<u>丝绸</u>就沿着这条连接东西方的<u>商道</u>穿越亚欧大陆进入<u>罗马</u>。随着<u>丝绸</u>开始风靡于<u>罗马</u>上流社会，<u>罗马</u>人也渐渐知道华美名贵的<u>丝绸</u>是由一个相距遥远的民族织造出来的。他们把这个国度称为"赛里斯"，意思就是"<u>丝绸</u>之国"。

例（38）中，"商道"出现 2 次，"罗马"出现 3 次，而"丝绸"出现了 4 次。三个热点词重复出现，加深了这些词在观众心中的印象。

（39）中国、匈牙利、塞尔维亚宣布将匈牙利至塞尔维亚的铁路延伸至比雷埃夫斯港，共同打造"中欧陆海快线"……

当中东欧国家联手打造"陆海快线"之时，远在非洲的肯尼亚也在建造自独立以来最大的铁路工程——蒙内铁路。蒙内铁路连接了东非第一大港蒙巴萨港和肯尼亚首都内罗毕，全长 480 公里。

例（39）里"陆海快线"出现 2 次，"蒙内铁路"出现 2 次，各自前后照应。

（二）上下义词语的照应

在纪录片里，上下义词语的照应也主要体现在名词上。如：

（40）贯穿欧亚大陆的贸易通道在将丝绸、瓷器、铁器等商品输入西方的同时，也为中国带来亚麻、胡椒、香料、葡萄、石榴等物产。

一支支驼队运载着货物，更运载着思想、科技、艺术、音乐和宗教。

佛教、伊斯兰教、基督教以及袄教和摩尼教经由这条路传入中国，而中国的养蚕术、冶铁术、造纸术、印刷术和火药也由此传向世界。

例（40）里有四组上下义名词的相互照应。第一组画单线的是上义词"商品"跟一组下义词"丝绸、瓷器、铁器"的互相照应；第二组画波浪线的是上义词"物产"跟一组下义词"亚麻、胡椒、香料、葡萄、石榴"的相互照应；而"货物"一词与上述两组下义词照应；第三组画双线的是上义词"宗教"跟下义词"佛教、伊斯兰教、基督教、袄教、摩尼教"的相互照应；第四组画虚线的是上义词"科技"与下义词"养蚕术、冶铁术、造纸术、印刷术、火药"的照应。这些上下义词语的互动照应将抽象与具体结合到一起，形成了生动的热点解说。

四、故事中的对比推进

依靠对比的方法推进故事，是纪录片中故事的前后文内容存在对比或比较关系时的一种推进方式。

（一）古今对比

在纪录片《"一带一路"》中，常通过用表示时间的名词进行古今对比来推进故事发展。如通过"昔日——如今""以前——现在"等词的同现，讲述"一带一路"历史上不同时期的发展变化，构成篇章上下文的对比关系，从而推动篇章中故事情节的发展。在《"一带一路"》中的对比一般以时间词为标志。例如：

（41）昔日，走完这条漫长的贸易通道不仅需要跋山涉水，而且要花费数年时间。如今，伴随着空中科技翱翔蓝空，从西安直飞罗马耗时不到12个小时。这历史的跨越架设起"一带一路"建设的空中桥梁。

南沙口岸是热带水果销往中国内地的一个重要通道，但以前货物从到港至放行要花很长时间。装满新鲜水果的货柜不得不滞留在码头上。现在，南沙港的报关大厅对水果、冻品等通关时效性要求较高的商品设置有"鲜急特"服务窗口，优先接单、优先审核、优先验放。

例（41）的"昔日"指曾经走完贸易通道要耗费数年时间，"如今"从西安到罗马直飞不到12小时，形成这一强烈反差的原因是，伴随经济的腾飞、交通工具的改善，"一带一路"沿线国家之间的通行时间大大缩短了，通过古今对比来推进报道内容的展开。另一个故事中，"以前"指从前通过南沙口岸运往中国内地的货物要在港口等待很长时间；而"现在"指自从将南沙港的"鲜急特"政策施行以来，蔬菜水果通关时间大大缩短。通过将"鲜急特"政策实施前后的情况进行对比，说明如今贸易畅通带来的巨大变化。

（二）倍数对比

在纪录片《"一带一路"》中，还有一种对比是成倍数关系的比。如：

（42）在丝路贸易推动下，公元8世纪的唐王朝都城长安成为一座繁华的国际化商业都市和东西方文化交流的中心，居住着数万名来自世界各国的商人和留学生，长安也是当时世界上最大的都城，其规模是同时期君士坦丁堡的7倍。

例（42）中，用"长安"的"规模"是"君士坦丁堡"的"7倍"说明长安在唐朝的繁华，这是以长安的规模为基点，与同时期的其他国家做对比，通过对比衔接完成情节推进。

五、故事中的逻辑推进

在《"一带一路"》中，依靠逻辑推进故事情节也是一大特色，可分为两类。

（一）顺向推进

顺向推进是指在逻辑上以一个中心点为起始，沿着中心延续下去。例如：

（43）但<u>中国经由撒马尔罕通往西方的贸易商道</u>不是以战马和长矛打通的，而是用驼队和驿道开辟出来的。

<u>从汉王朝的首都长安出发</u>，漫长的驿道<u>向楼兰延伸，向于阗延伸，向撒马尔罕延伸</u>，然后继续<u>向大马士革延伸，向波斯湾和地中海延伸</u>。

辟建陆路商道的同时，人们修筑船坞、码头，开辟航线，打造海上通途。

例（43）以中国通往西方的贸易通道的开辟历程为逻辑中心，从首都长安，到最后的波斯湾和地中海，是沿着由东向西的方向进行的，是一种顺向的空间行进方式。观众会随着这个方向，在脑海中勾勒出大致路线，这样一来，自然地把上下文衔接了起来，从而推动故事发展。

（二）交错推进

交错推进是指在叙事中，有两条主线相对交错推进故事情节发展。例如：

（44）<u>马可·波罗大约在他 21 岁那年到达中国</u>，在中国，马可·波罗度过了他人生中最精彩的 17 载年华。<u>1292 年，他从泉州起航，3 年后回到故乡威尼斯</u>。无论跋涉茫茫大漠还是穿越惊涛骇浪，他走完了陆路和海上的丝绸之路。

<u>无独有偶</u>，<u>有一个中国人同样走过陆路和海上的丝绸之路，他叫杜环</u>。唐玄宗天宝十年，<u>公元 751 年，他来到撒马尔罕进入被唐朝人称为"大食"的阿拉伯帝国</u>。

例（44）中，意大利的马可·波罗 21 岁到中国，17 年后起航回欧洲。而中国也有一位叫作杜环的人从中国去往阿拉伯帝国。"无独有偶"表示事情罕见，但却也有相同或类似的情况。以"东渡"和"西渡"的事件为由，

在空间上，这是两个相对的方向，一去一回有对称或交错的效果，也很好地把上下文衔接了起来。说明丝绸之路上的东方和西方的交流在古代就已经开始。

（45）突破埃拉托斯特尼认识界限的，是生活于公元 2 世纪的古希腊另一位天文学家<u>托勒密</u>。在地图上，他描绘了欧亚大陆东海岸的位置，并测算出<u>从欧洲横贯大西洋到亚洲</u>的大致距离。正是这一计算，促使 1300 多年后，<u>哥伦布展开从西面驶向亚洲的远航</u>……

……就在<u>托勒密绘制世界地图的 300 多年前</u>，一支从长安出发的<u>中国使团</u>开始打通从东方通往西方的道路，使团的首领名叫<u>张骞</u>，派遣他的是汉帝国的第五任皇帝汉武帝，那是中国空前强盛和统一的时代。

例（45）里，从历史上西方的天文学家托勒密绘制世界地图，哥伦布从西向东的亚洲远航，交错推进到汉代张骞从中国带领使团到中亚、西亚的故事。这个空间逻辑遵循着"从西向东——从东向西"在方向上的交错回环。通过交错回环，很好地将故事衔接了起来，使得情节更紧凑，故事的逻辑性更强，从而更好地强调了热点。

第五章
文化类纪录片中的语言热点

随着"一带一路"的深入推进，"一带一路"的理念得到了更广泛的传播。媒体作为传播信息的重要工具，对"一带一路"倡议的传播义不容辞。原中央电视台中文国际频道（CCTV-4）于2016年推出大型文化类系列纪录片《远方的家·"一带一路"》，一经播出，反响热烈，广受好评。这一纪录片在对"一带一路"沿线国家全方位介绍的同时，也让全世界了解了中国的"一带一路"倡议。该片在跨文化传播的条件下，通过画面语言、人物语言讲述中国故事，获得了良好的传播效果。

传播需要语言，有效的传播需要策略性的语言。语言文字作为纪录片构成的重要板块，直接影响纪录片的传播效果。《远方的家·"一带一路"》纪录片取得成功的原因之一，在于运用了策略性的语言来传播"一带一路"。本章选取《远方的家·"一带一路"》纪录片白俄罗斯特辑为语料来探讨文化类"一带一路"纪录片的语言热点，彰显服务"一带一路"的传播成果。

第一节　文化类纪录片研究简介

通过对相关文献的查阅可以看出，当今对于有关"一带一路"的纪录片的研究主要从三个方面着手，分别从广播电视新闻学角度、纪录片史角度和纪录片语言角度展开研究。

一、纪录片语言研究

有关纪录片的语言研究主要集中在以下三个方面。

（一）纪录片中的语篇分析

刘艳红（2005）从纪录片语言的不完整性、语言的配合性功能两个角度探讨电视纪录片解说语言的篇章特点。耿敬北、陈子娟（2014）研究了纪录片《指点江山：毛泽东诗词故事》，从语篇衔接、语境设置的角度探讨该纪录片多模态的语篇构建。刘瑾（2015）研究了纪录片《美丽中国》，从纪录片的背景和视觉语法分析探究纪录片语篇建构的重要途径。段永华

（2017）以纪录片《敦煌》为例，从视觉意象、视觉过程和视觉语法三个元功能意义视角进行多模态话语分析。

（二）语用修辞分析

从语用和修辞角度的研究探索了纪录片语言的文学性价值，其中涉及纪录片语言中旁白的文学价值、翻译美学等诸多领域。任怡、汉生（1994）提到纪录片的旁白需要诸如比喻、对比、对偶、反复、排比等修辞技巧来体现其文学性。柯娟娟（2014）以《美丽中国》解说词为例着重探讨了电视纪录片解说词的句子修辞特点及效果。曾玲玲（2014）以《当代中国人物志》为例，探讨了纪录片字幕的特点、翻译策略及翻译过程中应该注意的问题。

（三）画面语言分析

纪录片的宏观语言，包括镜头语言、听觉语言、视觉语言在内的宏观符号语言的表达手段可以视为画面语言。赵彦（2014）以《舌尖上的中国》为样本，从视听修辞的角度出发，运用文本分析的方法，举例分析该片在视听修辞的生发语境、组成元素、艺术表现形式和拓展等方面的表现内容和特点。王思洋（2015）从《故宫》《复兴之路》《圆明园》等五部纪录片中收集了丰富的语料，对其镜头语言、色彩语言、听觉语言做了详细的阐释和分析。张彪（2016）从画面镜头、色彩、节奏、解说词等视觉语言角度分析了《我在故宫修文物》纪录片的多层面表达特点。

二、"一带一路"纪录片研究现状

"一带一路"倡议提出之后，关于该倡议的纪录片相继播出。通过网络视频和电视节目的查找可以发现，目前国内播出的"一带一路"纪录片主要分为两种：一种是文化类纪录片，如《河西走廊》《远方的家·"一带一路"》《一本书一座城（第二集）》等；另一种是经济贸易类纪录片，如《丝绸之路经济带》《穿越海上丝绸之路》《"一带一路"》等。

目前收集到的关于"一带一路"纪录片的研究文献近 70 篇，大多从广播电视新闻学角度探究"一带一路"纪录片的创作理念、叙事手法和传播学理念。巩杰、林青（2017）对于"一带一路"纪录片的创作内容、手法和内涵进行了探究。连丽敏（2017）从跨文化的角度分析了纪录片《"一带一路"》和《穿越海上丝绸之路》电视纪录片的叙事结构、叙事策略。还有一些研究文献从传播学的角度探究纪录片跨文化传播的现状、意义和塑造国家形象的策略。张语洋、周星（2015）以纪录片《丝绸之路》为主轴，深入挖掘了跨文化传播的理念、现状以及出现的种种问题。吕燕茹（2016）以纪录片《河西走廊》和《丝绸之路》为样本，探究了改进纪录片传播甘肃形象的策略。王庆福、文三妹（2017）以纪录片《"一带一路"》为例，探讨了国家形象塑造的策略，指出纪录片传播策略对于提升纪录片的传播效力和国际影响力有重要意义。唐俊、张延利（2017）提出对于"一带一路"题材纪录片的传播学思考，指出要注重改进跨文化传播的信息编码，注重以传播学的研究成果来指导相关纪录片的拍摄实践。

三、纪录片《远方的家·"一带一路"》研究现状

有关《远方的家·"一带一路"》的研究主要有以下三类。

（一）电视新闻学角度的研究

该类从电视新闻学的角度探究了《远方的家·"一带一路"》的价值。苏叶（2012）通过《远方的家·"一带一路"》分析探究出镜记者的外景主持特征。胡佃鹏（2014）利用个案分析法，分析栏目的创作理念、栏目定位，以及声音、画面、镜头等具体内容。韩福丽、王海荣（2016）论述了《远方的家·"一带一路"》的成功要素在于三点，即内容深入、故事化的叙事手法和人文情怀的表达。

（二）传播学角度的研究

从传播学角度研究的有：冷淞（2011）解析了《远方的家·"一带一路"》节目，认为这类节目是中国电视对外传播软实力的体现，是彰显中国电视对外宣传软实力的一种成功尝试；李玥（2018）探讨了《远方的家·"一带一路"》的传播手法，从故事主题、讲故事的方式、讲故事的依据三个角度探讨这一纪录片传播效力高的原因。

（三）翻译学角度的研究

字幕翻译是纪录片语言的重要部分，翻译的水平是影响传播力度的重要因素。张燕茹（2014）从关联理论角度对字幕的翻译策略进行了探讨，从词汇、句法及文化层面研究纪录片字幕的翻译。李庆明、李佩琪（2017）从生态翻译的视角考察了《远方的家·"一带一路"》字幕英译，解析了字幕组

采用直接翻译的方法，从语言维、文化维以及实际维实现了多维度适应转换的翻译手法。

（四）语言学角度的研究

在对纪录片《远方的家·"一带一路"》的研究中，语言学角度的文章很少，其中杨莅丹（2016）结合汉语教学进行了探讨。该文发现《远方的家·"一带一路"》通过显性文化现象来传播隐性的"和合文化"，并对此进行分析，给出在对外汉语教学时的教学策略，提倡利用《远方的家·"一带一路"》作为媒体资料和辅助教材进行教学的建议。

第二节　语言叙事中的文化热点

《远方的家·"一带一路"》是由原中央电视台中文国际频道（CCTV-4）制作的大型文化类纪录片，自 2016 年 8 月 29 日开播，已经播出 500 多集。纪录片团队从宁波出发，走访福建、广州，以及多个"21 世纪海上丝绸之路"和"丝绸之路经济带"上的重要城市，探寻海外，走访了新加坡、印度尼西亚、菲律宾等东南亚国家，也走访了哈萨克斯坦、塔吉克斯坦、阿塞拜疆这些中亚和东欧的内陆国家，向西延伸至荷兰、德国、意大利等欧洲国家。

《远方的家·"一带一路"》至今已经走过几十个国家、上百个城市，将"一带一路"的理念传播到海外的同时，也见证了"一带一路"沿线国家在这一倡议的影响下，本国的经济、文化领域所发生的变化。与此同时，纪录片也把国外最新的"一带一路"建设情况及时反馈到国内，让国内外有关"一带一路"的消息互通有无。

《远方的家·"一带一路"》白俄罗斯特辑是从 2017 年 11 月 6 日至 21日播出的，纪录片从白俄罗斯首都明斯克出发，一路向东，经访维捷布斯克州的波洛茨克、维捷布斯克，明斯克州的普霍维奇，走进布列斯特要塞，最后重返首都明斯克。在此期间，记者在向导的陪同下，采访了白俄罗斯艺术家、白俄罗斯中国留学生、中资企业员工及领导、跨国婚姻家庭、孔子学院老师、中白两国外交官员等 151 位不同领域和行业的人员，详细了解和介绍了"一带一路"沿线国家白俄罗斯的自然风貌、人文地理，以及中国企业在白俄罗斯的发展和中白友谊的传承。

《远方的家·"一带一路"》白俄罗斯特辑共 12 集，以"一带一路"热点词为主线串起了所有叙事内容，在整体叙事布局上以自然景观、人文环境、中国企业、汉语学习、跨国婚姻等内容构建出每集的主题。综观白俄罗斯特辑系列节目，旁白语言和人物会话语言架构整个纪录片文字板块，语言叙事结构清晰明朗。针对叙事线索，凸显"一带一路"主题的热点词（名词、动词、形容词等）频繁出现，特色鲜明，紧扣语言叙事主线。这些热点词语反映了"一带一路"文化类纪录片的特色。

我们从《远方的家·"一带一路"》白俄罗斯特辑全部 12 集的语料中将语言叙事内容归纳为六个方面，并将凸显文化类"一带一路"主题的热点词抓取出来，探究该主题下的纪录片语言热点。具体分为自然、人文景观热点，美食、民俗文化热点，历史、文化交流热点，中资企业热点，孔子学院和汉语需求热点。

一、自然、人文景观热点

每到一个新的地方，纪录片开篇内容便是对该地独具特色、有识别性的自然地理环境和人文景观的概括介绍。在后面的节目中再穿插描述自然和人文景观的其他内容。其中凸显自然地理环境和人文景观的热点词语也反映出文化旅游类"一带一路"纪录片的叙事语言特色。

（一）叙事中的自然地理环境

1. 自然地理环境介绍

在纪录片中，采访组走访了白俄罗斯的明斯克、布列斯特、鲍里索夫等六个城市。每走访一个新的城市或地区，纪录片中都以动态三维（3D）地图配合旁白的模式向观众展示这一地区的地理位置。例如：

（1）白俄罗斯地理位置

旁白：《远方的家·"一带一路"》摄制组从北京出发经过 9 个多小时的飞行来到白俄罗斯首都明斯克。白俄罗斯共和国位于东欧平原西部，国土面积 20.76 万平方公里，人口 948 万。白俄罗斯是欧亚经济联盟成员国之一，东邻俄罗斯，北与拉脱维亚、立陶宛相邻，南邻乌克兰，西与波兰交界，地处欧亚经济联盟和欧盟的交界之地，是"丝绸之路经济带"建设的重要枢纽，"一带一路"建设的重要节点国家白俄罗斯地处北纬 51° 到北纬 57° 之间。

——节选自第 244 集《中白两国情深谊长》

（2）维捷布斯克州地理位置路线图

旁白：《远方的家·"一带一路"》摄制组继续在白俄罗斯的行程，结束首都明斯克市的采访，我们前往白俄罗斯东北部的维捷布斯克州。维捷布斯克州是白俄罗斯历史上杰出的文化活动家斯科林纳以及著名画家夏加尔的故乡。首府维捷布斯克市也被称为白俄罗斯的"文化之都"，每年夏天，来自斯拉夫国家的艺术家们还会齐聚维捷布斯克参加"斯拉夫巴扎"艺术节。

——节选自第 251 集《西德维纳河畔的斯拉夫风情》

在例（1）、（2）中，不管是白俄罗斯这一期开场时的例（1），还是走访该国城市的例（2），纪录片都在开头采用了地图画面和旁白相结合的模式，清楚展示了白俄罗斯共和国及其维捷布斯克州的地理位置，直接明了地向观众展示了这一国家及其城市的具体信息。

对当地自然景观的介绍也是自然地理环境介绍的一部分，这部分介绍起到了引发观众对该节目兴趣的作用。通过大自然美景的展示，引导观众对节目的深度报道继续追踪。例如：

（3）明斯克海

图 5-1　白俄罗斯明斯克海

旁白：白俄罗斯的自然环境非常优美，森林覆盖率非常高，我们在首都明斯克随处都可以看到这样茂密的森林，同时白俄罗斯境内的湖泊众多，因此有着"万湖之国"的美称。

记者：我们摄制组现在来到了位于明斯克市中心十五公里处的明斯克海，其实它就是一个大型的淡水湖泊，但是海面上的白帆，我们脚下干净的沙滩，还有岸边不断翻滚的浪花，确实给人一种在海边的感觉……

——节选自第248集《相聚在明斯克海》

例（3）这一段自然风貌的描述，让观众体会到"一带一路"沿线国家白俄罗斯的美丽景色。

2. 凸显自然地理环境的热点词

我们对纪录片整期节目中介绍自然景观背景的语料梳理后发现，凸显自然地理环境的热点词主要以名词和形容词为主。对热点词的统计如表5-1所示。

表5-1　自然地理环境热点词分类表

词性	分类	热点词
名词	自然景观名称	斯维斯洛奇河　明斯克海　卢切萨河　第聂伯河 沃玛河畔　西德维纳河　布格河　小德维纳湖
	国家或城市美称	英雄城市（明斯克）　欧洲之肺、万湖之国（白俄罗斯） 花园城市（明斯克）　文化之都（维捷布斯克市）
	所到国邻国名称	俄罗斯　拉脱维亚　立陶宛　波兰
	涉及的州或城市名称	明斯克　图拉　敖德萨　布列斯特 伏尔加格勒　布列斯特州　波洛茨克 明斯克州普霍维奇区　摩尔曼斯克　新西伯利亚 基辅　鲍里索夫　维捷布斯克　莫吉廖夫 维捷布斯克州　加里宁格勒
形容词	描写自然景观的词	关于明斯克海：凉爽宜人　风景如画　优美　干净　茂密 素雅
		关于明斯克：古老　年轻　整洁　干净　清新　精致　开阔

从表5-1可知，记者在当地走访了明斯克、维捷布斯克、波洛茨克等诸多城市，介绍了当地久负盛名的自然景观。不难发现，这些名词和形容词都是和文化旅游紧密相关的。这些热点词标记了白俄罗斯的自然地理环

境，名词涉及风景、城市、城市美称等，形容词均为褒义的正面词，符合"花园城市""万湖之国"的描述。观众通过这些热点词语就可以感受到"一带一路"沿线国家白俄罗斯的自然景观特色。

（二）叙事中的人文景观

白俄罗斯于 1991 年恢复独立，历史上经历过多次战争，近代最有名的便是卫国战争。白俄罗斯英勇顽强地抵抗侵略的历史、独特的人文景观和艺术文化特色为这一期纪录片提供了独特的人文景观素材。

1. 标志性建筑介绍

标志性建筑是一个城市的名片和象征。一看到它就可以联想到其所在城市乃至整个国家。

白俄罗斯曾经饱受战争摧残，卫国战争的胜利来之不易。为了纪念这场战争中牺牲的烈士，在白俄罗斯首都明斯克市里修建了胜利广场、独立广场和十月广场，这三座广场就是明斯克的标志性建筑。例如：

（4）胜利广场

图 5-2　白俄罗斯胜利广场

记者：白俄罗斯首都明斯克是一座古老而又年轻的城市。明斯克有着九百多年的历史，但是在第二次世界大战的时候，这座城市几乎成了废墟，而我们现在在市区看到的这些建筑物都是在二战胜利之后修建而成的。我身后的这条大街是明斯克的独立大街，全长 12 公里，它贯穿了整个明斯克市区，同时也连接着胜利广场、十月广场以及独立广场。我们了解明斯克呢，就从这条美丽的大街和它的三个广场开始……

记者：那这个胜利广场它修建于什么时候？

当地向导（白俄罗斯人，阿娜斯塔西娅）：这个胜利广场它是1947年建立的，（然后）大概在战争结束之后两年之内，是为了纪念战争中牺牲的烈士。

——节选自第244集《中白两国情深谊长》

节目通过对胜利广场的介绍，不仅让观众熟悉了当地标志性建筑，了解了当地的城市环境，也明白了标志性建筑背后的含义。勿忘历史，铭记教训，时刻记得那些为国家胜利而牺牲的战士，这既是一个国家的记忆，也是每个公民都应该牢记的。这种结合画面进行的语言叙事结构更容易打动观众的心，起到促进民心相通的作用。

（5）扬卡·库帕拉公园

图5-3　扬卡·库帕拉公园

旁白：扬卡·库帕拉公园以俄罗斯著名诗人扬卡·库帕拉命名，诗人的雕像就在公园西侧一片浓密的树荫里。

向导：扬卡·库帕拉是19世纪的诗人，他的（这个）诗就是跟白俄罗斯民族很有关的，（就是）他是一名爱国主义者。

记者：爱国主义诗人。

向导：对，他特别爱白俄罗斯，特别爱白俄罗斯民族。

旁白：扬卡·库帕拉出生于1882年，23岁开始发表作品，1925年成为白俄罗斯苏维埃社会主义共和国人民诗人。卫国战争时期创作有《献给白俄罗斯游击队员》《人民起来了》等诗歌，曾获得列宁勋章和苏联国家奖。

向导介绍说扬卡·库帕拉是深受白俄罗斯人民尊重的诗人，明斯克有扬卡·库帕拉公园，白俄罗斯西北部的格罗德诺国立扬卡·库帕拉大学也是以他的名字命名的。

——节选自第250集《行走斯维斯洛奇河畔》

在这期节目中，节目组来到了坐落在明斯克斯维斯洛奇河畔的另一地标性建筑——扬卡·库帕拉公园。通过记者和向导的对话，让观众了解到白俄罗斯人崇尚文学、尊重诗人的良好社会风尚。

2. 凸显标志性建筑的热点词

记者走访当地的标志性建筑多达 15 处，其中涵盖了具有历史纪念意义的胜利广场、十月广场、独立广场等，也包括具有现代生活气息的卡马罗夫斯基市场等地。表5-2是凸显标志性建筑的热点词统计表。

表5-2　标志性建筑热点词统计表

词性	热点词		
名词	胜利广场 独立大街 友谊宫 卡马罗夫斯基市场 霍尔姆门	十月广场 纪念广场 中白友谊路 苏维埃大街 布列斯特要塞博物馆	独立广场 卫国战争浮雕纪念碑 共和国宫 果戈里大街 扬卡·库帕拉公园
形容词	关于独立大街：美丽		
	关于扬卡·库帕拉公园：安静　凉爽　幽静		
	关于十月广场：开阔		
	关于共和国宫：巍峨		
动词	关于布列斯特要塞博物馆：缅怀　纪念　尊重		

纪录片中，通过这些热点名词的运用，让观众对白俄罗斯当地颇具特色的标志性建筑一目了然；同时，针对不同的标志性建筑使用凸显其特征的热点词，其中形容词使观众体验到这些建筑的魅力，而动词突出庄重色

彩和民众的敬仰心理。

二、美食、民俗文化热点

《远方的家·"一带一路"》白俄罗斯特辑通过叙事语言对白俄罗斯的美食和民俗文化进行介绍，从语言描述的热点中让观众了解白俄罗斯的特色美食与民俗风情，开阔观众视野的同时也让观众了解了白俄罗斯文化的多样性。

（一）叙事中的特色美食

1. 特色美食介绍

由于地理、气候、历史文化等综合因素的影响，各个国家以及不同地区的食物各有特色，无论主食还是小吃、饮品都丰富多样。了解一个国家，从特色美食着手更容易引起观众的共鸣，同时还可以从饮食文化的角度探寻这一国家的区域性特色。跟我们中华美食一样，白俄罗斯也有自己独特的饮食文化。无论天上飞的、水里游的，还是地里收的、树上长的，都体现出白俄罗斯美食的多样性。例如：

（6）格瓦斯

旁白：奥列佳（明斯克卡马罗夫斯基市场摊主）介绍，他们的鸡蛋有自己的品牌，在其他地方的售价也和这里一样，个头儿最大的鸡蛋折合人民币 7 元 10 个，市场一楼除了人们日常生活中必备的肉、蛋、奶等食品，还出售蜂蜜、格瓦斯等白俄罗斯特色商品。

记者：这边卖的是什么饮料？

颜志飞（北京住总集团明斯克公司中方员工）：格瓦斯。

……

记者：我知道格瓦斯是俄罗斯的一个特产，其实（在）白俄罗斯也是一样的。

颜志飞：俄罗斯跟白俄罗斯饮食文化基本上是一致的。

——节选自第 249 集《家在明斯克》

（7）白桦树汁

旁白：大家围坐在一起，边吃边聊，气氛热烈。为了欢迎我们的到来，邢亮（TTS-Group 股份责任有限公司中方员工）还专门带来了当地的特色饮品，请我们品尝。

记者：白桦树汁？

邢亮：对。

记者：那是从哪里提取的？

邢亮：白桦树到了春天这个雪化的时候，我们就插一根管子到这个白桦树里面去，然后它底下放一个瓶子，它就慢慢一滴一滴地从里面滴出来。

记者：像这样一大桶得滴多长时间？

邢亮：大概一小时左右。

记者：一个小时哈，我尝一下这个味道。

邢亮：你尝一下，你尝一下这个。它就稍微有一点儿甜甜的，但是这东西纯天然的。

记者：还不错，味道很好。因为刚闻起来我感觉是有点儿像啤酒发酵，或者是酸奶发酵的味道，然后喝下去呢，它是有点儿酸甜的口感，那这个是有加糖或者是什么吗？还是说纯天然？

邢亮：没有，纯天然，纯天然的。

记者：纯天然的，就是这个味道。然后当地人把白桦树汁瓶子弄满之后呢，他给它封起来，封起来就放到地窖里。你知道吧，到夏天的时候给它冰镇一下，拿出来喝。

旁白：白桦树汁还能喝，这是我们来白俄罗斯之前没有想到的，细细品味，微甜的味道确实不错。邢亮说，最早把白桦树汁作为饮料使用的是俄罗斯，后来被白俄罗斯人接受……

——节选自第248集《相聚在明斯克海》

例（6）和例（7）是关于白俄罗斯当地特色饮品格瓦斯和白桦树汁的介绍，节目从特色着手，通过旁白和人物对话，以及动态画面展示，对白俄罗斯独特饮料做了充分说明，吊足了观众的胃口。

（8）白俄罗斯家庭晚餐中的美食

记者：在白俄罗斯这边，"举杯""干杯"怎么说？

王雪飞（中国海外经济合作总公司中方翻译）：（白俄罗斯语）干杯，干杯，意思就是到底，就是见底的意思。

记者：这个意思就是真正地要把一杯喝掉的意思。

王雪飞：对，但是没关系，没关系，这个都是这么说。

旁白：如今伊戈尔已经退役，重返校园，成为一名大学生，这一枚枚奖牌、一座座奖杯，记录了这个白俄罗斯青年的一次次奋力拼搏，同时这也是亚历山大（中国海外经济合作总公司在白俄罗斯当地员工）给孩子充分空间所带来的最好见证。天色渐渐暗了下来，玛丽娜也为大家准备好了晚餐。

A. 甜菜冷汤

记者：按照白俄罗斯传统，（这个）吃晚饭的时候一定要先喝汤吗？

王雪飞：没错，都是从汤开始，首先是上汤的。

记者：我看亚历山大先生是，把这个酸奶油（是）拌开了。

亚历山大：对对，酸奶油一搅和它就变成这种。

旁白：第一道菜是一碗冷汤，甜菜冷汤乍看上去有点儿像俄式红菜汤，但由于没有加入肉类，汤的口感非常清爽。

记者：这个香味儿很难形容，有很多种香味儿在里面，因为上面（是）有茴香，首先吃到这个茴香味儿。然后这个汤呢，虽然是甜菜的汤，但是它有一些酸味儿，这个酸味儿可能就是放了酸奶油的原因。

旁白：甜菜冷汤是白俄罗斯人夏季最常喝的汤，通常用到的食材就是甜菜和黄瓜、西红柿等时令蔬菜，夏季还会放入冰箱冰镇后再拿出来食用。

B. 土豆饼

旁白：土豆饼也是白俄罗斯人餐桌上最为常见的一种食物，用土豆粉做成外皮，中间裹着肉馅，口感非常丰富。

C. 土豆焖肉

记者：刚才亚历山大先生呢又给我们端出来了（这是）陶罐状的土豆焖肉，是很好吃的，因为它的肉焖得是很烂的，而且在这里面又放了土豆、胡萝卜还有其他的一些蔬菜，所以说这个蔬菜的味道呢，和这个肉的香味儿是融为一体了，但我觉得（是）有点儿淡，盐放得是比较少的，还是没有放盐？

王雪飞：对，他们这儿一般盐也会放得比较少一些，如果你觉得盐少，可以加一点儿，因为在他们这儿吃饭，有的时候还会有单独的盐碟，因为如果少的话你可以往里加，如果放多了，这个菜就没法吃了。

记者：就来不及了。

王雪飞：对对。

记者：没法挽回了。

王雪飞：放多盐就要拿勺子敲脑袋。

——节选自第252集《从维捷布斯克到普霍维奇》

例（8）中，节目组通过参加白俄罗斯朋友的家庭晚餐，较为系统地用热点词向我们展现了白俄罗斯人的美食。甜菜汤是白俄罗斯最经常出现在餐桌上的食品之一，它是一例冷汤，味儿微酸，颜色呈粉红色，口感绝佳。土豆饼是白俄罗斯美食代表，在白俄罗斯，土豆饼一般都是蘸蒜酱、奶酪酱、黄瓜酱、沙拉酱等各种酱料来吃。土豆焖肉也是一道白俄罗斯名菜。

《远方的家·"一带一路"》纪录片通过这样的语言叙事手法，让观众进一步体会到当地饮食文化的特色，感受"一带一路"沿线国家的异域美味。

2. 凸显特色美食的热点词

表5-3是语料中凸显白俄罗斯特色美食的热点词统计。

表5-3　特色美食热点词统计表

词性	美食	热点词
名词	主食	白菜汤　沙拉　巧克力　酸奶油 土豆饼　甜菜冷汤　面包　红菜汤
	饮料	格瓦斯　白桦树汁
形容词	甜菜冷汤	清爽　酸
	土豆饼	丰富
	巧克力	甜　香
	白桦树汁	酸甜　纯天然

白俄罗斯地处东欧内陆，属温带大陆性气候，温和湿润，农业和畜牧业较为发达，甜菜产量在独联体国家中居于前列，在饮食习惯上以面包、土豆为主，口味偏好酸甜。通过纪录片中热点词的介绍，观众对白俄罗斯这些区域性特色的饮食文化也有了大概的了解。

（二）叙事中的民俗文化

民俗文化，又称为传统文化，是植根于普通人民群众生产、生活过程中的风俗生活文化。在纪录片中，反映民俗文化的内容也占据了较大比重。

1. 民俗文化介绍

例如：

（9）"斯拉夫巴扎"艺术节活动

戈梅利人用麦秆创造出实用性的草编制品
Gomel people have created

图5-4　当地草编制品

旁白：《远方的家·"一带一路"》摄制组继续在白俄罗斯的行程。结束首都明斯克市的采访，我们前往白俄罗斯东北部的维捷布斯克州。维捷布斯克州是白俄罗斯历史上杰出的文化活动家斯科林纳以及著名画家夏加尔的故乡，首府维捷布斯克市也被称为白俄罗斯的"文化之都"。每年夏天，来自斯拉夫国家的艺术家们还会齐聚维捷布斯克参加"斯拉夫巴扎"艺术节。

……

旁白：白俄罗斯共有六个州，"斯拉夫巴扎"艺术节同时也是白俄罗斯各州展示形象的平台，谢尔盖带领记者来到了戈梅利州的展厅。

记者：像这边是一些手工艺品、编织品，写的是什么？

谢尔盖：写的是白俄罗斯语的"戈梅利州"。

记者：噢，戈梅利州的人们在这边卖这个手工艺品，是他们自己编织的？

谢尔盖：对的。

记者：（向纺织者）你好，你手上现在编的这是什么？

谢尔盖：待会儿完成这些。

记者：啊，做成一个头饰。

旁白：小麦是白俄罗斯主要的农作物之一，戈梅利人用麦秆创造出实用性的草编制品。

记者：（采访白俄罗斯文化中心老师尤利娅，谢尔盖担任翻译）那像这种麦秆编织的方法，到现在有多少年的历史了，您知道吗？

谢尔盖：现在我们这里保留了17世纪的工艺，它一共是800年了。

记者：有800年的历史了。

旁白：尤利娅是文化中心的老师，专门教授草编技艺，她告诉我们，在明斯克文化大学还专门开有草编专业课程。

——节选自第251集《西德维纳河畔的斯拉夫风情》

纪录片详细介绍了白俄罗斯久负盛名的"斯拉夫巴扎"艺术节，通过记者与当地艺术工作者的对话，使观众了解到这一传统艺术节日的由来，并了解到现在这一传统节日已经演变成欧洲国家中影响力最大的国际艺术节之一，在欧洲也负有盛名。

2. 凸显民俗文化的热点词

我们总结了在纪录片中出现的关于白俄罗斯民俗文化的热点词，如表5-4所示。

表5-4　民俗文化热点词表

民俗文化	热点词
传统乐器	三角琴
传统技艺	草编技艺　铸币
传统节日	"斯拉夫巴扎"艺术节
当地历史文化名人	扬卡·库帕拉　斯科林纳

这些热点词凸显了白俄罗斯的传统节日、乐器、技艺以及文化名人等。比如久负盛名的"斯拉夫巴扎"艺术节、白俄罗斯独有的三角琴等。通过这些凸显民俗文化的热点词，带给观众独特的文化感受。

三、历史、文化交流热点

《远方的家·"一带一路"》在记录"一带一路"沿线国家情况的同时，也承担着文化传播和历史梳理的使命。以下是从几个角度叙述的关于中国与白俄罗斯友好往来历史和文化艺术交流的热点。

（一）叙事中的历史事件

1. 对中白友好往来历史事件的介绍

《远方的家·"一带一路"》白俄罗斯特辑通过对白俄罗斯和中国之间历史事件的一一陈列，介绍了中国和白俄罗斯的友好往来。纪录片中历史见证人的话语也让曾经的一幕幕场景跃然在观众的脑海中；与此同时，旁白的补充、记者和受访者的对话巧妙贯穿，生动地描绘出中白友谊的源远流长，以及中国文明友好的国家形象。例如：

（10）（记者采访白俄罗斯中国友好协会主席伊万诺娃女士。）

旁白：伊万诺娃女士介绍，白俄罗斯对外友好协会成立于 1926 年，早期是一个民间机构，直到 1960 年才有了专门的办公场所。白俄罗斯中国友好协会成立于 1960 年，是白俄罗斯对外友好协会的第一批分会。伊万诺娃女士告诉我们，50 多年来，中白两国之间的友好往来密切，大堂右侧的展柜里这一件件来自中国的礼品就是中白友好往来的见证。

伊万诺娃：在我们友好协会有一个特别好的传统，就是每一次在一个重要的情况（场合）下，我们都要交换一个礼物。这个"长城"就是由我们友好协会发出邀请函，到达白俄罗斯的第一个代表团（送给我们的）的礼物。

记者：什么时候？

伊万诺娃：30 年前来的第一个代表团，送我们的第一个礼物。

旁白：伊万诺娃女士说，中白之间的友好交往从 1992 年两国建交之后进一步加深。2012 年中白建交二十周年之际，她和很多白俄罗斯人士撰写文章，回忆和中国友好往来的故事，后汇集成书，这本《白俄罗斯人看中国》在白俄罗斯出版，并收藏在白俄罗斯国家图书馆。

——节选自第 244 集《中白两国情深谊长》

（11）（记者采访第二次世界大战时期支援中国抗日战争的白俄罗斯老

兵阿列克谢·伊万诺维奇。)

旁白：2015年5月，习近平主席访问白俄罗斯时，在卫国战争博物馆向15位参加二战的老兵颁发和平勋章。这15位老兵中有11位曾远赴东北战场，支援中国抗日战场。阿列克谢·伊万诺维奇老人说，随着时间的推移，参加二战的老兵大多已经离开，但是他深感自己有责任把战争的惨烈和白俄罗斯人民保家卫国的故事告诉后人，所以他会经常抽出时间到卫国战争博物馆去做义务讲解员，让后人不忘那段历史，珍惜今天的和平。

……

记者：那您是支援过中国抗日战争的，那都去过中国的哪些地方呢？在东北去过哪些地方？

伊万诺维奇：到过满洲里，让我们从边境上开始，哈尔滨、吉林。

——节选自第244集《中白两国情深谊长》

例（10）、（11）讲述了白俄罗斯和中国自建交开始至今友好往来的历史故事，以一件件展品、一个个真实生动的人物，展现了中白两国情深谊长。在"一带一路"倡议下，白俄罗斯作为参与国家，不仅延续了两国友谊，更拓展了"一带一路"倡议下两国人民共同建设、共同发展、促进文化交流的新内涵。

2. 凸显中白友好往来历史事件的热点词

纪录片记者走访了友谊宫、白俄罗斯二战老兵家等诸多地方，通过采访官员、二战的老兵，了解到中白两国友好往来的情况。其中的热点词如下表5-5所示。

5-5　凸显中白友好往来历史事件的热点词表

历史事件	动词热点词	形容词热点词
切尔诺贝利核电站爆炸	援助	友好
反法西斯战争	并肩抗战	英勇

透过纪录片中关于历史事件的介绍和热点词，我们了解到中白两国建交之后有长达25年的友好往来历史，其中提到，与明斯克结成友好城市的中国城市就有数个。在历史上，中国曾在切尔诺贝利核电站爆炸事件中主动援助白俄罗斯，提供医疗用品；在反法西斯战争中，中白两国携手共同打击敌军，英勇抗战，最终取得胜利。

在纪录片旁白语言和会话中，这样积极正面的褒义热点词凸显出中白友谊源远流长，兄弟之情牢不可破。

（二）叙事中的文化艺术交流

1. 对中白文化艺术交流的介绍

艺术是无国界的，通过艺术交流可以增进两国民众彼此之间的了解，加深友谊。《远方的家·"一带一路"》白俄罗斯特辑纪录片把握住了这一核心，通过镜头和语言来描述当地艺术特色，采访白俄罗斯国家的艺术家们。透过他们的视角，阐释白俄罗斯的核心艺术领域，也让国内和其他国家的观众了解白俄罗斯的艺术魅力。例如：

（12）雕塑家谢尔盖·邦达连科的工作室采访现场

图 5-5　雕塑家谢尔盖·邦达连科的工作室

旁白：结束独立大街的拍摄，我们前往白俄罗斯雕塑家谢尔盖·邦达连科的工作室。10 年前，中白建交 15 周年时，他曾经和中国画家举办过以马为主题的中白艺术联展。今年是中白建交 25 周年，他也会在青岛展出自己的雕塑作品。

……

（记者采访俄罗斯雕塑家谢尔盖·邦达连科，询问一幅由中国美术馆馆长吴为山赠予的书法作品。）

记者：一幅字。

邦达连科：一幅毛笔字。

记者：啊，毛笔字。

邦达连科：可以打开看一下，大家。

记者：《雕塑灵魂》，吴为山先生。先生，您知道写的是什么意思吗？

邦达连科：他知道，这是"雕塑灵魂"的意思，告诉过他。

……

旁白：邦达连科告诉我们，这幅书法作品是中国美术馆馆长吴为山前不久来白俄罗斯访问期间赠送给他的。今年是中白建交 25 周年，他还会把自己的部分雕塑作品带到中国青岛，参加"一带一路"沿线国家邀请展。明斯克街头有很多邦达连科先生的雕塑作品，认识了邦达连科先生之后，走在明斯克街头，我们再看到这些雕塑有了不一样的感受。这些雕塑让我们看到从 2007 年中白建交 15 周年到 2017 年中白建交 25 周年，中白艺术家跨越 10 年的友谊在延续。在"一带一路"倡议下，中白之间的经贸交流增多，推动着经济发展、文化交流、文明互鉴，让中白两国人民心灵相通。

——节选自第 247 集《明斯克风情》

"一带一路"倡议的实施也需要文化界的努力。该纪录片通过采访当地知名的雕塑家邦达连科先生，从他的口中得知两国之间的艺术交流日益增多，"一带一路"增进了两国之间的友谊，也加强了两国之间在经贸、文化等诸多领域的合作。

2. 凸显文化艺术交流的热点词

纪录片在对文化交流的介绍中，也有热点词的聚焦，如表 5-6 所示。

5-6 凸显文化艺术交流的热点词表

交流事件（标记名词）	标记动词
中白艺术联展（青岛）	交流　推动　（文明）互鉴
"一带一路"沿线国家雕塑邀请展（青岛）	交流　推动　（心灵）相通

文化艺术交流是世界文化进步的一个重要条件，也是推动文化全球化和多样性的内在需求。《远方的家·"一带一路"》白俄罗斯特辑纪录片语言对中白两国文化艺术交流事件的介绍，有利于增进中白两国人民之间的相互了解，发展两国之间的友好合作关系，学习彼此的优秀民族文化成果，

达到文明互鉴、心灵相通的效果。

（三）叙事里的跨国婚姻

在当今社会，跨国婚姻在一定程度上也象征着两国之间的友好关系。《远方的家·"一带一路"》白俄罗斯特辑纪录片以跨国婚姻为立足点，记录了中白两国跨国婚姻家庭的故事。例如：

（13）跨国婚姻家庭采访

图 5-6　跨国婚姻家庭采访

旁白：2003 年，阿列克谢公派前往中国留学，在湖南长沙中南大学学习了两年的时间，其间认识了颜志飞，后来阿列克谢学成归国，颜志飞也跟随阿列克谢到了白俄罗斯。

记者：您觉得中国姑娘最吸引你的地方是什么？

阿列克谢：中国姑娘，温柔，有的时候，辣。

颜志飞：泼辣，他说湖南人泼辣。

记者：性格很直爽。

颜志飞：对，是的。

记者：那您呢？当时先生是什么吸引了您？

颜志飞：我觉得我老公的话，首先他这个人非常坦诚，这是我最看重的一点，第二的话就很有责任心。

——节选自第 248 集《相聚在明斯克海》

记者和受访者简单的几句问答，流露出这一跨国婚姻家庭满满的幸福感。中白跨国婚姻家庭的圆满幸福也得益于两国之间的友好往来。国与国之间的友好关系直接带来了跨国婚姻家庭的和谐。中白两国对"一带一路"倡议的实施，将为两国之间的跨国婚姻家庭带来更多的幸福感。

四、中资企业热点

2018 年是中国改革开放 40 周年纪念之年，在这漫长而又短暂的 40 年中，"走出去"是改革开放的重大举措。中国政府积极引导企业拓展国际化视野，提升国际化经营能力，走出国门，在世界上诸多国家开设工厂，建立海外公司。2018 年又是"一带一路"倡议提出 5 周年，这一倡议为企业"走出去"提供了强有力的支持。《远方的家·"一带一路"》走访白俄罗斯的中资企业，深入了解企业在当地建设状况、当地员工和中国驻外员工的生活状况、中资企业给当地带来的变化等诸多方面，全视角介绍了"一带一路"倡议下中资企业的风貌。

（一）叙事中的白俄罗斯中资企业

1. 对中资企业在白俄罗斯建设情况的介绍

中资企业是"一带一路"倡议的先行者，这一倡议的基本理念在于和平合作、互学互鉴、开放包容和互利共赢。《远方的家·"一带一路"》白俄罗斯特辑通过对中资企业在当地建设情况的介绍，让世界了解到中资企业促进当地经济发展的重要作用。例如：

（14）中白工业园

旁白：《远方的家·"一带一路"》摄制组从明斯克市区出发，驱车向东，前往距离市区 25 公里的中白工业园。……中白工业园位于明斯克市区东部，东邻明斯克国际机场，西面是连接白俄罗斯首都明斯克与德国首都柏林的欧洲 E30 高速公路，地理位置优越，整个园区占地 91.5 平方公里，将近明斯克市区面积的三分之一，是中国在海外建设的最大的工业园。

记者：在园区大门口正中心的位置，我们看到了一个这样巨石形的牌子，上面写着"GREAT STONE"，那么"巨石"这个名字是什么来历？

胡政（中白工业园中方首席执行官）：中白工业园是中国目前在海外一个最大的工业园，也是和白俄罗斯合作的最大的一个项目，白俄罗斯十分重视。卢卡申科总统说中白工业园是中白两国友好合作的巨石，他们也想通过中白工业园发展中白两国的经贸合作，来推动和带动当地的经济发展。

旁白：中白工业园首席执行官胡政 2015 年初来到白俄罗斯参与中白工业园的建设，听他介绍，按照规划，中白工业园将分成四期，用 20 到 30 年时间建成一个生态环保的国际化新城。

——节选自第245集《丝绸之路经济带上的明珠》

中白工业园全称是"中国-白俄罗斯工业园"，坐落在"丝绸之路经济带"上贯通欧亚的重要枢纽——白俄罗斯明斯克州。它是中白合作共建"丝绸之路经济带"的标志性项目。修建之初的目标就定位在打造成"丝绸之路经济带"上的明珠和双方互利合作的典范上。纪录片中用大量的旁白介绍这一项目，凸显了"一带一路"倡议下经贸合作的开展情况，让世界了解中国这一倡议的精髓是在具体的建设中让参与国受惠，构建人类命运共同体。

2. 对中资企业白俄罗斯员工生活的介绍

随着中资企业在"一带一路"沿线各国有条不紊地持续发展，企业员工的生活也是受关注的重点。共建"一带一路"符合国际社会的根本利益，彰显人类社会共同理想和美好追求，是国际合作以及全球治理新模式的积极探索，将为世界和平发展增添新的正能量。纪录片记者通过走访中资企业中的当地员工，为我们真实展现了"一带一路"倡议为当地民众和企业员工带来的收益。

（15）明斯克北京饭店

旁白：明斯克北京饭店由中国首旅建国酒店管理有限公司运营管理，有员工 230 人。2015 年至 2016 年，明斯克北京饭店开始实行属地化转型，现在酒店除了三名高层管理员以及几位中餐厅厨师，全部都是白俄罗斯员工。在酒店一层的办公区，我们见到了财务总监孙京珍和白俄罗斯翻译卡佳。卡佳毕业于白俄罗斯国立大学，曾经作为交换生在中国南开大学留学一年，听她介绍，明斯克北京饭店是她毕业后的第一份工作。

记者：在白俄罗斯国立大学学的什么专业？

卡佳：我是从（那个）国际关系系毕业的，我的专业叫东方学，（就是）我学习的是汉语，还有中国文化，还有中国经济，等等，就是跟中国（所）相关的一些。

......

旁白：卡佳告诉我们，她很喜欢这里的环境，也很珍惜在北京饭店的工作，在这里不仅有一份不错的收入，而且还能提高自己的汉语水平。孙京珍到北京饭店工作一年多的时间，非常喜欢卡佳这位认真好学又活泼开朗的白俄罗斯姑娘。

——节选自第 250 集《行走斯维斯洛奇河畔》

中资企业在白俄罗斯当地"落地开花"，企业员工是企业中不可或缺的重要组成部分，《远方的家·"一带一路"》白俄罗斯特辑纪录片从中资企业当地白俄罗斯员工的角度展开采访，从两人的交谈中可知，中资企业给当地员工的待遇很好，甚至高出当地的人均收入。受访者以第一人称的视角通过自己的话语来介绍"一带一路"给他们带来的切实改变，"一带一路"倡议惠及当地民众的生活，中国企业也树立起良好的中国形象和企业形象。

3. 对中资企业中国员工的介绍

"一带一路"能发挥更大作用，海外中资企业的中国员工扮演着重要的桥梁角色。他们在异域他乡挥洒着辛勤的汗水，冲在"一带一路"建设的第一线。他们在海外的生活也是观众想要了解的一个方面。纪录片带着国内人民的关心来到当地进行实地采访，探寻员工们的工作和生活。通过采访，让观众感受到中资企业在海外艰苦创业的精神，也感受到"一带一路"建设中中资企业员工的汗水与艰辛。

（16）招商局商贸物流园中方员工

旁白：自 2015 年招商局集团派驻第一批工作人员抵达白俄罗斯开展工作，到 2017 年一期三大主体工程完工，两年的时间内，招商局创造了物流园建设的奇迹，而奇迹取得的背后是一支精兵强将的队伍。从最初的 4个人到如今的 30 个人，虽然人数不多，但是个个都很能干。采访中招商局商贸物流园的工作人员告诉我们，他们自己有一条不成文的规定，每个月抽一个周末，为当月过生日的员工集中庆祝生日。我们摄制组到的时候，正好赶上两个员工（过生日），于是我们一起来到了他们的宿舍。（记者采访了该公司的总经理助理闫东等。）

中国招商局商贸物流园员工们：欢迎。

记者：谢谢，那今天人都聚齐了吗？

闫东：今天人不是很齐，今天有很多同事，因为工作的原因不回来，所以今天我们能来的，大家因为周末嘛，就都聚过来吃个饭。

记者：我们得知，今天是有两位过生日？

闫东：对对对。

……

旁白："一带一路"的建设需要各国人民的参与，而中国作为"一带一路"倡议的提出者，需要中国员工奔赴在"一带一路"沿线国家的第一线。企业的建设、贸易的开展、技术的学习和传授都需要中国员工的支持，每一位中资企业的中国员工是这一倡议的落实者。纪录片通过对这些员工的介绍，一是体现"一带一路"倡议的开展，中国的参与者们是如何一步步将这一理念渗透到工作中去，开展的状况如何，落实到哪一步了；另一方面也是体现对于这些员工的关怀与问候。

——节选自第 246 集《小牛村边的大工程》

例（16）通过对中国员工的介绍，让观众了解到海外推行"一带一路"倡议的艰辛及员工们的吃苦精神。

4. 中资企业惠及当地的故事

共建"一带一路"旨在促进经济有序自由流动、资源高效配置和市场深度融合，推动沿线各国实现经济协调，开展更大范围、更高水平、更深层次的区域合作，共同打造开放、包容、均衡、普惠的区域经济合作架构。在这一过程中，中国的企业通过对当地的援助和资金支持为当地改善环境，为当地人民谋来福利。例如：

（17）小牛村的故事

旁白：在白俄罗斯中白工业园的拍摄给我们摄制组留下深刻印象的不仅仅是工业园里如火如荼的建设场面，还有工业园区周围这一片绿意盎然的森林。中白工业园的建设不仅没有影响这里的自然生态，而且还在逐渐改善当地居民的生活。坐落在中白工业园核心区明斯克大街西边的小牛村，是原地保留在园区的一个村落，村子里的这条柏油马路，也是通往园区的必经之路。（记者采访了该工业园中方首席执行官胡政。）

记者：那这个小牛村现在是有多少户人家？

胡政：据我们了解，一共有 26 户人家。

记者：不是很大。

胡政：不是很大，但是这个村的建设，他们跟我们介绍说是从 1939 年，也就是苏德战争还没有爆发的时候，这里开始建村子，那么近 80 年的时间里，这个村子没有一条柏油马路，大家出来都坑坑洼洼的。

记者：坑洼不平的。

胡政：它是土路嘛，特别是到了下雨天。

记者：下雨的时候。

胡政：下雨，所以说我们当时就提出了能不能帮助当地老百姓修一条路。

旁白：脚下这条崭新平坦的柏油路，之前原本是一条土路，全长 1200 米。从南到北，贯穿小牛村，村民的房子就坐落在路的两边。晴天尘土飞扬、雨天泥泞不堪的土路，一直是这里村民的一块心病，但是多年来苦于没有资金，一直无法修缮。2017 年 5 月，村里突然传来了好消息，一笔爱心资金从遥远的中国送到了小牛村。

胡政：这个得到了中国招商局慈善基金会的大力支持，当地老百姓听说以后是非常高兴的，也得到所在的斯莫列维奇区，它叫执委会，实际上就是区政府的大力支持，那我们整个花了 11.7 万美元，修了 1.2 公里，这一条村路。

旁白：2017 年 5 月 6 日动工，2017 年 6 月 24 日就竣工通车，小牛村的村民们第一次感受到了神奇的中国速度。提到当天通车的场面，胡政至今记忆犹新。

胡政：那天的时候呢，可以说这村子里的人都出来了，村民们非常地高兴，跟我们聊，而且特别有意思的，一天晚上，好像他们都会说中国话了，但是就会说两个字"你好"，见了我们中国人总是说"你好你好"，而且有的呢还提着他们种的草莓，他们搞的一些白桦水给我们送来喝，而且见了我们总是挑大拇指，说中国人好，所以我就感到中白两国我们"一带一路"要做些民心相通的事情。

——节选自第 246 集《小牛村边的大工程》

民心相通是"一带一路"建设的社会根基。中资企业在当地开展建设的同时，也体现其人文关怀的一面。通过中国企业出资援助小牛村道路的故事，将"一带一路"倡议的果实惠及当地，由此树立起中国榜样。

（二）凸显中资企业的热点词

在纪录片中，出现了许多有关中资企业的热点词。详情见表5-7。

表5-7　有关中资企业热点词统计表

分类	热点词			
中资企业	中白工业园合资股份公司	中联重科		
	中国十五冶公司	中国机械设备工程股份有限公司		
	中工国际工程股份有限公司	中白商贸物流园		
	北京住总集团白俄罗斯建设公司	中铁二十五局集团有限公司		
	招商局集团	招商局中白商贸物流有限股份公司		
	北京饭店	中国电信白俄罗斯有限责任公司		
	中国海外经济合作总公司	中国成都新筑白俄罗斯公司		
	白俄罗斯吉利汽车股份有限公司			
基建项目	明斯克五号电站	中欧班列	中白工业园	
企业精神	工匠精神	蛇口精神	中国速度	
专业技术术语	涂装	焊装	总装	螺栓
	保温层	夯实度	密实度	换热面
	龙门吊	杯形技术	独立柱基	
	超级电容	无轨电车	有轨电车	
	超级电容器	输变电技术	冷却系统	
	超级电容电动公交车	无触网纯电动公交		
	超级电容单体	轻型汽车制造业		

借力"一带一路"倡议，越来越多的中资企业在"走出去"的过程中，机遇更多，底气更足。在《远方的家·"一带一路"》白俄罗斯特辑纪录片热点词中，提及的中资企业多达15家，涉及电信、汽车、电厂等诸多领域，多以基础建设项目的企业为主。此外，热点词还包括许多表示企业精神的词语和专业术语。

五、孔子学院和汉语需求热点

(一)对白俄罗斯孔子学院和汉语需求的介绍

孔子学院是中国在世界各地设立的推广汉语和传播中国文化的机构。随着中国经济的发展和国际交往的日益密切,世界各国对汉语学习的需求急剧增长,孔子学院也应运而生,快速发展。

《远方的家·"一带一路"》白俄罗斯特辑纪录片走访了白俄罗斯的孔子学院,通过询问学习汉语的白俄罗斯学生来了解他们学习汉语的原因,进一步探寻白俄罗斯对于汉语的需求状况。

(18)白俄罗斯国立大学孔子学院介绍

记者:我们摄制组在白俄罗斯走访期间,不仅感受到了白俄罗斯人的友善与热情,也发现有很多的白俄罗斯人对汉语有着浓厚的兴趣,尤其呢,是在首都明斯克,我们走在街上,时不时就会有人上前用"你好"跟我们打招呼。随着中白工业园的建设,很多的明斯克人会利用业余的时间来学习汉语,给自己充电。在白俄罗斯国立大学的孔子学院呢,就开设了汉语的兴趣班,我们今天呢就到那里去看一看。

旁白:白俄罗斯国立大学共和国孔子学院,位于莫斯科大街 15 号白俄罗斯国立大学继续教育学院的五楼,这里是白俄罗斯唯一一所共和国孔子学院。(记者采访了该孔子学院前中方院长刘素玲。)

刘素玲:我们这个牌子呢,就是在这个白俄罗斯国徽的旁边,写的是白俄罗斯共和国,然后第二排是白俄罗斯国立大学,第三排是共和国孔子学院。

记者:那为什么会有这个共和国的称号呢?

刘素玲:因为其他大学的孔子学院,按照程序来说,一般都是所在的大学向中国国家汉办提出申请,说我们要建一个孔子学院,只有我们的这个孔子学院,当时是白俄罗斯政府跟汉办签了一个协议,然后跟汉办商量说,我们要在白俄罗斯共和国建立一个孔子学院,但是还没有确定建立在哪一个高校,所以就叫共和国孔子学院。然后白俄罗斯的教育部商量之后,觉得应该选在白俄罗斯最好的大学,就是白俄罗斯国立大学,所以最后我们的名字叫白俄罗斯国立大学共和国孔子学院。

　　记者：这也体现出了白俄罗斯对于孔子学院的一个重视。

　　刘素玲：是的是的。

　　旁白：白俄罗斯国立大学共和国孔子学院成立于2006年7月5日，是白俄罗斯的第一所孔子学院，下设白俄罗斯国立经济大学、格罗德诺国立大学、戈梅利国立大学和明斯克23中4所孔子课堂。不同于其他孔子学院，白俄罗斯国立大学共和国孔子学院以开办适合不同年龄层次的汉语培训班为主。

　　……

　　旁白：孔子学院分春秋两季招生，2016年全年共有35个班级，招收学生1000多人。我们采访期间正值暑假，只有4个成人培训班授课。来到即将上课的孔子课堂，几位前来参加培训的学员，让我们对白俄罗斯人学习汉语的热情有了新的认识。49岁的瓦吉姆去年曾到中国旅游，他还写了一篇游记，记述这次难忘的行程。

　　记者：您能把这一段给我们念一下吗？

　　瓦吉姆：天安门是北京的心脏，天安门很有意思，很大，人也很多。

　　记者：特别好，特别棒！虽然说这个作文不是很长，但是每一个句子语法都没有问题的，而且汉字也写得很漂亮，很规范。那你为什么会选择中国？

　　瓦吉姆：我有中国的女婿。

　　旁白：瓦吉姆的女婿是中国贵阳人，现在在明斯克工作和生活。2016年瓦吉姆去贵阳参加了女儿的婚礼，并到北京旅游，他告诉我们，因为公司与中白工业园有业务往来，需要用到汉语，所以他来这里学习中文。

　　……

　　旁白：玛丽安娜是一名牙医，她告诉我们，现在来白俄罗斯留学、工作的中国人越来越多，她希望提高自己的汉语水平，这样可以帮助更多的中国患者。

——节选自第249集《家在明斯克》

　　通过记者和当地孔子学院的前中方院长以及学生的对话，我们了解到目前白俄罗斯当地有学习汉语的极大需求。随着"一带一路"倡议的推进，中国和白俄罗斯之间的贸易往来会变得更加频繁。当地孔子学院从事汉语教学和汉语人才培养，将有助于促进中白两国友好关系的发展。文化是民心相通的桥梁，语言是民众交往的纽带，孔子学院起到了桥梁和纽带的作用。中白双方共建多所孔子学院，顺应了中白两国共同构建相互信任、互利共赢的全面战略伙伴关系的大趋势。

（二）凸显孔子学院和汉语需求的热点词

我们整理出了纪录片中凸显孔子学院和汉语需求的热点词，如表 5-8 所示。

表 5-8　凸显孔子学院和汉语需求的热点词表

分类	热点词
凸显孔子学院的名词	白俄罗斯国立大学共和国孔子学院 明斯克国立语言大学孔子学院 白俄罗斯国立技术大学科技孔子学院 白俄罗斯戈梅利国立大学孔子学院
凸显汉语需求的动词	需要　提高　交流
凸显汉语需求的名词	汉语热

据悉，白俄罗斯教育部于 2016 年将汉语作为高考外语科目之一。通过对纪录片《远方的家·"一带一路"》白俄罗斯特辑中孔子学院及汉语需求的热点名词、动词的统计分析，我们可以看出在"一带一路"倡议下，随着中白两国接触越来越密切，中资企业越来越多，白俄罗斯人民由于就业的需要或者经济贸易往来的需要，学习汉语的热情高涨，对学习汉语的需求越来越大。

第三节　影视语言传递文化热点

纪录片利用电视媒介来表达内容，其对于社会语言和民族文化的发展有着很大的影响力。随着融媒体的发展，影视图像语言对社会语言生活的影响力也越来越大。《远方的家·"一带一路"》白俄罗斯特辑作为文化类纪录片，是具有跨文化传播特点的影视产品，纪录片以多角度和多元化的语言文字表达来刻画人物形象，讲述"一带一路"沿线国家的人文、自然、经济等诸多领域的故事，在跨文化传播中传递了纪录片所要表达的热点，即在以影像符号讲好中国故事的同时，阐述"人类命运共同体"的含义。

一、故事中的文化

搞好传播策略，需要讲好中国故事。纪录片以"一带一路"倡议为主题，以"丝绸之路"为主线，讲好中国故事，传播中国声音，阐释中国特色。在《远方的家·"一带一路"》白俄罗斯特辑中，全部 12 集的语言描述充满了故事性。中国和白俄罗斯友谊源远流长，两国之间在政治、经济、文化等诸多领域往来密切，纪录片中讲述的一个个小故事就是两国之间友谊的见证。根据整理的语料，发现语言故事分为两类：一类是和所到国有关的历史文化故事，另一类是跟采访对象有关的日常生活小故事。节目将所有故事一一串联起来，形成了纪录片的故事热点。如第 1 集（总第 244集）《中白两国情深谊长》，记者去拜访二战老兵，怀着敬仰的心情同白俄罗斯老兵阿列克谢·伊万诺维奇拉起家常，倾听老人讲述那段在中国抗日战争时期支援中国东北战场的故事。通过两人的对话和旁白的信息补充，那段历史岁月发生的故事栩栩如生地浮现于观众的脑海。再如第 5 集（总第 248 集）《相聚在明斯克海》中，记者采访了四组跨国婚姻家庭，将他们相遇、相知、相爱以及婚后生活的故事讲述给观众。这些故事在亲切随和的采访中用影视语言展现出来，加深观众对故事的印象。

在历史文化故事中，用五个小故事串起了中白人民之间的友谊、白俄罗斯的由来和白俄罗斯的英雄名人。其中"为纪念二战期间牺牲战士而修建的胜利广场""白俄罗斯卫国战争的由来和经过"，讲述了第二次世界大战时期白俄罗斯人民和军队保家卫国的故事；"白俄罗斯 12 座英雄城市和要塞石碑的来历"，讲述了白俄罗斯城市和国家要塞石碑的故事；"诗人扬卡·库帕拉"，讲述了著名诗人扬卡·库帕拉在卫国战争期间创作《人民起来了》等诗歌的故事；还有白俄罗斯人在中国抗日战争时期支援中国东北战场的故事。

《远方的家·"一带一路"》白俄罗斯特辑通过一个个小故事来展现"一带一路"沿线国家的人文风情，使得该纪录片的内容充实丰富。

二、数据中的文化

作为一部文化类纪录片，《远方的家·"一带一路"》白俄罗斯特辑纪录片中包含大量数据信息，给人以更加直观的感受。纪录片中走访白俄罗斯主要城市 5 个，采访和对话的人物共 151 个，其中人物角色涉及数十个行业领域。根据数据统计分析，在这 151 个受访者中，有中国人 43 人，白俄罗斯人 103 人，俄罗斯人 4 人，乌克兰人 1 人。从中可以看出纪录片在受访者安排上多以白俄罗斯当地人为主，这样可以更加客观地展现该国的风土人情、历史风貌和"一带一路"倡议下白俄罗斯的建设情况。

纪录片共走访中资企业 14 个，涉及基础建设项目 3 个，人文景观 15 个，自然景观 8 个。在纪录片对话语言中共提到"一带一路"沿线国家 20 个，提到中国的城市 40 个。与此同时，在纪录片的旁白中也有大量数字词语出现，举例见表 5-9。

表 5-9　旁白中的数字词语示例表

分类	示例
对自然地理环境的介绍	白俄罗斯共和国位于东欧平原，国土面积 20.76 万平方公里，人口 948 万，地处北纬 51°到北纬 57°之间，夏季平均气温 18℃。
对地标性建筑的介绍	明斯克有着 900 多年的历史，我身后的这条街是明斯克的独立大街，全长 12 公里，同时也连接着胜利广场、十月广场以及独立广场。
对中资企业的介绍	招商局中白商贸物流园，规划面积 1 万平方公里，预计总投资 5 亿美元，第一期工程占地面积 450 亩，实际投资 1.4 亿美元，总建筑面积 10 万平方米。

三、积极色彩词语中的文化

作为一部以"一带一路"为主题的纪录片，褒义积极色彩词语出现较多，体现了纪录片的正能量。在《远方的家·"一带一路"》白俄罗斯特辑中，以程度副词"最"构成的结构出现的频次高达 516 次，主要是"最"加褒义词的组合。这类词汇统计举例如表 5-10 所示。

表 5-10　"最+褒义词"结构及词频表

	结构	词频		结构	词频
最+形容词	最大	35	最+动词	最满意	1
	最早	20		最喜欢	1
	最好	18		最看重	1
	最重要	15			
	最古老	4			
	最悠久	3			
	最骄傲	3			

从表 5-10 中可以看出，"最大""最早""最好""最重要"等结构的词频位居前列。纪录片《远方的家·"一带一路"》白俄罗斯特辑通过对"最+褒义形容词"结构的运用来阐释"一带一路"的积极意义。

在《远方的家·"一带一路"》白俄罗斯特辑中，诸如"开始""发展""希望""促进""推动"等动词在纪录片语言中反复出现，如表 5-11 所示。

表 5-11　具有褒义或中性色彩的动词及词频表

动词	词频
开始	105
发展	68
希望	28
促进	18
推动	10

表 5-11 中的这些动词大多为积极、正面的褒义动词。这些词语的出现一方面说明"一带一路"倡议的开展正在进行中，与此同时，也说明"一带一路"倡议将会惠及"一带一路"沿线各个国家的人民。

四、汉语传播中的文化

从《远方的家·"一带一路"》白俄罗斯特辑可以看出，其传播的内容紧跟社会脚步，紧跟时代发展的潮流。在纪录片语言的呈现形式上，以汉英双语字幕的形式呈现在观众面前，有利于世界各国观众对内容的了解。

该纪录片在央视中文国际频道（CCTV-4）播出，面向全世界传播中国的"一带一路"理念。在传播过程中，结合中国自身的发展和"一带一路"参与国家白俄罗斯的人文环境，讲述了白俄罗斯人民学习汉语的热情和孔子学院的健康发展，在润物细无声中传播了汉语学习的国际趋势，也反映出培养既具有汉语专业知识，又具有"一带一路"沿线国家语言文化背景知识人才的重要性。

第四节　采访互动中体现的文化热点

《远方的家·"一带一路"》是一部文化类纪录片，记者在整部纪录片中承担着把控、引导、延伸话题的角色。除了旁白语言的适当补充和解释之外，纪录片内容是在采访者与受访者的话轮替换下递进式推进的。这种互动采访模式有助于体现"一带一路"相关的语言文化热点。

通过对转写语料中的记者与受访者会话内容的统计，可以看出纪录片以记者提出的大量问句完成采访，这些问句有助于各行各业的受访者配合作答。在一问一答的互动中，纪录片的故事内容得以顺利开展，展现了"一带一路"倡议下沿线国家在文化、经济等诸多领域发生的种种变化，也展示了"一带一路"主题下的语言文化热点问题。

语言在本质上是具有互动性质的，互动语言学是基于互动行为的语言研究。互动语言学特别重视对自然口语的研究，将语法视为互动资源，认为其在交际互动中被塑造，强调要将语言研究置于社会互动中（方梅 等，2018）。在纪录片中，互动语言主要有两类，即问答模式和话语反馈模式。其中问答模式就是一问一答的话语模式，意在提出问题，得到答案；话语反馈模式指听话人的回应不仅为了使这轮会话更完整，而且协助会话双方使会话继续下去。

一、问答模式的体现方式

问答模式是互动中的基本模式，提问多以疑问句方式进行。疑问句主要分为特指问、是非问、选择问和正反问四大类。以下通过对记者提问方式的统计以及受访者回答句式的分析，解析纪录片中的互动问答中反映出的文化热点及其表达方式。

（一）采访者的问句模式

经统计发现，在《远方的家·"一带一路"》白俄罗斯特辑中，记者的提问句共有675个，按照上述的标准归纳后，得出各类型问句占比，如表5-12所示。

表5-12　问句的不同类型及特点分析统计表

种类	表现形式	数量		占比/%
特指问	疑问代词加语调	333	456	67.6
	"呢""呀"等语气词加语调	29		
	疑问代词加语气词加语调	77		
	只有语调	17		
是非问	"吗"	154	173	25.6
	"吧"	3		
	语调	16		
选择问	是……还是……	6	6	0.9
正反问	V不V，有没有	26	40	5.9
	V不	1		
	句后加"是不是""行不行""好不好"	13		

从上述的数据中，我们发现在记者的675个问句中，特指问最多，共456例，占比高达67.6%；其次是是非问，有173例，占比25.6%；正反问有40例，占比5.9%；而选择问非常少，只有6例，占比0.9%。疑问句的功能显而易见在于提出疑问，但各类型的问句在不同的语境中，承担的语用功能也会发生一定的变化。从该纪录片来看，可以归纳为以下三类。

1. 探寻式提问

"一带一路"倡议自2013年提出后不断落实和发展，顺应了全球经济发展的趋势。2018年是"一带一路"建设具有里程碑意义的一年，在中国与沿线国家密切配合推动下，"一带一路"建设的各项工作加快推进，国际合作范围和领域不断扩大。在这样的大背景下，"一带一路"的媒体传播也为中国争取到了世界的支持。

纪录片《远方的家・"一带一路"》白俄罗斯特辑中，记者的"探寻式提问"采用了大量的特指问，即用疑问代词（如"谁""什么""怎样"等）及其组成的短语（"为什么""什么事""做什么""怎么做"等）来表明疑问点，强化了与"一带一路"相关的焦点问题。

1.1 疑问代词+语调

这一类提问，在句中会出现表示疑问的代词，句末也会带有疑问语调。例如：

（19）记者：那这个胜利广场修建于<u>什么</u>时候？

向导：这个胜利广场它是 1947 年建立的。

——节选自第 244 集《中白两国情深谊长》

（20）（记者和向导谢尔盖来到"斯拉夫巴扎"艺术节的戈梅利州的展厅。）

记者：像这边是一些手工艺品、编织品，写的是<u>什么</u>？

谢尔盖：写的是白俄罗斯语的"戈梅利州"，您知道吗？

……

记者：那像这种麦秆编织的方法，到现在有<u>多少年</u>的历史了，您知道吗？

谢尔盖：现在我们这里保留了 17 世纪的工艺，它一共是 800 年了。

——节选自第 251 集《西德维纳河畔的斯拉夫风情》

（21）旁白：我们采访时明斯克五号电站正在进行常规检修，我们还遇到了来回访的中国锅炉供应商，曾参与过电站建设的邱业武向我们介绍，作为锅炉供应商，对每一个运行的锅炉都要进行回访。

记者：刚才在里面是检查一些<u>什么</u>？

供应商：主要是看一下我们锅炉里面核心的换热面，换热面它经过五年的运营，它跟我们当初设计（对比发生）变化的一个情况。

——节选自第 252 集《从维捷布斯克到普霍维奇》

例（19）至例（21）中画线部分都是疑问代词。记者提问都用了疑问代词。

1.2 疑问代词+语气词+语调

这一类不仅有疑问代词，还有语气词。例如：

（22）（记者和向导阿娜斯塔西娅来到卫国战争纪念碑浮雕前。）

记者：那<u>什么时候</u>来献花<u>呢</u>？

阿娜斯塔西娅：大部分都是 5 月 9 号。

——节选自第 244 集《中白两国情深谊长》

（23）（记者在中白工业园采访白俄罗斯小牛村村民塔季扬娜。）

记者：那<u>为什么</u>想着要来（到）中国的公司工作<u>呢</u>？

塔季扬娜：招商局对于我们来说是一家非常有吸引力的企业，我们都非常想来尝试，因为这个招商物流也是中国非常大的物流商，所以（对）我们（来说）也很感兴趣。

——节选自第 246 集《小牛村边的大工程》

（24）（记者和明斯克北京饭店餐饮部经理杨柳交谈询问其在白俄罗斯生活和学习状况。）

记者：在这上面我看到有很多不同颜色做的标记，是记的<u>什么呀</u>？

杨柳：单词，最早的单词。因为俄语是分为三个性，阴性、阳性、中性，这是最早开始学的。

——节选自第 250 集《行走斯维斯洛奇河畔》

以上例（22）至例（24）中画实线部分是疑问代词，画虚线部分是语气词。

1.3　语气词+语调

疑问句也可以只用语气词加语调来表示。例如：

（25）（记者和成都新筑白俄罗斯公司副总经理马千里体验明斯克电容公交车。）

旁白：吉玛介绍，超级电容公交车时速可以达到 60 公里，采用的是自动变速箱，车内的空调、广播等设施配备齐全，使得乘客在乘坐过程中更加舒适安全。告别吉玛后，我们来到售票窗口，准备上车体验一下这种超级电容公交车。

记者：那如果买单程的<u>呢</u>？

马千里：买单程的话是 60 戈比。

——节选自第 254 集《行驶在东欧平原》

例（25）中画线部分是语气词。

1.4 疑问语调

（26）旁白：记者与北京住总集团明斯克公司员工颜志飞相约在卡马罗夫斯基市场见面，在这里颜志飞要购买一些当天使用的食材。

记者：那这个农贸市场它所在的这个位置属于明斯克的……？

颜志飞：中心地段。

——节选自第249集《家在明斯克》

例（26）中记者问句只用了疑问语调，中文字幕上未显示问号，英文字幕显示为省略号。

作为以"一带一路"为主题的纪录片，需要真切反映"一带一路"倡议提出后所取得的成效如何，与此同时也要向世人展示"一带一路"沿线国家的风土人情，以及中国企业和汉语学习的真实情况，需要记者通过大量的探寻式提问来与采访对象进行交谈，通过这样的探寻式提问方式来获取有关沿线国家经济发展状况、文化特色等有效信息，并聚焦热点问题。

2. 引导延伸式提问

纪录片中，记者通过大量"探寻式提问"获取信息的同时，也会通过是非问、正反问、选择问的"引导延伸式提问"来进行话轮的转接。电视记者在进行访问的时候，不仅仅承担提问者的角色，也承担着延续话轮、延伸话题功能的角色，从而将话题中的"一带一路"热点延续下去。

2.1 是非问

记者提问会通过"是非问"进行话题引导延伸。是非问的结构像陈述句，只是要用疑问语调或兼用语气词"吗""吧"（不能用"呢"）等发问。在受访者回答是非问句的时候，只能对整个命题做肯定或否定回答，用"是""对""嗯""嗯嗯"或"不""没有"等作答，或用点头、摇头回答。例如：

（27）旁白：在异国他乡的列车上，遇到这样一位充满爱心的白俄罗斯女士（阿拉，白俄罗斯特殊学校教师），让我们倍感温暖。

记者：跟您聊天儿呢，让我们感受到了一种友好和热情，想问问您之前（有）和中国人聊过天儿吗？（有）去过中国吗？

阿拉：跟中国人，我还是没有这样交流过。

记者：也就是说我们二位是您的第一位和第二位中国朋友，是吗？

阿拉：是的。

——节选自第 254 集《行驶在东欧平原》

（28）旁白：《远方的家·"一带一路"》节目摄制组之前也拍过很多汽车厂，但拍摄还没有投产的汽车厂还是第一次。

（记者采访了白俄罗斯吉利汽车股份有限公司中方员工吴林海。）

记者：您好，这边是在练习<u>什么</u>？上螺丝是<u>吗</u>？

吴林海：这个是我们的训练台，训练我们紧固螺栓的。

记者：紧固螺栓。

……

记者：而且我觉得这个操作台很有意思，它是每一个方向都有，是<u>吗</u>？

吴林海：对对对。

——节选自第 255 集《筑梦白俄罗斯》

从例（27）和（28）中可以看出，记者通过现实的语境将是非问引入对话，通过这样的疑问方式，将话题延长。例（28）中在原有特指问的基础上，适时出现是非问，也是对受访者压力的减轻。记者提问话语暗示了受访者不需要一直回答详细问题，只需要对记者已经包含答案的问题有应答反馈即可。

2.2　正反问

有时记者会通过正反问进行话题引申。正反问由谓语中的肯定形式和否定形式的并列格式构成。《远方的家·"一带一路"》中的记者通过正反问对话题引导，也使得受访者有话可说。例如：

（29）（记者采访布列斯特居民塔齐亚娜和罗马。）

记者：在白俄罗斯这边，家里面<u>是不是</u>很喜欢养宠物？

当地居民：在白俄罗斯呢，几乎家家都有宠物，主要是有小猫、小狗，还有人愿意养这个老鼠呢。

——节选自第 253 集《布列斯特纪行》

（30）（记者与北京住总集团明斯克公司员工颜志飞探访卡马罗夫斯基市场。）

记者：那这些商品都是白俄罗斯产的，<u>有没有</u>其他国家的？

颜志飞：进口的产品主要是一些（涉及）蔬菜、水果，因为这个跟白俄罗斯的天气有关，就是这边种不了的都会进口，还有一些其他的比如（涉及）咖啡、茶这种东西要进口，还有一些鱼，还有就是海产品，都会进口。

——节选自第 249 集《家在明斯克》

例（29）、（30）中画线部分是正反问。

2.3 选择问

记者通过选择问进行话题引导延伸。选择问是用复句的方式提出不止一种看法供对方选择，用"是""还是"连接分句。常用语气词"呢""啊"等。《远方的家·"一带一路"》白俄罗斯特辑中记者采取的选择问较少。例如：

（31）（记者采访白俄罗斯吉利汽车股份有限公司总装车间副主任萨沙。）

记者：萨沙（居住）的这个小区，我觉得和中国的小区是很相似的。这种老一点儿的小区。那这个房子<u>是</u>你买的吗？<u>还是</u>原来的单位分的呢？

萨沙：自己买的。

记者：自己买的，那像这个小区是<u>属于</u>商品房，<u>还是</u>原来一个单位的人都住在这里？

萨沙：起初这个小区是一个企业的宿舍楼，那么现在就（居住着）哪个单位的都有。

——节选自第 255 集《筑梦白俄罗斯》

例（31）中画线部分是表示选择问的关联词语。

记者通过是非问、选择问、正反问等方式采取的会话策略，使得会话在探寻式提问的基础上得以延伸，与此同时也能引导"一带一路"相关话题的开启。

3. 开放式提问

探寻式和引导延伸提问模式相对来说是较为固定的，受访者回答的内容也多是固定的，答案是客观事实，多数较为肯定，主观化程度较少。在记者的提问中，还有一类虽然是以特指问为主，但更多依靠受访者的主观感受，多为评价类的开放式提问。例如：

（32）旁白：卡佳和孙京珍这位来自北京的长者，交往过程中不仅增长了专业知识，汉语水平也进一步提高。

（记者采访了明斯克北京饭店当地员工卡佳。）

记者：那卡佳你对中国的印象是<u>什么样</u>？

卡佳：其实我特别喜欢中国这个国家，我觉得（这就是）对我来说非常合适，因为我很喜欢你们的美食，很喜欢你们的文化，（就是）我觉得你们中国人很开朗，很热情，所以真的很喜欢。

——节选自第250集《行走斯维斯洛奇河畔》

（33）旁白：安德烈介绍，现在明斯克市政机车厂的很多员工在经过培训后，都可以熟练安装超级电容器，遇到问题也会及时与中方沟通。采访中我们还了解到，明斯克公交集团对中白两国合作生产的超级电容公交车也非常满意，准备继续在其他线路投入使用这个超级电容公交车。

（记者采访明斯克市公交集团二号车厂副总经理亚历山大。）

记者：它的运行状况<u>怎么样</u>？

亚历山大：整个运营期间，运营状况都非常（良）好，都得到了大家的认同，我们后面有发展计划，就是在其他线路投入更多的车辆进行运行，承运更多的乘客。

——节选自第245集《行驶在东欧平原》

例（32）、（33）中，记者通过用疑问代词"什么样""怎么样"进行发问，由于其问的是事件的完整表达，从而引出开放式的回答。

《远方的家·"一带一路"》白俄罗斯特辑纪录片紧扣主题，采访者以探索者和发问者的角色展开探寻，以人物话语互动的模式真实发问，从自然、人文着手，穿插经济领域和"一带一路"有关的中资企业，以文化主题为基底引出热点问题，在互动式回答反馈中得到有关"一带一路"开展状况的真实情况。采访者这种问句模式增强了传播效力，有利于"一带一路"主题的延伸。

（二）受访者的答句模式

在《远方的家·"一带一路"》白俄罗斯特辑中，接受记者单独或集体访问的受访者共151人，按照纪录片的大概时间顺序将受访者的相关信息整理见表5-13。

表 5-13 受访者信息分类表

类别	内容	人数	占比/%
国别	白俄罗斯	103	68.2
	中国	43	28.5
	俄罗斯	4	2.6
	乌克兰	1	0.7
合计		151	100.0
社会身份	企业员工（含管理层）	80	53.0
	当地居民	17	11.3
	游客	11	7.3
	公务员	10	6.6
	跨国婚姻家庭（四组）	10	6.6
	艺术家	6	3.9
	教育工作者	6	3.9
	学生	4	2.7
	向导	3	2.0
	运动员	3	2.0
	退伍老兵	1	0.7
合计		151	100.0
应答语言	白俄罗斯语	92	60.9
	汉语	54	35.8
	俄罗斯语	4	2.6
	乌克兰语	1	0.7
合计		151	100.0

在记者的探寻式询问、引导延伸式询问和开放式询问三大模式下，受访者的答句模式也特色鲜明。根据统计，对提问句的回答句也可以分为两类：一类是以信息为主的衔接语应答模式，另一类是以关联为主的衔接语应答模式。[①]《远方的家·"一带一路"》白俄罗斯特辑衔接语模式统计情况见表 5-14。

---

① 本书这一提法基于邢欣（2007）的观点。邢欣认为，以衔接语为核心，可以将语篇分为"以信息为主的模式"和"以关联为主的模式"。

表 5-14　衔接语模式分类统计表

衔接语模式类型	应答句数量	占比/%
以信息为主的衔接语模式	622	92.0
以关联为主的衔接语模式	53	8.0

从表 5-14 中可以看出，在衔接语模式类型中，以信息为主的衔接语模式占 92.0%，占了衔接语模式的主流。究其原因，是因为纪录片以信息传递为主，关联只是衔接的手段。这种方式表现了纪录片的特色。

通过对衔接语模式类型的细分，又可以得出详细分类表，详情见表5-15。

表 5-15　细分衔接语模式分类统计表

衔接语模式类型		是非问	正反问	选择问	特指问
以信息为主的衔接语模式	直接替换问句焦点信息的衔接语模式				441
	直接重复问句疑问词语的衔接语模式				1
	直接重复问句焦点信息词语衔接语模式	112	30	4	
	疑问项以外的衔接语模式			1	
以关联为主的衔接语模式	用应答词引导的衔接语模式	48			
	用标记语引导的衔接语模式	13	10	1	14
合计		173	40	6	456

根据问句的四种模式，又可以将受访者答句模式分为以信息为主和以关联为主的两大类、六小类答句模式（孙雁雁，2011）。其中以信息为主的衔接语模式是指受访者根据采访者问句中的疑问焦点，也就是采访者想要知道的信息做出回答。以关联为主的是和以信息为主的模式相对而言的，即选择一些字面上看似与问句无关的语言形式进行衔接。

在《远方的家·"一带一路"》白俄罗斯特辑中，针对记者的 675 个问句，受访者的应答模式从大类上分为信息为主模式和关联为主模式。

1. 以信息为主的衔接语模式

在以信息为主的衔接语模式中，主要是以替换和重复问句焦点信息为主。

1.1　替换式

替换问句中，焦点信息多是针对特指问来回答。这一类就是指受访者可以根据问话人提出的问题，直接针对问句中出现的疑问词，用相应的词语进行替换，从而完成交际。在《远方的家·"一带一路"》白俄罗斯特辑中，由于特指问占问句的一半以上，相应的答句中，直接替换问句焦点信息的答句也占了很大比重。例如：

（34）旁白：陪玛雅和维塔训练的阿列克（白俄罗斯沙滩网球爱好者）是一名公务员，打沙滩网球是他的业余爱好，他告诉我们，沙滩网球是一种新兴运动，在白俄罗斯普及率还不高，但是有不少年轻人对这项运动的兴趣浓厚，就像沙滩排球一样，人们享受的是这种阳光下运动的快乐。

记者：白俄罗斯人最喜欢的运动是<u>什么</u>呢？

当地向导：他说是总统打的那种比赛，就是<u>冰球</u>。

——节选自第 248 集《相聚在明斯克海》

（35）旁白：中白工业园位于明斯克市区东部，东邻明斯克国际机场，西面是连接俄罗斯首都莫斯科与德国首都柏林的欧洲 E30 高速公路，地理位置优越，整个园区占地 91.5 平方公里，将近明斯克市区面积的三分之一，是中国在海外建设的最大的工业园区。

（记者采访了该工业园区首席执行官胡政。）

记者：在园区大门口正中心的位置我们看到了一个这样巨石形的牌子，上面写着"GREAT STONE"，那么"巨石"这个名字是<u>什么来历</u>？

胡政：中白工业园是中国目前在海外一个最大的工业园，也是和白俄罗斯合作的最大的一个项目，白俄罗斯十分重视。卢卡申科总统说<u>中白工业园是中白两国友好合作的巨石</u>，他们也想通过中白工业园发展中白两国的经贸合作，来推动和带动当地的经济发展。

——节选自第 245 集《丝绸之路经济带上的明珠》

在例（34）中，记者探寻白俄罗斯人的运动喜好，向导回答"冰球"，冰球运动也是白俄罗斯人比较喜欢的运动。在例（35）中，针对中白工业园区门口"巨石"的含义，记者提出问题，受访者据此回答，因为"中白工业园是中白两国友好合作的巨石"。两例中画实线部分是疑问代词，画虚线部分是回答焦点。

1.2 重复式

在《远方的家·"一带一路"》白俄罗斯特辑中，针对记者的提问，受访者会较多地直接重复问句焦点信息。这类衔接语是指受访者根据采访者的提问，直接使用问句中出现的表示焦点信息的词语来衔接，一般是非问、正反问、选择问会采用这一模式。

（36）（记者与北京住总集团明斯克公司员工颜志飞探访卡马罗夫斯基市场。）

记者：那这些商品都是白俄罗斯产的，<u>有没有</u>其他国家的？

颜志飞：<u>有</u>的，进口的产品主要是一些（涉及）蔬菜、水果，因为这个跟白俄罗斯的天气有关，就是这边种不了的都会进口，还有一些其他的比如（涉及）咖啡、茶这种东西要进口，还有一些鱼，还有就是海产品，都会进口。

——节选自第249集《家在明斯克》

（37）旁白：前往扬卡·库帕拉公园的路上，我们发现白俄罗斯的道路与中国不同，非机动车道和步行道相邻，并不和机动车道一起，前方不远处，道路上的一个大写字母 A 就是公交车专用道的标志。

记者：那明斯克公交是<u>分段（计价）</u>的吗？

当地向导：<u>不分段不分段</u>，上了车就可以一直坐到头儿。

——节选自第250集《行走斯维斯洛奇河畔》

例（36）、（37）中，根据记者的提问，两位受访者均采用了直接重复问句焦点词语的模式。例（36）中的焦点在于记者所询问的"有没有"，受访者用重复给予肯定的答复并加以延伸和解释。例（37）中的焦点在"是否分段"，向导用重复给出否定回答并加以解释。

2. 以关联为主的衔接语模式

关联为主的衔接模式，主要是指以应答词或标记语引导的模式，也包括选择一些看似与问句无关的语言形式进行衔接。

2.1 应答词衔接模式

用应答词衔接的模式是指用最简单的词（包括叹词、动词、助动词、形容词、副词等）进行衔接。这种衔接语模式和问句的疑问焦点没有关系，不管疑问焦点在哪儿，都可以用。语料中应答词衔接语统计如表 5-16 所示。

表5-16 以关联为主的应答词衔接语词频表

衔接词	频次	衔接词	频次
对	16	是啊	3
对对对	10	嗯嗯	3
嗯	8	好	2
是的	7	可以	2
是	3	对呀	2

从表 5-16 中可以看出，衔接词都是表示赞同或附和记者问话的肯定类衔接。例如：

（38）旁白：邢亮是江苏南京人，听他介绍，在白俄罗斯像他们这样的中白跨国婚姻并不少，两个人走到一起是因为爱情，但是结合之后建立家庭，就要互相尊重，他们现在也有了孩子，在教育方面，他会尊重妻子的意愿。

（记者采访跨国婚姻家庭。）

记者：那邢亮和小娜是哪一年结的婚？

邢亮（TTS-Group 股份责任有限公司员工）：2015 年 10 月份。

记者：2015 年 10 月份，是在白俄罗斯这边吗？

邢亮：对对对。

——节选自第 248 集《相聚在明斯克海》

（39）旁白：白俄罗斯森林覆盖率非常高，盛产木器，"斯拉夫巴扎"艺术节上木制品的摊位随处可见，油画街上，我们还遇见一位对森林情有独钟的画家。

（记者跟当地向导谢尔盖去采访。）

记者：您好，这些是你们的作品吗？

画家：（用白俄罗斯语回答）对。

——节选自第 251 集《西德维纳河畔的斯拉夫风情》

例（38）、（39）中，画线部分都是应答衔接词。

在《远方的家·"一带一路"》白俄罗斯特辑中，在应对问句模式的回答中，用应答词衔接的模式多以"对对对""对""是啊""是""是的""嗯""嗯嗯"这类词呈现出来，均是肯定性质的词语，受访者针对采访者的疑问句用最简单的形式进行衔接，表达对问话人积极肯定的态度，进而和问句形成一个话轮。

2.2 标记语衔接模式

这一类一般是先用一个语用标记或话语标记作为句子的开始，然后再针对问句的疑问焦点提供问话人所需要的信息。有关应答句中的标记语统计如表 5-17 所示。

表 5-17　应答句中的标记语统计表

标记语类型	标记语	频次
含有主观态度的标记语	我觉得	30
	我认为	20
	我们觉得	6
	对我个人来说	2
表示原因的标记语	因为	28
表示推测的标记语	应该	3
表示停顿的标记语	怎么说	10
	这个嘛	5

从表 5-17 中可以看出，在标记语引导的衔接模式中，受访者针对记者的问句，多以含有主观态度、表示原因、推测和停顿的标记语为主，在记者的探寻式和开放式提问中，会较多使用这些标记词语。例如：

（40）旁白：这个热爱运动的小朋友似乎并不喜欢安静，不一会儿工夫，萨沙又开始在各种设施间攀爬起来，阿娜斯塔西娅说，在白俄罗斯，家长通常不会对孩子过度照顾，而是尊重孩子的意愿，给他们足够的发展空间。

记者：那在这边的一个教育方式是什么样的，从小到大的培养？

阿娜斯塔西娅：怎么说，就是让小孩儿独立。

——节选自第 248 集《相聚在明斯克海》

（41）旁白：马千里是邢亮的合作伙伴，主要负责消防工程公司的工程竞标和人员管理，他告诉我们，每逢中国的传统节日，大家都会聚在一起，天气好的时候就在室外，天气不好就在刘洋的中国餐馆。

记者：那平常你们是怎么能够联系到一起的？是由谁来牵头吗？

马千里：这个东西<u>怎么说呢</u>，大家都可以的嘛，因为我们有一个内部的微信群啊，然后我们有个华侨协会在这边，大家互相都认识，如果有时间的话都会自己牵线，到户外来聚会都可以的。

——节选自第 248 集《相聚在明斯克海》

（42）旁白：寿家睿毕业于新疆大学俄语专业，目前在白俄罗斯国立师范大学攻读对比语言学的博士学位，业余时间除了在白大孔子学院做汉语志愿者，她还做家教，教当地人学汉语。

记者：给白俄罗斯的学生教授中文，你的感觉怎么样？

寿家睿：<u>我觉得</u>给白俄罗斯的学生教中文是一个很有意思的事情，因为白俄罗斯他们的民族特点就是比较热情开朗，他们学习汉语的时候，不会是哑巴汉语，因为他们平时就是有下载一些中国的软件，比如说像 QQ 和微信，然后上课的时候会积极问老师问题，然后这点我觉得对我学俄语有很大的帮助。

——节选自第 249 集《家在明斯克》

在面对记者的探寻式询问时，例（40）、（41）中，受访者均采用"怎么说""怎么说呢"的形式来进行一个话语缓冲，进行一个短暂的思考之后，给出相应的回答。这个话语标记一般是针对不容易立即做出回答的问句而采用的会话策略形式。在例（42）中，记者提出一个开放式的问题，针对这一问题，受访者采用了主观化程度较高的话语标记"我觉得"以表达自己的主观感受，给人以真实感。

二、反馈应答模式

在《远方的家·"一带一路"》白俄罗斯特辑中除了一问一答的模式之外，还有另一种互动模式，即反馈应答语衔接模式。这样的话语会话模式不是为了使某个话轮更加完整，而是协助说话者使话语能够继续进行下去。反馈应答模式一般分为四类，即"嗯""对""是"类的反馈应答、重复话语类反馈应答、疑问反馈应答和标记词语引导的应答。在白俄罗斯特辑中，记者和受访者均有一定比例的反馈应答模式，这里将记者和受访者的反馈应答模式分开探讨，探究两者的反馈特色。

（一）采访者的反馈应答模式

采访者就是记者。记者在采访中除了提问外，也会呼应受访者做出反馈。记者的反馈应答模式见表5-18。

表 5-18　记者反馈应答模式类型统计表

类型		表现形式	数量		占比/%
"嗯""啊""噢""对""是"类的反馈应答		单用或重复使用	60		16.3
重复话语类反馈应答		部分形式重复	30	234	63.6
		全部形式重复	174		
		意义重复	30		
疑问反馈应答		疑问词、疑问语气词或疑问语调引导	30		8.1
标记词语引导类反馈应答	话题延伸类	打比方、补充、原因、条件、时间顺序等标记词	20	44	12.0
	结论类	推出结论或结果标记词	6		
	转折类	转折标记词	2		
	解释类	解释标记词	16		

表 5-18 对不同类型的反馈词频做了统计，从中可以看出，重复类反馈占了绝大多数。

1. 记者重复式反馈

在记者的反馈话语中，重复受访者的话语占据反馈模式的 63.6%，意味着在同受访者进行交谈的时候，记者作为一名倾听者，会认真对受访者的话语进行互动反馈。记者的重复反馈表示"我在听呢""我同意你的观点"或"你的意思是……"等，以此表示对受访者的尊重。一般这一类型分为形式重复和意义重复两类。形式重复又分为部分重复和全部重复两类。意义重复的意思是，记者为了帮助受访者，使其所说的内容更容易被其他人或观众理解，或为了证实自己理解得是否准确，从而把受访者所说的话语意思从不同角度重新表述一遍。

1.1　形式重复

A. 全部重复

记者一般根据受访者话语的句子长度和焦点信息做出回应，做出全部重复的反馈。例如：

（43）（记者和向导阿娜斯塔西娅走访十月广场。）

记者：那这是一个什么样的标志呢？像是个金字塔一样。

阿娜斯塔西娅：这就是白俄罗斯公路起始点。

......

记者：从白俄罗斯，就是从这里到莫斯科 700 公里。

阿娜斯塔西娅：对，然后到莫吉廖夫是 199 公里。

记者：莫吉廖夫 199 公里。（全部重复）

阿娜斯塔西娅：对。

记者：这边呢？

阿娜斯塔西娅：这边是到基辅，573 公里。

记者：基辅，乌克兰到基辅 573 公里。（全部重复）

——节选自第 247 集《明斯克风情》

（44）（记者与北京住总集团明斯克公司工作的颜志飞走访卡马罗夫斯基市场。）

记者：那这个农贸市场它所在的这个位置属于明斯克的……？

颜志飞：中心地段。

记者：中心地段，那我们现在身后看到这些建筑呢？都是什么？（全部重复）

颜志飞：都是住宅。

记者：都是住宅。（全部重复）

颜志飞：对，这边有住宅，也有办公区。

——节选自第 249 集《家在明斯克》

例（43）、（44）中画虚线部分是对画实线部分的全部重复。

B. 部分重复

记者对受访者所强调的焦点信息做出部分重复式的反馈。例如：

（45）（记者走访白俄罗斯吉利汽车股份有限公司，体验员工培训课程。）

记者：试一下，这样吗？

中方员工：对，这样。它是这样的，首先持枪的话，枪跟螺栓一定要垂直。

记者：<u>一定要垂直。</u>（部分重复）

中方员工：对对对。

——节选自第 255 集《筑梦白俄罗斯》

（46）（记者跟向导谢尔盖对话。）

记者：还满意吗？想问问你们是从哪里来的？

谢尔盖：<u>她是加里宁格勒来的。</u>

记者：<u>加里宁格勒。</u>（部分重复）

——节选自第 251 集《西德维纳河畔的斯拉夫风情》

例（45）、（46）中，记者根据受访者的介绍，以部分重复话语的形式，向受访者表示自己在倾听的同时，也在向观众反馈重要的焦点信息。

1.2 意义重复

意义重复不同于形式重复，通常是采访者针对受访者的话语意思，用自己的话重新组织一遍，以一种更简明的方式反馈给受访者，与此同时也帮助观众加强对话语的理解。例如：

（47）

记者：在白俄罗斯，作为父母，对于孩子运动方面的培养是不是比较注重呢？

向导：就是，在我们国家很支持运动，从我们总统来说，他也很支持运动，然后各方面都是很支持做运动的人，所以父母也是相对支持自己的小孩儿（运动）。

记者：<u>一直有这样的传统，从小就培养他们在体育运动方面的能力。</u>（意义重复）

向导：对对对。

——节选自第 248 集《相聚在明斯克海》

例（47）中，记者在受访者对自己提出的问题做出回答后，以较为简单的形式用自己的话重复一遍，以此获得受访者的积极肯定，也便于观众理解话语，加强互动性。

2. 记者应答词引导的反馈模式

在《远方的家·"一带一路"》白俄罗斯特辑中，记者针对受访者的话语会使用大量的诸如"嗯""对""噢"等应答词作为反馈或作为句首，再补充其他语句加以延伸。语料中记者的反馈应答词统计如表 5-19 所示。

表 5-19　记者应答词词频统计表

反馈应答词	频次	反馈应答词	频次
嗯	18	啊	8
对	11	是	2
噢	9	没错	2
嗯嗯	9	好	1

记者作为《远方的家·"一带一路"》白俄罗斯特辑中的访问者，对于受访者的回应也部分会采用应答词"嗯""对"之类的作为话语衔接的手段，与此同时也是给受访者的话语以积极肯定的回复。例如：

（48）（记者采访明斯克五号电站中方工作人员。）

记者：那当时主要是负责什么工作呢？

工作人员：那个时候主要是负责现场的翻译工作。

记者：嗯。

——节选自第 252 集《从维捷布斯克到普霍维奇》

（49）旁白：2017 年 5 月 6 日动工，2017 年 6 月 24 日就竣工通车，小牛村的村民们第一次感受到了神奇的中国速度。提到当天通车的场面，中白工业园首席执行官胡政至今记忆犹新。

胡政：……所以我就感到中白两国"一带一路"要做一些民心相通的事情。

记者：没错。

——节选自第 246 集《小牛村的大工程》

（50）（记者与向导阿娜斯塔西娅走访明斯克胜利广场。）

阿娜斯塔西娅：这个胜利广场它是 1947 年建立的，然后，大概战争结束之后两年之内，是为了纪念战争中牺牲的烈士。

记者：嗯，其实这个广场看上去不是很大，最醒目的就是我们身后的这一座纪念碑。

——节选自第 244 集《中白两国情深谊长》

在例（48）中，记者通过"嗯"表示自己对受访者的回答在认真倾听，并获得由受访者提供的新信息。例（49）中，记者用"没错"对受访者的观点表示赞同。例（50）中，记者以"嗯"作为衔接语，通过"其实"这一标记语引出后面的纪念碑介绍。

　　3. 记者疑问反馈和标记语引导的反馈模式

　　《远方的家·"一带一路"》白俄罗斯特辑中，记者的话语中还有用疑问反馈和标记词语引导的反馈模式。其中，疑问反馈一般是指采访者对受访者所说话语的内容提出疑问，不是为把控话语权，而是顺着受访者的话语内容，以疑问的形式做出反馈，帮助说话者强调某一信息，使得说话者所述内容更全面。

　　标记词语引导的反馈应答模式是指听话人以不改变说话人占有话题权的位置为前提，在说话人所述内容为后景的基础上，以标记词语开头，引导出所补充的相关内容即前景，使前景和后景成为一个整体，从而使所说的内容更加丰富。具体如表5-20所示。

表5-20　记者反馈应答模式中的标记语统计表

		打比方标记词	比如　就……来说
标记词语引导类反馈应答	话题延伸类	补充标记词	而且　尤其是
		原因标记词	因为
		推测标记词	应该　好像
		时间顺序标记词	然后　刚才
	结论类	推出结论或结果标记词	所以
	转折类	转折标记词	其实

　　通过表5-20可以看出，标记语在纪录片中的使用也是丰富多彩的。例如：

　　（51）旁白：临近中午，明斯克海周边的游人越来越多，岸边的林荫下，大家纷纷支起烧烤架，享受着美食与美景。邢亮（华商）与阿娜斯塔西娅（向导）告诉我们，今天他们也约了几位朋友，一起来这里度周末。

　　记者：都在忙着呢，准备着呢。

　　华商：对，忙着呢，快中午时间了，大家一起来吃烧烤。

　　记者：应该是一大早就过来了吧？（推测标记词）

　　华商：对对对。

　　……

　　向导：今天有七家。

记者：七家都是跨国婚姻家庭。

向导：对对。

记者：七家人，我看怎么**好像**不够七家人**呢**？（推测标记词+疑问反馈）

向导：在那边玩呢。

——节选自第248集《相聚在明斯克海》

在例（51）中，记者通过"应该"一词表推测作为反馈，加强和受访者之间的话语衔接，之后的会话中又根据现场的语境和情景，以"好像……呢"作为推测，同时用疑问反馈提出询问，以此强化对信息的获取。

（二）受访者的反馈应答模式

在151位受访者的反馈应答模式中，受访者更偏重使用应答词语来反馈，具体统计如表5-21所示。

表5-21　受访者反馈应答模式类型统计表

类型		表现形式		数量
"嗯""啊""噢""对""是"类的反馈应答		单用或重叠使用		245
重复话语类的反馈应答		部分形式重复	10	66
		全部形式重复	36	
		意义重复	20	
标记词语引导类反馈应答	话题延伸类	打比方、补充、原因、条件、时间顺序等标记词		30
	结论类	推出结论或结果标记词		5
	转折类	转折标记词		1
	临时补充类	临时补充标记词		1
	解释类	解释标记词		20

1. 受访者应答词引导的反馈模式

受访者在回答提问时，用应答词语反馈应答的情况比较多，具体的词语及词频统计如表5-22所示。

表 5-22　受访者应答词词频统计表

反馈应答词	频次	反馈应答词	频次
对	126	是的	9
对对对	60	是是是	8
对对	24	是的，是的	8
是	12	对，是的	3
是是	10		

从表 5-22 可看出，受访者的应答词中，以"对""是"或者以重叠形式出现的较多，这样的字眼相比"嗯""噢"之类的应答词，肯定的程度更深，主观情感程度也更加强烈。例如：

（52）旁白：颜志飞（北京住总集团明斯克公司员工）告诉我们，明斯克有两家大型的市场，一个是我们来到的这个蚊子市场，另一个是明斯克郊区的日单诺维奇大市场，主要是以农贸产品和建材为主。

颜志飞：在这个蚊子市场，以前（的话）有个农村叫蚊子村，（然后）蚊子村以前（的话）这块是个沼泽地，（就是）沼泽地上有很多蚊子，所以以这个命名叫作蚊子村。

记者：就是以这个村子来命名的。

颜志飞：对对对。

——节选自第 249 集《家在明斯克》

（53）旁白：《远方的家·"一带一路"》摄制组之前也拍过很多汽车厂，但拍摄还没有投产的汽车厂还是第一次。

（记者采访了白俄罗斯中方员工吴林海。）

记者：您好，这边是在练习什么？上螺丝是吗？

吴林海：这个是我们的训练台。训练我们紧固螺栓的。

记者：紧固螺栓。

吴林海：对。

记者：就是把这个螺栓先是拧上去，然后再拧下来。

吴林海：对对对。因为我们总装这块的话，主要就是靠螺母连接的嘛，那螺栓这块的话，实际上是整个连接我们总装这块所有零部件。

记者：一个是手法，另外一个是速度。

吴林海：<u>对对对</u>。

记者：那在练习的时候，会在不同的方向，不同的姿势，下方，侧面。

吴林海：<u>是的是的</u>。

——节选自第 255 集《筑梦白俄罗斯》

在例（52）中，针对记者以村子的名字命名的说法，采用"对对对"重复的模式加强语气，情感程度加深，表示高度赞同。在例（53）中，记者和受访者之间的对话较为紧凑，记者根据对现场的观察，表达自己的观点和意见，受访者对记者的话语表示同意，以"对""对对对""是的是的"的形式，表示支持性反馈。

2. 受访者重复话语和标记词语引导的反馈模式

《远方的家·"一带一路"》白俄罗斯特辑中，受访者的话语反馈模式中还存在少量的重复话语和标记词语引导的反馈模式。例如：

（54）旁白：因为聊得太过投入，阿列克谢（向导）忘记翻转烤架上的肉和蘑菇，都略有焦煳，但这并没有影响大家的兴致。

记者：这是<u>您的儿子</u>。

阿列克谢：<u>是我儿子</u>。（话语重复）

——节选自第 248 集《相聚在明斯克海》

例（54）中，受访者通过话语重复表示肯定和衔接。

受访者标记语引导的反馈应答模式见表 5-23。

表 5-23　受访者反馈应答模式中的标记语统计表

标记词语引导类反馈应答	话题延伸类	打比方标记词	比如
		补充标记词	举个例子
		原因标记词	因为
		推测标记词	如果
		时间顺序标记词	然后
	结论类	推出结论或结果标记词	所以
	转折类	转折标记词	但是
	临时补充类	临时补充标记词	对了
	解释类	解释标记词	就是　相当于

从表 5-23 可以看出，标记语反馈也是多种多样的。例如：

（55）（记者和中白工业园首席执行官胡政走访小牛村。）

记者：那这个小牛村现在是有多少户人家？

胡政：据我们了解一共有 26 户人家。

记者：不是很大。

胡政：不是很大（全部重复），但是（转折标记词）这个村的建设，他们跟我们介绍说是从 1939 年，也就是苏德战争还没有爆发的时候，这里就开始建村子，那么近八十年的时间里，这个村子里就没有一条柏油路，大家出来都坑坑洼洼的。

记者：坑洼不平的。

胡政：它是土路嘛，坑洼不平的，特别是到了下雨天。

记者：下雨的时候。

胡政：下雨（部分重复），所以（结论标记词）我们当时就提出了能不能帮助当地老百姓修一条路。

——节选自第 246 集《小牛村的大工程》

例（55）中，受访者用"但是""所以"这样的标记词来分别表示转折和结论，在达到话语衔接效果的同时，也容易引起记者和观众对焦点信息的关注，增强交际传播效果。

第五节　会话策略彰显话语热点

人们在会话交际的过程中，会面临多种场景和语境，恰当得体的会话策略能够使交际效果事半功倍。在千变万化的情景中，人们会采取不同的会话策略。会话策略通常指会话参与者保持会话持续进行，并且使双方增进相互理解的能力。为保持会话持续进行，会话参与者不仅需要根据语境提示理解一段话语，而且需要不断推断和修正会话合作者的意图。也就是说，交际者需要运用语言知识、说话人的社会文化背景和这些知识的相互影响来做出正确的推断，推进双方交际的顺利进行。

《远方的家·"一带一路"》播出后在国内外引起热烈反响，除了节目内容本身新颖丰富之外，主持人在节目中的重要性不言而喻。在白俄罗斯特辑中，记者作为采访者，在节目中和采访对象互动良好，节目精彩纷呈，其中的会话策略运用恰如其分，为记者主持增色不少。

一、采访者的会话策略

通过对纪录片中记者会话策略的统计，将较为典型的策略归纳为以下五大类型。

（一）修正策略

修正包含的内容比较广泛，它既指改正错误，也指消除误解。宏观而言，修正指所有需要再说一遍的情况。在《远方的家·"一带一路"》白俄罗斯特辑纪录片中，记者在当地向导的陪同下，走访当地诸多地方。片中向导多为白俄罗斯人，懂汉语。但由于两国文化差异，在语言表达上，向导作为二语习得者有时会由于受到母语迁移的影响，在向记者翻译语言的过程中，出现一些语法或者语义上的偏误，因此记者会通过会话修正策略，适当修正向导的语言，让话轮得以进行下去。

（56）旁白：卫国战争浮雕纪念碑的四面各有一幅（作品）。东侧的浮雕上一位小女孩在为战争中牺牲的烈士献上鲜花，表达后人对先烈的怀念与崇敬。

记者：这个花篮呢？上面写的是什么？

向导（白俄罗斯人）：俄罗斯的记者尊重被解放的烈士。

记者：缅怀先烈，是这个意思。

向导：对对对。

——节选自第244集《中白两国情深谊长》

在例（56）中，记者同白俄罗斯向导阿娜斯塔西娅一起参观白俄罗斯的卫国战争浮雕纪念馆，看见在浮雕的下面有很多人们敬献的鲜花。记者看到一个花篮上面写着一串白俄罗斯文。记者请求翻译，但是由于两国语言差异，根据向导直译过来的意思措辞会让观众觉得不易理解，记者将"俄罗斯的记者尊重被解放的烈士"修正为"缅怀先烈"。这样修正后的表述更符合汉语表达习惯。

（二）得体策略

在会话过程中，记者通过不断重复来表达恰当的话语。重复是指主持人对受访者已经说过的话语再重复一遍。有时候当受访者的语言表达不够清楚，或者表达产生歧义时，采访者要给予适当的重复和解释，就会起到消除歧义、顺利交谈的作用。有时候当受访者回答之后，采访者往往会再一次地重复，这其实是一种反问，需要受访者进一步把重要信息或者过于含蓄模糊的话直白地再次阐述一遍。在会话过程中，采访者重复受访者话语，有时也起到强调的作用，是自己对其话语做出的直接反应，以此来体现得体策略。例如：

（57）旁白：白俄罗斯与俄罗斯、乌克兰、波兰、立陶宛、拉脱维亚五个国家相邻，道路起始标志的第一排，标注的分别是明斯克与这五个国家首都的距离，下面两排则是明斯克与白俄罗斯境内其他城市的距离。

记者：这个上面写的是什么意思？

向导：这个写的大概就是有了路，人与人之间的交流就会有很多，然后城市会越来越发展起来。

记者：就是一句名言。

向导：名言。

记者：可以这么理解，有了路才能广结天下的朋友。

向导：是是是。

——节选自第 247 集《明斯克风情》

例（57）中，记者同向导参观十月广场，十月广场位于独立大街的中段，在道路的起始有标志牌。记者在向向导提问之后，向导将标志牌上的语言翻译过来，但翻译得较为啰唆，于是记者对其大意进行了重复并进行再加工，加工为一句名言"有了路才能广结天下的朋友"，这一再加工既得体又使语句含义更加明了。

（三）礼貌语策略

中国自古以来就是礼仪之邦。礼貌用语就是对礼仪之邦的最好体现。在采访中，记者在采访语言中也时刻注意礼貌语的运用。例如：

（58）旁白：采访中我们了解到，叶甫盖尼（明斯克装修公司员工）喜欢中国武术和成龙的电影，上中学时，还曾经获得过在白俄罗斯举行的一次武术比赛的冠军，现场他还展示了几招中国功夫。

记者：<u>很棒！很棒！很棒！</u>您是跟谁学习的这个？在哪里学的？

叶甫盖尼：在一年级的时候，妈妈给报了一个培训班，然后就学习这个武术。

记者：很有运动天赋。

——节选自第245集《丝绸之路经济带上的明珠》

例（58）中，记者采访白俄罗斯当地员工时，积极采取礼貌原则中的赞誉原则，用了三个重复的"很棒"来表达夸奖之意。在记者的采访过程中还用了敬称词"您"，这也彰显了记者对白俄罗斯人民的友好与尊重。

（四）提示策略

采访者与受访者在谈话过程中，可能会出现冷场或者一时不知从何说起的情况，这时就需要采访者给个提示，或者将受访者遗漏的部分补充完备，或者将一些不便直说或是不忍直说的信息通过具体语境进行暗示，来传递某种信息。有时在嘉宾谈话过程中，出现语误或信息提取困难时（比如停顿时间过长或者一时间想不出恰当的字句），需要主持人掌控时间，及时给予提示或补充，帮助受访者完成此轮会话。这些都是提示策略的运用。例如：

（59）旁白：我们采访时，总装车间正在进行的是投产前的各种准备工作，一部分工人正在生产线上进行装配调试，另一部分工人则在进行岗前培训。

记者：我看白方的员工现在是在这儿操作。

吉利汽车股份有限公司驻白俄罗斯首席代表：对的。

记者：你好，能不能给我说一下这是在做什么？

白俄罗斯吉利汽车股份有限公司员工：这是新进员工对熟练度的一个练习。

记者：熟练度，哪方面的熟练度？

员工：呃……（停顿了一秒）

记者：<u>手的？</u>

员工：对，练习手的灵活度。

——节选自第245集《丝绸之路经济带上的明珠》

例（59）中，记者在问了"熟练度"问题后员工回答出现了停顿，记者及时提示了"手的"，使会话得以延续下去。

（五）赞同策略

在与嘉宾交流时，可以通过某一话题或者现象寻求他人赞同以引起共鸣，从而有利于受访者进一步与记者交谈。这也是一种赞同会话策略的运用。例如：

（60）（记者与向导阿娜斯塔西娅前往斯维斯洛奇河畔的扬卡·库帕拉公园。）

记者：其实来白俄罗斯之前呢，我就听说白俄罗斯有着"欧洲之肺"这样的美称，来到白俄罗斯确实是这样，我感觉空气是特别的清新，而且走在明斯克街道上面，感觉会很舒服，干净整洁。

阿娜斯塔西娅：我们的人很爱干净清洁，然后不会乱扔垃圾，所以我们的城市就这么干净。

记者：而且我觉得明斯克呢，可以说是一个花园城市，可以这么讲。

阿娜斯塔西娅：是是是。

——节选自第 250 集《行走斯维斯洛奇河畔》

例（60）记者对向导有关城市干净的话题追加"花园城市"表示赞同。

二、会话策略的积极效果

《远方的家·"一带一路"》是央视推出的大型文化类纪录片，该节目通过采访互动的形式，将情感融入会话中。纪录片以所到国的自然、人文、经济等诸多领域的介绍为内容，关注"一带一路"沿线国家的百姓民生和经济发展。在这一系列节目中，主持记者起到了节目串联的重要作用。主持人的会话策略也在无形中指引着整部纪录片会话语言的导向和延续性，给节目带来的积极效果有以下两点。

（一）语言朴实，张弛有度

记者在《远方的家·"一带一路"》白俄罗斯特辑中，主持人胡鑫在整个纪录片的言语会话中较多充当"穿针引线"的角色。在言语节奏的把控上松紧有度，通过"探寻式提问""引导延伸式提问"和"开放式提问"三大问句模式展开，提问亲切自然，语言简练，在主持形式上张弛有度，成功展开对"一带一路"倡议热点问题的探究和解释，对"一带一路"沿线国家的方方面面以问话的形式寻求答案，使得节目亲切朴实，很接地气。

记者语言通常简单凝练又高度概括。白俄罗斯特辑共 12 集，每一集基本上可以分为三到四个小节，在每一个小节中，记者很好地把控了提问角度和提问内容。根据受访者的回答，记者及时做出判断，选择相应的话语进行回应，把控语言松紧有度，张弛得当。

通过对纪录片中人物的采访，记者通过循序渐进的方式将节目中涉及的深刻思想和正确的价值观传递出来，并通过朴实的语言传达"一带一路"的理念。这让观众在享受节目的同时也有了更深入的了解和思考。

（二）聚焦热点，揭示内涵

《远方的家·"一带一路"》纪录片能够引起观众的热烈反响，是因为纪录片的准确定位以及对热点问题的关注，同时还注意到了观众的兴趣。纪录片中的热点问题涉及"一带一路"的各个方面，结合了国家政策的解读和观众的兴趣所在。主持记者通过提问和呼应巧妙地引导了纪录片的主题；在关键时刻用"您去过中国吗""您对中国有什么样的了解""您了解'一带一路'倡议吗，有什么样的看法"等诸如此类的问题引出采访对象对"一带一路"热点问题的解读。此外，记者通过走访所到国的名胜古迹、历史文化聚集地来深入了解"一带一路"沿线国家的概况，这也满足了观众的好奇心。总之，纪录片围绕"一带一路"倡议层层展开，通过热点内容，深刻揭示了"一带一路"倡议的内涵。

参考文献

包雪瑞，2015. 丝绸之路题材纪录片叙事研究[D]. 西安：西北大学.

邓琪，郭绪文，2004. 访谈节目的话语分析[J]. 重庆大学学报（社会科学版），10（3）：84-86.

段业辉，李杰，杨娟，2007. 新闻语言比较研究[M]. 北京：商务印书馆.

段永华，2017. 纪录片《敦煌》的多模态语篇分析[J]. 文学教育（上）（1）：180-181.

方梅，李先银，谢心阳，2018. 互动语言学与互动视角的汉语研究[J]. 语言教学与研究（3）：1-16.

付松聚，2017. 甘肃卫视《直通"一带一路"》节目传播创新研究[J]. 中国广播电视学刊（2）：103-105.

高凯珅，2016. 纪录片《新丝绸之路》中日版本的视听语言比较研究[D]. 南宁：广西大学.

耿敬北，陈子娟，2014. 文献纪录片的多模态动态语篇分析——以《指点江山：毛泽东诗词故事》之《沁园春·长沙》为例[J]. 西安外国语大学学报，22（12）：24-28.

巩杰，林青，2017. "一带一路"题材纪录片创作现状、问题与对策分析[J]. 现代视听（7）：14-19.

韩福丽，王海荣，2016. 从电视旅游节目谈《远方的家》的成功要素[J]. 当代电视（9）：91，71.

韩书庚，2010. 浅论新闻语言学的性质及其分类[J]. 现代语文（语言研究版）（10）：14-15.

贺丛周，赵芬兰，2010. 浅析电视新闻专题片的选题原则[J]. 大众文艺（10）：124-125.

胡佃鹏，2014. 对纪录片栏目《远方的家》的研究[D]. 南昌：南昌大学.

胡壮麟，朱永生，张德禄，等，2017. 系统功能语言学概论[M]. 北京：北京大学出版社.

蒋成峰，2015. 纪录片解说词的时间表达[M]. 北京：中国传媒大学出版社.

蒋洪梅，2013. 网络媒体新闻信息可信度研究[D]. 南京：南京师范大学.

金震茅，2015."一带一路"题材纪录片的内涵及其走向[J]. 现代视听（10）：40-43.

柯娟娟，2014. 电视纪录片解说词的句子修辞特点及效果探析——以《美丽中国》解说词为例[J]. 毕节学院学报，32（1）：15-19.

寇颖，郭忠庆，2015. 发掘纪录片的多重社会价值 努力为打造"一带一路"倡议服务——论"丝绸之路"系列纪录片的多重社会价值[J]. 社科纵横，30（9）：48-50.

蓝鸿文，马向伍，1989. 新闻语言分析[M]. 北京：中国物资出版社.

冷淞，2011. 中国电视对外传播软实力的生动体现——央视中文国际频道《远方的家》节目解析[J]. 现代视听（7）：39-41.

李春朋，2015. 消费文化时代下人文纪录片创作研究[D]. 济南：山东师范大学.

李海珍，曾亚平，2015. 灾难事故纪录片的多模态隐喻和转喻分析[J]. 海外英语（9）：211-213.

李瀚铭，2012. 从西方修辞学视角解析影片《令人难以直面的真相》[D]. 福州：福建师范大学.

李洪启，1986. 提高新闻语言的水平——吕叔湘等语言学家在本刊座谈会上的发言[J]. 新闻业务（4）：23-24.

李华兵，2013. 多模态研究方法和研究领域[J]. 西安外国语大学学报，21（3）：21-25.

李佳，李静峰，2015."一带一路"需要语言服务跟进[N]. 中国教育报，2015-07-15（6）.

李立婷，2015. 从时代背景看纪录片有声语言创作[J]. 西部广播电视（21）：108.

李庆明，李佩琪，2017. 生态翻译学视角下纪录片字幕翻译——以CCTV-4《远方的家》为例[J]. 绍兴文理学院学报（自然科学），37（7）：85-89.

李旭东，2011. 浅谈声音的艺术处理[J]. 中国广播（12）：71-73.

李元授，白丁，2001. 新闻语言学[M]. 北京：新华出版社.

李玥，2018. 在温情故事里传播中国声音——解读《远方的家·一带一路行》[J]. 西部广播电视（7）：69-70.

连丽敏，2017. 纪录片《"一带一路"》和《穿越海上丝绸之路》的跨文化叙事研究[D]. 保定：河北大学.

廖艳君，2006. 新闻报道的语言学研究[M]. 长沙：湖南大学出版社.

林纲，2012. 网络新闻语言的语用分析[M]. 南京：南京师范大学出版社.

刘瑾，2015. 视觉语法视角下的多模态语篇意义建构——以电视纪录片《美丽中国》的片头为例[J]. 海外英语（7）：197-198.

刘亭，2015. 讲好中国故事——从纪录片《河西走廊》看"一带一路"的国际传播策略[J]. 西部广播电视（16）：24，33.

刘雅，2016. 国产电视纪录片的多模态语篇分析[D]. 武汉：华中师范大学.

刘艳红，2005. 浅议电视纪录片解说语言的篇章特点[J]. 语言文字应用（S1）：72-74.

罗远林，1994. 新闻修辞研究[M]. 大连：辽宁师范大学出版社.

吕燕茹，2016. 纪录片中的甘肃形象传播研究——以《河西走廊》和《丝绸之路》为个案[D]. 兰州：兰州大学.

吕耀明，田谨，李丽，2016. 让中国故事传向世界——宁夏卫视访谈节目《解码"一带一路"》的策划与思考[J]. 对外传播（10）：71-72.

欧阳宏生，2004. 纪录片概论[M]. 成都：四川大学出版社：358-367.

彭晶，2013. 解读纪录片解说词的表达内涵[J]. 科技传播（18）：19-20，18.

邱春安, 2006. 电视新闻访谈节目话语分析[J]. 齐齐哈尔大学学报（哲学社会科学版）（5）：71-74.

任怡, 汉生, 1994. 电视纪录片解说词写作的语言特色[J]. 电视研究（2）：21-23.

沈玲, 2013. 电视片头在新闻节目中的运用探讨[J]. 中国传媒科技（8）：242-243.

石屹, 2000. 电视纪录片——艺术、手法与中外观照[M]. 上海：复旦大学出版社.

苏叶, 2012. 出镜记者的外景主持特征——以央视《远方的家》节目为例[J]. 东南传播（9）：196-198.

孙雁雁, 2011. 汉语口语问答句衔接语模式研究[M]. 北京：世界图书出版公司.

索振羽, 2000. 语用学教程[M]. 北京：北京大学出版社.

唐俊, 张延利, 2017. 关于"一带一路"题材纪录片的传播学思考[J]. 中国广播电视学刊（5）：84-87.

佟延秋, 2012. 纪录片解说词刍议[J]. 电影评介（22）：19-22.

王大莹, 2009. 新闻线索的发现与新闻选题的确立[J]. 新闻爱好者（17）：47-48.

王浩, 2013. 浅析电视新闻专题片的选题原则[J]. 新闻传播（9）：305.

王珏, 1997. 词汇的跨域使用与词义的衍生[J]. 徐州师范大学学报（3）：45-47.

王庆福, 文三妹, 2017. 跨文化传播视角下的纪录片国家形象塑造[J]. 新闻前哨（10）：81-96.

王思洋, 2015. 我国新时期历史文献纪录片的视听语言研究[D]. 重庆：重庆师范大学.

王天, 2013. 中国财经类纪录片研究——以 CCTV 创作的财经类纪录片为例[D]. 西安：陕西师范大学.

王秀红, 2013. 人文地理类纪录片栏目《行者》研究[D]. 济南：山东师范大学.

王益乐, 张衡, 2009. 我国电视纪录片解说词探析[J]. 电影文学（16）：

30-31.

　　吴涛，2012. 生态纪录片的视听语言研究[D]. 曲阜：曲阜师范大学.

　　武金燕，2012. 语用预设理论在网络新闻标题中的运用[J]. 现代交际（2）：65-66.

　　夏德崇，2014. 数字特效在纪录片创作中的应用研究[D]. 济南：山东师范大学.

　　夏天，2016. 目的论指导下的《河西走廊》汉英同传策略——以《河西走廊》历史纪录片第一集、第二集为例[D]. 苏州：苏州大学.

　　辛国强，2015. 发挥纪录片《"一带一路"》宣传作用[N]. 云南日报，2015-11-25（8）.

　　辛化，2016. 大型纪录片《"一带一路"》开播[J]. 现代企业（9）：76.

　　邢欣，2004. 术语的扩张用法分析[J]. 汉语学习（5）：26-29.

　　邢欣，2017. 视角转换与语篇衔接语[J]. 修辞学习（1）：5-11.

　　邢欣，苗德成，2016. "一带一路"倡议"带"出核心区语言战略新机遇[J]. 海外华文教育动态（1）：31-32.

　　徐林，2011. 网络新闻的汉英翻译与编译的几点思考[J]. 中国翻译（4）：69-74.

　　杨莅丹，2016. "和合文化"在对外汉语教学中的传播——以纪录片《远方的家》为辅助教材[D]. 长沙：湖南师范大学.

　　姚银燕，2011. 论话语基调与环保纪录片多模式话语的劝说功能[J]. 西南农业大学学报（社会科学版），9（7）：120-123.

　　尹世超，2001. 标题语法[M]. 北京：商务印书馆.

　　翟建东，2016. "一带一路"建设中云南少数民族文化与影视传播研究——以纪录片对云南少数民族手工艺传播为例[J]. 艺术科技（8）：133-134.

　　曾玲玲，2014. 人物纪录片字幕翻译的特点及策略——以《当代中国人物志》为例[D]. 上海：上海师范大学.

　　曾学远，1994. 电视节目预告的收视引导作用[J]. 声屏世界（1）：14-15.

　　张彪，2016. 电视纪录片《我在故宫修文物》的视听语言分析[J]. 新闻传播（12）：75-76.

张传会，2014.《美丽中国之西藏篇》中多模态隐喻与转喻对语篇意义的构建[D]. 长春：东北师范大学.

张燕茹，2014. 关联翻译理论下《远方的家》字幕节译实践报告[D]. 曲阜：曲阜师范大学.

张莹，2015. 电视新闻专题片中人物呈现技巧[J]. 新媒体研究（13）：95-96.

张语洋，周星，2015."一带一路"语境下"丝绸之路"电视纪录片的跨文化传播[J]. 中国电视（11）：65-69.

赵彦，2014. 电视纪录片《舌尖上的中国》的视听语言修辞策略研究[D]. 北京：中国艺术研究院.

郑保章，2007. 电视专题与电视栏目[M]. 北京：中国广播电视出版社：119.

周龙，2015. 浅析纪录片解说词的语用策略[D]. 南昌：江西师范大学.